股票魔术师

【美】埃德温·拉斐尔（Edwin Lefevre）◎著
王宇◎译

中国友谊出版公司

图书在版编目（CIP）数据

股票魔术师 /（美）埃德温·拉斐尔著；王宇译. -- 北京：中国友谊出版公司，2023.10
ISBN 978-7-5057-5597-0

Ⅰ. ①股… Ⅱ. ①埃… ②王… Ⅲ. ①股票投资－经验－美国 Ⅳ. ① F837.125

中国国家版本馆 CIP 数据核字（2023）第 115528 号

书名	股票魔术师
作者	［美］埃德温·拉斐尔
译者	王　宇
出版	中国友谊出版公司
发行	中国友谊出版公司
经销	新华书店
印刷	北京世纪恒宇印刷有限公司
规格	787×1092 毫米　16 开 17.25 印张　235 千字
版次	2023 年 10 月第 1 版
印次	2023 年 10 月第 1 次印刷
书号	ISBN 978-7-5057-5597-0
定价	48.00 元
地址	北京市朝阳区西坝河南里 17 号楼
邮编	100028
电话	（010）64678009

如发现图书质量问题，可联系调换。质量投诉电话：010-82069336

献给杰斯·劳里斯顿·利弗莫尔（Jesse Lauriston Livermore）

第1章	第一桶金	001
第2章	初闯纽约	012
第3章	失败的教训	026
第4章	卷土重来	034
第5章	现在是牛市	047
第6章	直觉的力量	057
第7章	炒股的基础	068
第8章	建立交易体系	075
第9章	金融恐慌	086
第10章	战胜市场不如战胜自己	101
第11章	抓住机遇	113
第12章	动摇意味着失败	124
第13章	惨痛的代价	139

第14章	否极泰来	151
第15章	意外风险	166
第16章	成也情报，败也情报	173
第17章	作手本能	188
第18章	华尔街没有新鲜事	201
第19章	市场操纵	208
第20章	股票分销的奥秘	219
第21章	大作手的无奈	226
第22章	狗咬狗	240
第23章	警惕匿名消息	257
第24章	给股民的忠告	266

第1章　第一桶金

我中学毕业后便立即开始工作了,在一家证券交易事务所找到了一份报价的活计。我擅长和数字打交道。在学校里,我只用1年时间便完成了3年的算术课业,尤其擅长心算。作为一名报价员,我负责把行情数字贴在营业厅的一块大黑板上。通常会有一名顾客坐在自动收报机旁边喊出价格。无论他喊得有多快,我总是能记住那些数字,这对我来说不成问题。

那间事务所里还有许多职员,我当然和其他人相处得很融洽。但如果市场处于活跃状态,我便要从上午10点忙到下午3点,没有时间闲聊。我并不在意,反正工作时我无暇分心。

即使工作十分忙碌,我依然没有停止思考。在我看来,那些报价并不代表股票的价格,或者说每股售价多少美元,它们只是数字。当然,这些数字一定代表着某些含义。数字总是在变化,我所在意的正是数字的变化。我并不清楚这些数字为什么发生改变,我关注的不是这一点,只是注意到了它们的变化。我在每个工作日上班5小时,周六还要工作2小时,工作时只思考一件事:数字一直在变化。

这便是令我对价格行为产生兴趣的原因。我很擅长记忆数字,能记住前一天价格变化的细节,价格是如何上涨或下跌的。我的心算特长刚好派上了用场。

我注意到,无论行情是上涨还是下跌,股票的价格时常表现出一定的规律。

我见过无数相似的案例，它们为我指明了方向。那时我只有14岁，我默默观察了几百个案例之后，开始通过比较当天与以往的股市行为之间的差异来测试这些规律的准确性。不久之后，我便能预测股价的变化趋势了。正如我所说过的，我唯一的准则便是这些股票在过去的表现。我将这张"信息清单"铭记于心。我寻找着与信息清单相符的股票价格，一眼便能"认出"它们。你明白我的意思吧？

比如，你可以发现在哪些情况下买进比卖出略胜一筹。炒股就像打仗，行情数据就是你的望远镜，十有八九你都可以凭借对行情的了解而取得胜利。

还有一个道理也是我很早便学到的，那就是华尔街没有新鲜事，因为自古以来，人们一直在进行投机交易。今天的股市无论发生了什么状况，这些情况过去都早已发生过，将来仍会发生。我从未忘记这个道理。也许，我真的牢牢记住了股市的历史和这些事件的经过，正是这些记忆使我得以将经验转化为资本。

我迫不及待地想要预测所有活跃股票价格的涨跌。我对这个游戏如此着迷，甚至买了一个小本子，用来记录我对股市的观察。很多人在纸上进行虚拟交易，他们之所以这样做，只是想在不承担风险的前提下体会运作上百万资金的快感。我的笔记本却与他们的不一样，我用它来记录我的猜测是否与事实相符。除了判断行情可能发生哪些变化之外，我最感兴趣的是验证自己的判断是否准确；换言之，我是否正确预测了股价的变化趋势。

在研究了某只活跃股票当天的每一次价格波动之后，我便能得出结论，这只股票的价格波动趋势与它在以往下跌8~10个点之前的表现一样。于是，我会在星期一简单地记下这只股票的代码和价格，并根据过去的表现写下它在星期二和星期三应出现的价格。之后，我会将自己的记录与纸带上记录的真实股价进行比较。

正因如此，我开始对纸带上的数据产生兴趣。从一开始，我便将股价的波动与我记忆中那些数字的上下波动联系在一起。当然，波动总是有原因的，但纸带本身并不包含理由。纸带并不向人们提供解释。我在14岁时便不曾向纸带寻求过答案，如今我40岁了，当然更不会这么做。某只股票当日价格波动的理由或许连续几天、几星期甚至几个月都不会被人察觉，但这又有什么重要的呢？纸带的作用在于当下，而非未来。价格波动的理由可以之后再去确认，但你必须立即采取行动，否则就会惨遭淘汰。我一次又一次地见证着这一幕。也许你还记得，前几天股市行情急剧上涨，但霍洛管道公司（Hollow Tube）却下跌了3个点。这是事实。到了下个星期一，我们看到了董事们决定不发放股利的新闻。这便是原因。董事们知道接下来的计划，即使他们没有卖出自己持有的股票，也没有买进。既然内部集团停止买进，这只股票的价格便没有理由不下跌。

就这样，我大概在半年的时间里一直保持着记备忘录的习惯。每天下班后，我不是立即回家，而是匆忙地记录下在意的数字，并研究其中的变化。我总是在寻找重复的行为和平行的结构，学习阅读纸带上的记录，尽管当时我并没有意识到自己究竟在做什么。

有一天，我正在办公室里吃午餐，一位比我年长的同事走过来，悄悄地问我有没有带钱。

"你为什么这么问呢？"我说。

"是这样的，"他说，"我得到了伯灵顿股票的内幕消息。如果有人愿意和我搭伙，我就要玩一票。"

"你要怎么玩一票？"我问。在我看来，唯一可以玩票的人只有那些口袋里塞满钞票的顾客，毕竟仅仅加入炒股的圈子便需要花费几百甚至上千美元。股市仿佛只属于拥有私人马车的富豪，甚至连他们的马车夫都戴着大礼帽。

"我是认真的！"他说。

"你有多少钱？"

"你需要多少？"

"我可以用5美元交易5股。"

"你要怎么玩？"

"我准备在投机商号交一笔保证金，然后用这些钱买进所有伯灵顿股票，"他说，"它一定会涨。这就像在大街上捡钱一样轻松，我们马上就能赚一番。"

"等一等！"说着，我拿出了我的小本子。

我对他所承诺的本金翻倍并不感兴趣，我在意的是伯灵顿的股价是否像他所说的那样即将上涨。如果真是这样，那么我的笔记本一定可以提供证明。我查到了伯灵顿，根据我的计算，它的表现毫无疑问正符合上涨之前的趋势。我在14年的人生里从未交易过任何东西，也从不和其他男孩一起赌钱。我只知道这是一个证明我在工作和业余时间里的研究成果的大好机会。我立即意识到，如果我的理论在实际操作中不管用，那么这个理论便无法引起任何人的兴趣。于是，我把所有钱都给了他。他带着我们的集资去了附近的一家投机商号，买进了伯灵顿股票。两天后，我们将盈利兑换成现金。我赚到了3.12美元。

这是我的第一笔交易，此后，我开始用自己的钱在这家商号做投机交易。我会在午休时去那里，买进和卖出对我来说都无所谓。我根据自己的交易体系进行操作，不会钟情于某一只股票，也不会参考别人的意见。我知道的只有股市中蕴含的数学规律。事实上，我的方法最适用于投机商号的交易，在这里进行交易的人们需要做的只是根据自动收报机打印出的纸带来下赌注而已。

不久之后，我在投机商号赚到的钱已经远远超过了在证券交易事务所拿到的工资。于是，我辞掉了工作。我的家人提出反对，但他们在看见我赚到的现金之后便不再继续劝说我打消这个念头。我还只是一个孩子，办公室勤杂工的工资可不高。我凭自己的本事赚到了不少钱。

我在15岁时第一次赚到了1000美元，并把钱交到母亲手中。这些钱都是我在几个月的时间里从投机商号赚到的，其中还不包括平时带回家的钱。母亲的话令我很不舒服。她希望我把钱存进银行，以免受到金钱的诱惑而学坏。她说，她从没见过哪个15岁的男孩可以白手起家赚到这么多钱。她甚至不敢相信这些钱是真的，正为此坐立不安。但我没有胡思乱想，只想继续证明我的计算是正确的。通过思考找出正确答案才是我的乐趣所在。假如我用10股证明了我的判断是正确的，那么我用100股进行交易，就能得到10倍的正确结果。拥有更多资金对我而言只意味着可以更加确定自己的判断是否准确，这与勇气无关。如果我只有10美元，却愿意用全副身家来冒险，那么这比拥有200万美元却只用100万美元来冒险更加勇敢。

总之，我在15岁时便利用炒股过上了好日子。我从小型投机商号开始做起，在这种地方，如果有人一次性买进20股，便会被怀疑是乔装打扮的约翰·W.盖茨①或J.P.摩根②。那时的投机商号很少给客户设置交易限制，他们不需要这样做。即使客户猜对了行情，他们也可以利用其他手段搜刮客户的钱财。这一行的利润极高。在投机商号遵守法规并且不耍花招的情况下，仅凭市场波动便能产生足以维持商号运作的小额资本。区区$\frac{3}{4}$个点的保证金对商号来说根本不痛不痒。并且，使用欺诈手段的人将永远出局，再也不能参与交易。

我并没有合伙人，独自打理一切事务，炒股是我一个人的事业。重要的是我的头脑，不是吗？价格的走向要么符合我的计算，要么与我的预测相反，没有任何朋友或搭档可以帮我进行计算，也没有任何好心人能阻止相反的情况发生。我认为没有必要将我的工作告诉任何人。我当然交到许多朋友，但工作一直都是我一个人的事情，所以我一向单打独斗。

就这样，没过多久，投机商号因为总是输给我而将我视为眼中钉。只要我走进商号，放下我的保证金，他们便只是看着那些钱，却不肯伸手去拿。他们告诉我，这里没有我可以做的交易了。从那时起，他们便叫我"赌鬼小子"。

---

① 约翰·W.盖茨（John Warne Gates, 1855—1911）：美国实业家、投机商人，绰号"百万赌注"（Bet-a-Million）。

② J.P.摩根（John Pierpont Morgan, 1837—1913）：美国金融家、银行家，在美国"镀金时代"垄断了华尔街的公司金融及工业并购，于1901年组建美国钢铁公司，曾引导几家银行合并，平息了1907年美国的"金融大恐慌"。

我不得不一直更换经纪行，从一间商号转移到另一间。我甚至只能使用假名进行交易。一开始，我只做15股或20股的小额交易。偶尔，在他们开始怀疑我时，我会先故意输掉一局，然后再痛宰他们一笔。当然，过一阵子他们便发现了我的实力，于是让我去别处赚钱，不要再妨碍老板的生意。

直到有一天，和我做了几个月交易的一间大商号也将我拒之门外。这一次，我下定决心要从他们手上多赚一些钱。那家投机商号在全城的酒店大堂设有许多分店，他们的业务甚至扩张到了周边城镇。我走进一家分店，向经理询问了几个问题后才开始进行交易。然而，我刚买进了一只活跃股票，那位经理便接到总部的电话，对方问他刚才下单的人是谁。经理向我询问此问题，我告诉他我的名字叫爱德华·鲁宾逊（Edward Robinson），来自剑桥。他高兴地打电话告知他的老板，可是电话那头的人还想知道我的长相。我对经理说，"你告诉他，我是个矮个子，长得很胖，有一头黑发和浓密的络腮胡！"但他向对方描述了我的真实长相，他听着电话，过了一会儿，他涨红了脸，挂掉电话后，让我快滚。

"他们对你说了什么？"我礼貌地问。

"他们说，'你这个蠢货，我们不是告诉过你不能跟拉里·利文斯顿（Larry Livingston）做生意吗？你竟然故意让他卷走了700美元！'"他没有告诉我他们还说了些什么。

我只能逐个去其他分店碰运气，但那些人全都认识我，我的钱在他们的店里完全不好使。即使我只是走进店里查看报价，也会受到职员的呵斥。我试着拉长交易的间隔时间，轮流去不同的商号做交易，但这种方式依然不管用。

最后，我只剩下一个选择，那就是前往规模最庞大、资金最雄厚的大都会证券经纪公司。

大都会证券经纪公司享有 A-1 评级并拥有庞大的交易量，它在新英格兰地区的每一个制造业发达的城镇都设有分支机构。他们接纳了我，一连几个月，我都在那里买卖股票，交易有赔有赚。然而，最后，这里也像其他商号一样不再欢迎我。他们没有像小商号那样直截了当地拒绝我，却并不是因为他们更有职业精神。如果报纸上刊登出这样的新闻，他们之所以不愿意和顾客做买卖，只是因为那名顾客碰巧赚到了一小笔钱，这会损害公司的形象。但他们的做法和小商号半斤八两，他们让我支付3个点的保证金，还强迫我支付额外的费用，一开始是0.5个点，然后变成1个点，最后涨到1.5个点。这简直是耍赖！他们是怎么做的？很简单！假设你在90点时买进钢铁股份，通常你的交易单上会写着"以$90\frac{1}{8}$买进10钢铁"。如果你缴纳1个点的保证金，那么当股价跌破$89\frac{1}{4}$时，你便自动爆仓了。在投机商号做交易的顾客不会被要求缴纳高额保证金，也不需要忍痛要求经纪商平仓止损。

大都会提高溢价的行为是一种卑鄙的手段。这意味着如果我以90美元的价格买进，我的交易单上不会写着"以$90\frac{1}{8}$买进钢铁"，而会写着"以$91\frac{1}{8}$买进钢铁"。这样一来，即使股价在我买进之后上涨$1\frac{1}{4}$个点，如果我在这时平仓，依然会亏损。他们还坚持让我在一开始就缴纳3个点的溢价，这会使我的交易量减少$\frac{2}{3}$。即使如此，大都会仍然是唯一愿意和我做生意的投机公司，如果不接受他们的条件，我就只能放弃做投机交易。

我在股市中经历了多番沉浮，但总体来看仍是赢多输少。大都会为我设置的诸多障碍足以压垮任何人，但他们仍不满足。他们还想用圈套来欺骗我，不过没有得逞，我凭借直觉安然脱身。

我说过，大都会是我最后的机会了。它是新英格兰地区首屈一指的投机商行，并且他们对交易额不设限制。在每天出入这里的个体交易者当中，我大概是交易额最大的一个。他们的营业厅环境舒适，那里的报价板是我见过的最大的一个，也是内容最全面的。它占据着宽敞房间的一整面墙壁，上面记录了所有你能想到的信息，包括纽约和波士顿证券交易所的股票价格，还有在纽约、芝加哥、波士顿和利物浦进行交易的棉花、小麦、食品、金属等期货的价格。

你知道投机商号的交易是怎么一回事。你把钱交给一名职员，告诉他你想买进什么或者卖出什么。他会查看纸带或报价板上最新的价格，还会把时间记录在交易单上，这让投机商号的交易单看起来几乎像正规的交易报告。交易单上记载着某月某日，这位职员从你那里收到多少钱，他以什么价格为你买进或卖出了多少股某只股票。当你想要平仓的时候，根据每间商号的不同规定，你需要去找同一个职员或者另一个职员进行办理。这位职员会为你记录最新的价格，如果这只股票不活跃，他会等待下一次纸带上出现的报价。他在你的交易单上写下价格和时间，办理好后他会把交易单还给你，然后你便能去柜台提取交易单上的现金了。当然，如果你不走运，市场价格跌破了你的保证金范围，那么你的交易便会自动终止，交易单也会变成一张废纸。

在小型投机商号里，人们可以进行低至5股的小额交易，交易单用不同颜色的纸片代表买进和卖出。处于牛市的时候，投机商号偶尔会受到很大的冲击，因为所有客户都在做多，他们又碰巧都猜对了市场走向。那时，投机商号会同时扣除买进和卖出的销售佣金，如果你以20美元买进一只股票，你的交易单上会写着$20\frac{1}{4}$。这样，你就只有$\frac{3}{4}$个点的利润空间。

大都会是新英格兰地区最好的投机行，拥有成百上千名赞助人。我相信我是唯一令他们感到害怕的人。无论是致命的溢价还是3个点的保证金，他们的手段并没有对我的交易产生太大的影响。只要他们允许，我便继续按照最大额度参与交易。有时候，我会同时持有5000股。

我想告诉你们一件事情。那一天，我做空了3500股糖业股票。我拿着7张粉色的大张交易单，每张是500股面额。大都会使用的是大张交易单，上面的空白处可以用来记录额外的保证金。当然，投机商号从不收取额外保证金。对他们来说，小额资本越少越好，因为他们的利润取决于能否赚走所有的保证金。在小商号里，如果你想追加保证金，他们会给你重新开一张票，这样他们便能收取代购佣金，你只拥有$\frac{3}{4}$个点的下行空间。因为在你卖出时，他们同样会把这笔交易当成一笔新的交易，并收取代销佣金。

言归正传，这一天，我记得我提交了超过1万美元的保证金。

我在年仅20岁时已经攒够了1万美元现金。你真该听听我母亲是怎么说的。也许你以为除了大富豪之外，没有人会随身携带1万美元现金走来走去。她曾嘱咐我要安分守己，去做些正当的工作。我好不容易才让她相信我不是在赌博，我的工作是通过计算来赚钱。1万美元在她眼中是一大笔钱，在我眼中却只是一笔数额更大的保证金而已。

我以$105\frac{1}{4}$的价格做空了3500股糖业。另一位名叫亨利·威廉姆斯（Henry Williams）的顾客做空了2500股。我坐在自动收报机旁，对着负责报价的杂工大声喊出价格。价格的变化与我所预料的一致。糖业股价很快下跌了一两个点，随即保持不动，片刻后又继续下跌。大盘十分疲软，一切正如我所料。突然之间，糖业股票的波动令我有种不妙的感觉。我开始有些不安，觉得是时候离场了。这时的卖出价格是103点，仍处于当日的低位，但我的信心没有因此而增加，我反而感到越发不安。我知道这不对劲儿，但不清楚究竟是哪里出现了问题。如果危险即将到来，而我却不清楚危险从何而来，那么我便无法做好应对的准备。在这种情况下，平仓离场是最好的选择。

要知道，我并不是在盲目地进行交易。我不喜欢这么做，也从未这样做过。即使在小时候，我在行动之前也必须先弄清楚行动的理由。而这一次，我找不到足以说服自己的明确的理由，依然坐立不安，这简直令我无法忍受。我叫住了一个认识的人，他叫戴夫·怀曼（Dave Wyman）。我对他说："戴夫，你来坐在我的位子上。我希望你能帮我一个忙。你在报出糖业股票的价格之前，可以稍微停顿一下吗？"

他答应了，于是我站起来，将位子让给他，这样他可以代替我为杂工报价。我从口袋里取出7张糖业股票的交易单，走到柜台前面。柜台后的职员会为客户填写平仓时的信息。但我并不清楚究竟为什么要离场，所以只是站在那里。

我靠在柜台上，把交易单握在手中，以免被职员看见。很快，我听到了电报机的嘀嗒声，看到那个名叫汤姆·伯纳姆（Tom Burnham）的职员很快转过头来倾听电报。那时候，我有了一种不祥的预感，我决定不能再等下去了。就在这时，坐在自动收报机旁的戴夫·怀曼开始喊出"糖——"，在他报完价格之前，我像闪电一般飞快地把交易单扔在柜台上，对职员喊道"糖业平仓！"这样一来，投机行当然不得不按照上一个报价来为我平仓。结果戴夫喊出的价格仍是103。

根据我的推算，糖业股票的价格现在应该已经跌破103了。我的办法失灵了。我感觉周围似乎存在着陷阱。不管怎样，电报机正在疯狂地运转，我注意到汤姆·伯纳姆还没有在我的交易单上填写记录，他正在听电报，仿佛等待着什么。于是我朝他喊道："喂，汤姆，你还在等什么？赶紧在交易单上写103！快点儿！"

大厅里的每个人都听见了我的喊声，他们朝我们的方向看，并打听发生了什么事。虽然大都会从没有赖过账，但这可说不准，投机商号可能像银行一样发生挤兑。只要有一个客户开始产生怀疑，其他人也会纷纷效仿。因此，汤姆虽然闷闷不乐，却还是在我的交易单上写下"于103平仓"，然后他把7张交易单推过来。他的脸色着实难看。

从汤姆的位置到出纳间不过8英尺①的距离，但我还没走到出纳间，坐在自动收报机旁的戴夫·怀曼便兴奋地大喊："天哪！糖业108！"但已经太迟了，我只是笑着对汤姆说："这一次是你输了，对吧，老伙计？"

当然，这是一场骗局。亨利·威廉姆斯和我一共做空了6000股糖业。那间投机行持有我和亨利的保证金，也许还有很多人也做空了糖业，可能共有8000～10000股。假如这家投机行拥有2万美元糖业股票的保证金，这笔钱足以在纽约证券交易所操纵股价，把我们洗劫一空。过去，每当投机商号发现持有某只股票的多头人数过多时，他们经常会找券商打压这只股票的价格，这种手段足以让所有做多这只股票的交易者爆仓。投机商只不过在几百股上亏损一两

---

① 1英尺约30厘米。

个点，却能赚到上千美元。

大都会对我和亨利·威廉姆斯以及其他做空糖业股票的交易者正是使用了这种手段。他们在纽约的经纪商将股价抬到了108美元。当然，之后价格又跌回原点，但亨利和其他很多交易者都爆仓了。那时候，每当股市出现无法解释的大跌，随后又很快恢复时，报纸便称这种情况为"投机商行效应"。

最有趣的是，大都会企图算计我不到10天，纽约的一名操盘手就让他们损失了7万多美元。这个人是纽约证券交易所的会员，当时拥有很大的市场影响力，他凭借在1896年的"布莱恩金融恐慌"中做空一举成名。他从不遵守证券交易所的规则，因为这些条条框框限制了他实施自己的计划，而他的计划可能损害其他会员的利益。一天，他想到如果他赚的是投机商行的不义之财，那么证交所和警方都不会找他的麻烦。这一次，他派了35个人去扮演客户。这些人被派往总店和比较大的分店。他们在某一天特定的时间同时以最大份额买进某只股票。他们根据指示，在达到指定利润点后便出清所有份额。当然，他的手段就是在熟人之间散布这只股票的利好消息，然后去证交所获取场内交易者的信任，煽动他们抬高股价。只要精心挑选合适的股票，他便可以将股价抬高三四个点，这一切都不费吹灰之力。最后，他在投机行的同伙就能按照计划兑换现金了。

有人告诉我，除去付给同伙的报酬和其他支出后，发明这个招数的人净赚7万美元。他在美国各地施展了多次同样的招数，纽约、波士顿、费城、芝加哥、辛辛那提和圣路易斯最大的投机行都受到了他的教训。他最钟爱的股票是西联汇款公司的股票，因为要操纵这样一只半活跃的股票简直轻而易举。他的同伙在某个价位买进西联的股票，以2个点的利润卖出，然后利用做空再赚3个点。顺便一提，后来，我在报纸上看到这个人去世的消息，他死前穷困潦倒，籍籍无名。假如他在1896年便离世，他的讣告至少可以占据每一份纽约报纸的头版专栏。而现实中，他出现在第5版，仅占用了两行笔墨。

第2章　初闯纽约

既然大都会证券经纪公司没能用3个点的保证金和1.5个点的溢价干掉我，他们便不惜使用更肮脏的手段来对付我，并且暗示他们不想继续和我做生意，于是，我很快下定决心前往纽约。在那里，我可以在纽约证券交易所的会员营业厅里做交易。我对波士顿的交易所不感兴趣，因为那里只能依赖电报提供报价。我想尽可能地靠近原始的价格情报。我在21岁时来到了纽约，身上带着我的全部积蓄——2500美元。

我说过，我20岁时已经拥有了1万美元，在糖业股票交易中缴纳的保证金也超过了1万美元。但我并不是总能赚到钱。我的交易计划足够完善，我在交易中获利的次数超过了亏损的次数。实际上，只要我事先确定自己的判断准确无误，然后开始交易，总能赚到钱。我之所以会亏损，是因为没能坚持按照自己的游戏规则行事，我的原则是只在市场先例对我有利的情况下参与交易。所有事情都需要在恰当的时机才能顺利进展，但当时我还不明白这个道理。这就是华尔街众多高手失败的原因，而他们绝非泛泛之辈。一般的傻瓜总是在犯错，而华尔街的傻瓜以为自己必须不停地交易。没有人能每天都有充分的理由买进或卖出股票，也没有人能洞悉一切，总是做出明智的判断。

我的经历便是证明。每当我凭借经验来解读纸带上的价格时，便能赚到钱；每当我像平庸之辈一样胡乱交易时，一定会亏损。毕竟，我也不例外，对吧？巨大的报价板矗立在我的面前，自动收报机持续运转着，人们在进行交易，他们见证着自己的交易单变成现金，或者沦为废纸。当然，对刺激的渴望有时会蒙蔽自己的判断。只收取小额保证金的投机商号不适合进行长线交易，交易者很容易出局，一切都发生得很快。在华尔街，许多人失败的原因都是不顾潜在的条件而一直在冲动的驱使下进行交易，就连职业投资者也不例外，他们总以为自己必须每天都有进账，仿佛他们是按时拿工资的上班族。要知道，那时，我只是个孩子，还没有学到后来的人生经验，正是这些经验造就了15年后的我。过去的我并不知道应该耐心等待两个星期，直到我看好的股票上涨30点之后再放心地买入。当时，我刚失去了一大笔钱，想把损失的财富再赚回来。我没有鲁莽行事的余地，必须做出准确的判断，于是，我耐心地等待着时机。那是1915年，说来话长，之后有机会我再慢慢道来。现在，言归正传，尽管我在与投机商号的较量中长期保持着胜利，最终他们却赚走了我的大部分盈利。

我只能眼睁睁地看着这一切发生！并且，这并不是我投资生涯中仅有的一次失败。一个股票作手不得不单枪匹马对抗许多劲敌。总之，我带着2500美元来到了纽约，这里没有值得信任的投机商号。纽约证券交易所和警方联手，成功地查封了许多非法商号。此外，我希望找到一个可以自由进行交易的场所，这样一来，我受到的唯一的交易限制就是我拥有多少本金。尽管我拥有的资金并不多，但我相信这种情况不会持续很久。一开始，我的主要目标是找到可以进行公平交易的场所。于是，我走进纽约证券交易所开设的一个机构，它在我的家乡也设有分部，我认识那里的一些员工。他们在很久以前便停止营业了。我不喜欢其中一名合伙人，因此，我只在那里停留了片刻，便动身前往富勒顿公司（A. R. Fullerton & Co.）。他们大概已经听说了我过去的投资经历，因为他们很快都称呼我为"交易天才"。我长着一张娃娃脸，虽然在某些情况下这对我不利，但也迫使我奋发图强，因为有太多人看到我年纪小便想欺负我。投机商号的家伙们见我还是个孩子，以为我只是来这里碰碰运气，这便是我总能战胜他们的唯一理由。

然而，不到6个月，我便破产了。我频繁地进行交易，算是人们口中的赢家。我想自己支付的佣金大概不是一笔小数目。我也赚到了一小笔钱，但最后全赔光了。尽管我很谨慎地进行交易，却依然无法避免破产。我知道问题出在哪里，正是我在投机商行取得的巨大成功导致了现在的失败。

我的策略只能在投机商号里发挥作用，在那里，我赌的是价格的波动。我对纸带的解读能力只有在投机商号才能派上用场。当我买进一只股票时，它的价格就在我眼前的报价板上。甚至在买进之前，我已经准确地知晓即将出现的股价。并且，我总能立即卖出。我的操作如闪电一般敏捷，所以我才能成功抢到帽子①。我可以在瞬间完成套现或者止损。有时候，我确信某只股票将震荡至少1个点。但我不能贪心，只要留出1个点的利润空间，我的本金立即就能翻倍；我也可以只赚半个点的利润，见好就收。我像这样每天进行一二百股的交易，到了月底，便会有不错的收入，不是吗？

当然，这种操作面临着一个实际的问题：即使投机行有能力承担持续的高额损失，他们也不会放任这种情况发生。他们不会允许总是赢钱的顾客在交易大厅里走来走去。

无论如何，我的交易体系完全适用于投机商号，但这套体系在富勒顿的交易厅里却失灵了。在那里，我实实在在地做着股票交易。纸带上糖业股票的价格或许是105美元，我能预测到它即将下跌3个点。实际上，当自动收报机在纸带上打印出105这个数字时，这只股票在交易所里的真实价格也许已经跌到104美元或103美元。等到富勒顿的职员开始执行我的订单，为我卖出1000股时，这只股票的价格可能已经跌得更低了。只有从职员手上拿到交易报告后，我才会知道卖出的1000股的成交价究竟是多少。同样一笔交易在投机行里一定能赚

---

① 抢帽子：一种投机交易行为。在同一天低价买进特定股票，等待价格上涨后高价抛售，从而赚取差价。

到3000美元,而在证券交易所可能连1分钱都赚不到。当然,这是一种极端的情况,但事实依旧如此。富勒顿的纸带上记录的永远是过时的价格,我的交易体系因此而失灵,但当时我并没有意识到这个问题。

此外,如果我的交易量大到一定程度,那么我的卖出操作将进一步压低股价。在投机商号里,我不必担心自己的操作会产生怎样的影响。我之所以在纽约证券交易所惨遭失败,是因为这里的游戏规则与投机商号完全不同。我不是因为正当交易而亏损,而是因为无知而败北。人人都说我擅长解读纸带,但这并不能改变亏损的结果。如果我有场内交易的经验,也许我可以表现得更好。在面对特定的交易人群时,也许我会根据当前的情况来调整投资策略。不过,如果我必须以现在的资金规模来参与交易,考虑到我的操作对股价的影响,这套体系同样会失败。

简言之,当时,我还不清楚股票投机交易的全部游戏规则,只知道一部分比较重要的规则,它们一直令我受益匪浅。即便如此,我依然输了,那么刚接触股市的门外汉又有多少机会可以赚到钱呢?

没过多久,我便意识到我的策略出了问题,但不知道具体出在哪里。我的体系有时候十分管用,但转眼之间我便会遭遇一系列失败。别忘了,当时我只有22岁。我不是一个自恋到不愿承认错误的人,但这个年纪的人对一切都还很懵懂。

营业厅里的人对我很好。由于保证金的制约,我无法尽情施展自己的才能,但富勒顿老先生和公司里的其他员工都十分照顾我,但6个月之后,我不仅输光了带来的本金,也输光了在这里赚到的钱,还欠了这家公司几百美元。

我只是个毛头小子,在这之前从未出过远门,现在落得了身无分文的下场,但我知道有问题的是我的策略。但愿我解释得足够清楚。我从不对股市发脾气,也从不抱怨纸带上的信息。埋怨市场对自己并没有什么好处。

我迫不及待地想要恢复交易,于是我没有浪费时间,直接对富勒顿老先生说："借给我500美元吧。"

"干什么？"他问。

"我需要钱。"

"干什么？"他又问了一遍。

"当然是交保证金。"我说。

"500美元？"他皱着眉头说，"你知道你得保持10%的额度，所以每100股需要1000美元保证金。你还是赊账吧！"

"不，"我说，"我不想赊账。我已经欠了公司一笔钱，希望你能借给我500美元，这样我就能出去赚一笔再回来把钱还给你。"

"你要怎么做呢？"老富勒顿问道。

"我要去投机商号里做交易。"我告诉他。

"在这里交易吧。"他说。

"不，"我说，"我还没有把握在这里赚到钱，但我有把握能从投机商号赚到钱。我清楚那里的游戏规则，知道自己究竟哪里做错了。"

他把钱借给了我，我离开了交易所，投机商号的"赌鬼小子"在这里输得一败涂地。我不能返回家乡，因为家乡的投机商号不肯接待我。纽约也被我排除了，因为当时这里的投机商号寥寥无几。有人告诉我，19世纪90年代，在宽街和新街一带到处都是投机行，可是，在我需要的时候，却看不见它们的踪影。经过一番思考之后，我决定动身前往圣路易斯。我听说那里有两家规模很大的投机行，它们的经营范围覆盖了整个中西部地区，在几十个市镇都设有分支机构。它们的营业收入一定很高。实际上，我听说，整个东部没有一家公司可以与它们的规模相匹敌。这两家公司对外公开营业，最好的交易者也能毫无顾忌地在那里做交易。甚至有人告诉我，其中一家公司的老板是商会的副总裁，但这家商会并不是圣路易斯的商会。无论如何，我带着500美元去了圣路易斯，准备在那里赚一笔本金，然后回到纽约证交所的会员机构——富勒顿公司，用这笔钱缴纳保证金。

抵达圣路易斯后,我来到酒店梳洗一番,然后出门寻找投机行。我发现了两家合适的公司,一家是J.G.多兰(J.G.Dolan)公司,另一家是H.S.泰勒(H.S.Teller)公司。我有信心战胜它们,准备小心翼翼地采取保守的行动。我唯一担心的是,可能会有人认出我,因为整个美国的投机行都听说过"赌鬼小子"的大名。这些投机行就像赌场一样搜集着有关职业交易者的流言蜚语。多兰公司比泰勒公司离我更近,于是我先去了那里。我希望被扫地出门之前可以顺利地在那里做上几天的交易。我走进了交易厅,里面异常宽敞,正盯着报价板的顾客有一二百人之多。我很高兴,因为在人群之中我更容易隐藏自己。我站在那里,仔细地查看着报价板,最终找出了第一只适合交易的股票。

我环顾四周,看到了设在窗边的柜台,我需要在那里付款和下单。负责交易的职员正看着我,于是,我走到他面前询问:"棉花和小麦是在这里下单吗?"

"是啊,小子。"他说。

"我也能买股票吗?"

"只要你有现金就能买。"他说。

"哦,我有钱。"我模仿着吹牛的孩子的语气。

"你有钱,真的吗?"他笑着说。

"100美元能买多少股票?"我佯装气恼地问他。

"如果你真的有100美元,可以买100股。"

"我当然是真的有100美元,我还有200美元呢!"我告诉他。

"我的天!"他说。

"你帮我买200股吧。"我生气地说。

"200股什么?"现在他严肃起来了。这就是生意。

我重新看向报价板,仿佛在绞尽脑汁进行猜测,随后,我告诉他:"200股奥马哈。"

"好啊！"他说。他拿走了我的钱，清点完毕后写了一张交易单。

"你的名字是？"他问我。我回答：" 贺拉斯·肯特（Horace Kent）。"

他把交易单递给我，我离开柜台，坐在顾客中间，等待股价上涨。

那一天，我的行动十分迅速，进行了很多次交易。第二天也是如此。仅用两天时间，我便赚了2800美元，希望他们能让我连续交易一个星期。按照我的盈利，这还不算太糟。然后，我会去另一家公司碰碰运气，如果在那里我依然很走运，就能带着足够的本钱返回纽约了。

在第三天早晨，我装出腼腆的样子来到窗口前买进500股 B.R.T。那名职员对我说："肯特先生，老板想见你。"

我知道游戏结束了，但仍不死心地问他："他为什么要见我？"

"不知道。"

"他在哪儿？"

"在他的私人办公室，往那边走。"他指着一扇门。我走进去，多兰坐在办公桌旁。他转过身来说道："坐吧，利文斯顿。"

他指了指一把椅子。我最后的希望破灭了。我不知道他如何得知我的真实身份，也许他调查了酒店的登记簿。

"你为什么要见我？"我问他。

"听着，孩子，我对你完全没有恶意，明白吗？"

"我不明白！"我说。

他从旋转椅上站起来。他的个子很高。他对我说："过来吧，利文斯顿。"然后他走到门前，打开门，指着大厅里的顾客们说："你看到他们了吗？"

"看到什么？"

"这群人。看看这群人，孩子。那里有300个人！300个蠢货！他们养活了我和我的家人，明白吗？300个蠢货！然后你出现了，你用两天时间从我这里赚到的钱，比我用两个星期的时间从这群蠢货身上赚到的钱更多。要我说，这可不是做生意啊！我不想针对你。你已经赚到手的钱是属于你的，但你不能再继续下去了。这里不做你的生意了！"

"可是我……"

"到此为止吧。我前天就看到你了，当时我便看你不顺眼。老实说，我真的看你不顺眼。我看出你在装模作样。我叫来那个傻瓜，"他指着接待我的职员，"问他你做了什么。听完之后我对他说，'我不喜欢那家伙的模样。他是个骗子！'那个头脑简单的家伙说，'老板，他怎么会是骗子呢？！他叫贺拉斯·肯特，只是个装模作样的毛头小子。他不会有问题的！'我没有阻止他，于是那个该死的混蛋让我损失了2800美元。我不会记仇，孩子，但我的钱柜已经对你上锁了。"

"听我说——"我开始辩驳。

"你听我说，利文斯顿，"他说，"我对你了如指掌。我需要从蠢货身上赚钱，你不属于这里。我不想失了和气，你已经赚到的钱都是你的。现在我知道你是谁了，如果你还不知足，也别怪我不客气，所以快走吧，小子！"

我带着赚来的2800美元离开了多兰公司。泰勒公司就在同一个街区。我发现泰勒是个富豪，他还经营着许多家台球厅。我决定去他的投机商号碰碰运气。我不知道究竟应该先做小额交易，慢慢做到1000股，还是应该一开始就玩大的，毕竟我能在那里交易的时间也许不超过一天。他们在输钱的时候总是很快就学聪明了，我确实想买1000股B.R.T。我坚信可以赚到四五个点。可是，如果他们产生怀疑，或者有太多顾客做多这只股票，那么他们也许根本不让我做交易。也许我最好分散资金，先从小额交易开始做起。

泰勒公司的交易厅不像多兰公司那么宽敞，但这里的装潢更加精致，这里的顾客显然更有身份。这对我来说再好不过，我决定买进1000股B.R.T。于是我走到窗口前，对职员说，"我想买B.R.T，限额是多少？"

"没有限额，"职员说，"只要您有钱，想买多少都可以。"

"替我买进1500股。"我从口袋里拿出一卷钞票，职员准备帮我填写交易单。

就在这时，我看见柜台后的一名红发男子把那名职员推到一旁。他靠过来对我说："利文斯顿，你回多兰那里吧。我们不和你做生意。"

"等我开完交易单再说，"我说，"我刚买了一点儿B.R.T。"

"这里没有你的交易单。"他说。这时候，其他职员全都围在他的身后看着我，"永远别再回来了，我们不做你的生意，懂了吗？"

愤怒和争吵都没有用，于是我回到了酒店结清了房钱，乘坐下一班火车返回纽约。我的处境很艰难。我想赚一大笔钱，可是泰勒公司连一次交易也不让我做。

我回到了纽约，把富勒顿的500美元还给他，并用在圣路易斯赚到的本金重新开始交易。我的运气时好时坏，但好运占了上风。毕竟，我需要忘却的错误概念并不多；我只需要认清一个事实，那就是股票投机这项游戏比我来到富勒顿公司进行交易之前所认为的更加复杂。我就像一个解谜爱好者，做着星期日报纸增刊上的填字游戏。只有将所有空格都填满，我才会心满意足。我当然想找出谜题的答案。我以为自己再也不能去投机商号做交易了，但我想错了。

在我回到纽约的几个月之后，一名股市的老前辈来到富勒顿公司。他认识老富勒顿。有人说他们一起养过赛马，他显然曾经风光一时。有人将我引见给他，他就是老麦克德维特（McDevitt）。他正在向一群人讲述西部赛马场里的一群骗子不久前在圣路易斯设下的骗局。他说，领头的是一个叫泰勒的人，他是台球厅的老板。

"哪个泰勒？"我问他。

"H.S.泰勒。"

"我认识那家伙。"我说。

"他不是什么好人。"麦克德维特说。

"那家伙坏透了,"我说,"我和他还有一笔账要算呢。"

"你要怎么做?"

"要教训这种人,唯一的办法就是痛宰他一笔。眼下他在圣路易斯,我拿他没辙,但总有一天,我会报仇的。"我向麦克德威特讲述了吃亏的经历。

他说,"泰勒本想在纽约打通关系,但是没有得逞,所以他在霍博肯(Hoboken)开了一家店。听说那里没有任何交易限制,庄家稳赚不赔,与这家店相比,直布罗陀山也成了矮脚鸡身上的跳蚤。"

"那是什么店?"我以为他说的是台球厅。

"投机商号。"麦克德维特说。

"你确定它在营业吗?"

"确定,有几个人跟我描述过那里的情况。"

"那只是小道消息,"我说,"你能帮我确认那里是否真的在营业,以及他们的交易限额是多少吗?"

"没问题,孩子,"麦克德维特说,"明天早晨我亲自去确认,然后回来告诉你。"

他真的去了。原来泰勒已经开了一家很大的投机行,并且来者不拒。那一天是星期五,整整一个星期,市场一路上涨。那是20年前的事了。可以确定的是,星期六公布的银行财务报告上将会显示超额准备金大幅下降。场内的交易大户们知道这是进场的好机会,他们可以在一些小型经纪行里大赚一笔。在交易的最后半小时内,这种情况时常发生,尤其是公众交易最活跃的个股。这些股票同时也是泰勒的客户们最看好的股票,投机行一定乐于见到这些股票被抛空。只用1个点的保证金就能从两头围堵这些愚蠢的人,没有比这更好的事了。

星期六早晨,我急忙赶往位于霍博肯市的泰勒公司。他们在宽敞的交易大厅里安装了一块十分气派的报价板,大厅里有许多办事员,还有一名身穿灰色制服的保安。大约有25名顾客。

我和经理聊了一会儿。他问我有什么需要，我只是说，在赛马场上人们仅凭运气就能赚到更多的钱，并且那里没有交易金额的限制，人们可以赌上所有钱，几分钟后便能赚到上千美元；在股市里赚钱就像小鸡啄米，并且可能需要等待数日才能拿到钱。他说在股市进行交易比赌马更加安全，一些顾客赚到了很多钱。听了他的话，你会以为这里是一家正规的经纪行，可以为顾客在证券交易所买卖股票。他还说，只有做大宗交易才能赚到足以令所有人满意的利润。他一定以为我准备去台球厅赌马，于是想抢先一步骗走我一笔钱，因为他说股市在星期六中午12点就收盘了，催促我尽快做决定。这样一来，我便有整个下午的时间可以去做其他事情。如果我选对了股票，也许就能赚到更多赌马的本金。

我摆出一副难以置信的表情，他继续在我的耳边唠叨。我看着时钟，到了11点15分时，我说："好吧。"于是，我开始让他帮我卖出几只股票。我拿出了2000美元现金，他很高兴地接过钱。他说他相信我能赚到一大笔钱，并希望我常来光顾。

一切正如我所预料的那样，场内交易者们打压了他们认为操纵空间最大的那些股票，股价自然暴跌。交易者在最后5分钟通常会进行补仓操作，从而使股价回升，而我刚好抢在他们之前轧平头寸。

我的盈利共计5100美元，然后去柜台兑现。

"还好我来了这儿一趟。"我对经理说，然后把我的交易单递给他。

他对我说："我没办法兑付你的全部盈利。我没想到你可以一次赚到这么多钱。星期一早晨我会把钱准备好，绝对万无一失。"

"好吧，那么你有多少钱，先付给我。"我说。

"你得让我先支付那些小额交易。"他说，"我会把本金还给你，等我结算完其他交易单，剩下的钱也都给你。"于是我等待他为其他获得盈利的人结算现金。我知道我的钱很安全。泰勒的生意这么好，他不会赖账的。即使他赖账，除了当场拿走他能给我的全部现金，我还有更好的选择吗？我拿到了自己的2000美元本金和大约800美元盈利，这是公司里的所有钱了。我与他约定星期一早晨再见，他发誓会准备好钱等我来取。

星期一上午快12点时，我来到霍博肯市。我看见一个人正在和经理交谈，泰勒让我滚回多兰公司的那一天，我在圣路易斯的交易厅里也见过这个人。我立即意识到那个经理给总部打过电话了，于是总部派了一个人来调查这件事。骗子从不相信任何人。

"我来拿剩下的钱。"我对经理说。

"就是他吗？"来自圣路易斯的家伙问。

"是他。"经理说着，从口袋里掏出一沓钞票。

"等等！"圣路易斯的家伙拦住他，然后对我说，"利文斯顿，我们不是说过不和你做生意吗？"

"先把我的钱给我。"我对经理说。他递给我2张1000美元、4张500美元和3张100美元钞票。

"你刚才说什么？"我问那家伙。

"我们告诉过你，不要来我们的地盘做交易。"

"是啊，"我说，"所以我来了。"

"那么别再来了。滚吧！"他对我吼道。穿着灰色制服的保安不动声色地走过来。那家伙一边挥舞拳头，一边对经理喊道："你给我清醒一点儿，蠢材，怎么能把他放进来呢？！他可是利文斯顿，你接到过命令的。"

"你给我听着，"我对那家伙说，"这里可不是圣路易斯，别指望像你的老板那样耍花招。"

"离我们公司远一点儿！你不能在这里做交易！"他吼道。

"如果我不能在这里做交易，那么别人也不会继续在这里做交易。"我告诉他,"你不能在这里为所欲为。"

那家伙立即换了一种语气。

"听着,老伙计,"他假惺惺地说,"帮我们一个忙吧。讲讲道理!你知道我们不能每天都承受这样的损失,老板听说以后准会气得把屋顶掀翻。行行好吧,利文斯顿!"

"我会手下留情的。"我向他保证。

"听我的话,好吗?看在老天的分上,走吧!我们刚在这里开张,给我们一个开业大吉的机会吧,可以吗?"

"下次我来的时候,我可不想再见到你们这种趾高气扬的态度。"说完,我便离开了,那家伙还在滔滔不绝地教训那个经理。我已经报了在圣路易斯的一箭之仇,没必要继续招惹是非,也没必要逼得他们破产。我回到富勒顿的公司,将事情经过讲给麦克德维特。我还告诉他,如果他愿意,可以去泰勒公司做二三十股的交易,让那里的人们慢慢熟悉他。等我发现好的机会便打电话给他,让他大赚一笔。

我给了麦克德维特1000美元,他前往霍博肯市,按照我的吩咐行动。他成了那里的熟客。有一天,我预测到有一只股票即将大跌,于是向麦克透露了风声,让他尽全力做空。那一天,扣除给麦克的佣金和交易的费用之后,我净赚了2800美元,我猜他也用自己的钱下了一点儿注。不到一个月之后,泰勒关闭了在霍博肯市的分店。警察也出动了。虽然我只在那里做了两笔交易,但那家店依然入不敷出。我们赶上了疯狂的牛市,股票的反弹连1个点的保证金都吞不掉。当然,所有客户都在做多,并且越赚越多。全国的投机商号接连破产。

投机行的游戏规则也变了。在传统投机商号进行交易比在信誉良好的经纪行做交易拥有决定性的优势。一方面,保证金消耗殆尽后,交易便会自动终止,这是最好的止损机制。最坏的情况只是损失保证金,交易者不会因交易指令执行不力而面临种种危险的后果。纽约投机行的情况一向与我听说的西部投机行不同，纽约的投机行对客户的限制更多。纽约的投机行曾把某些热门股票的利润范围限制在2个点之内，其中包括糖业股票和田纳西煤铁股票。即使这些股票的价格在10分钟之内震荡10个点，客户的每张交易单也只能赚到2个点的利润。他们认为，如果不这样规定，那么客户获得盈利的概率就太大了，有可能出现赔一赚十的情况。曾经有一段时间，所有投机商号都拒绝承接某些股票的订单，就连最大的投机行也不例外。1900年，在大选日的前一天，麦金莱①当选已成定局，全国没有一家投机商号肯为客户下单。麦金莱当选的赔率是3∶1。只要在星期一买进股票，便有机会赚到3至6个点的利润，甚至更多。即使赌布莱恩当选，然后买进股票，同样可以稳赚不赔。于是，那一天，所有投机行都拒绝交易。

如果他们没有拒绝和我做生意，我绝不会离开那里。这样一来，我永远不会知道股票投机的学问远不止追逐几个点的波动这么简单。

---

① 威廉·麦金莱（William McKinley，1843—1901）：美国第25任总统。

第3章 失败的教训

一个人要用很长时间才能从自己所犯下的全部错误中吸取教训。俗话说，凡事皆有两面性。但股市只有一面，这一面既不是牛市，也不是熊市，而是正确的一面。我花了很长时间才牢牢记住这条普遍适用的原则，这比我学习股市投机的技巧所花费的时间更长。

我曾听说，有些人喜欢在想象中进行模拟交易，他们用想象的货币来证明自己是否正确。这些模拟交易者有时候可以赚到数百万美元。在想象中进行豪赌是轻而易举的事情，他们就像那个古老的寓言中所讲述的人。

一个人约好第二天与人决斗，他的副手问他："您的枪法准吗？"

决斗者回答："我可以在20步开外射中玻璃杯的细柄。"他看起来很谦虚。

"太棒了。"副手冷冷地说，"可是，如果这个玻璃杯正用手枪瞄准您的心脏，您还能射中它吗？"

我必须用自己的钱来证明自己的判断。我所承受的损失教会我只有在确保万无一失时才能继续前进，如果时机不适合前进，那就应当按兵不动。我的意思不是说交易者在判断失误时不应当及时止损。止损是合理的，但不能因此而变得优柔寡断。我这一生中犯过许多错误，但金钱的损失让我得到了宝贵的经验，并知道了许多交易禁忌。我经历过许多次破产，但损失从未让我一败涂地。否则，我不会是现在的样子。我一直都清楚自己会找到新的机会，并且同样的错误我不会犯第二次。我相信自己。

如果一个人想以投机交易为生,那么必须相信自己,也必须相信自己的判断。这就是我从不轻信小道消息的原因。如果我听了史密斯的消息而买进股票,那么不得不根据他的消息来卖掉这些股票,导致我对他产生依赖。假如卖出的时机到了,而史密斯恰好去度假了,那么我该怎么办?没有人能根据别人的指示赚到大钱。我的亲身体验是,无论依靠谁的情报,都不如凭借自身判断赚到的钱更多。我用了5年时间才学会如何明智地进行交易,这样一来,当我判断正确时,我便能赚到很高的利润。

我的经历不像你们想象中的那么有趣。现在看来,学习投机交易的经历并不是什么惊心动魄的过程。我经历了许多次破产,那绝非愉快的经历,我遭受损失的原因与华尔街每个人遭受损失的原因相同。投机是一项艰难的工作,投机者必须随时致力于工作,否则将很快失去这份工作。

自从早年在富勒顿公司受挫之后,我便明白了一个道理:我应该做的事情其实很简单,那就是从另一个角度来看待投机交易。但我不知道在投机商号里只能学到九牛一毛。我以为自己在股市里游刃有余,而实际上只是打败了投机行而已。同时,我在投机商号里培养出的数据分析能力和记忆力成了极其宝贵的财富,并轻而易举地提升了这两种能力。作为一名交易者,我早年的成功正是归功于这两种能力,而非聪明的头脑或渊博的知识,毕竟我并没有受过良好的教育,也十分欠缺专业知识。股市教给我游戏规则,这种教育也让我吃了不少苦头。

我还记得来到纽约的第一天。我说过,由于投机商号不肯和我做生意,我不得不去寻找信誉良好的证券经纪公司。我在第一份工作中认识的一名同事当时在为哈丁兄弟工作,哈丁兄弟是纽约证券交易所的会员。我在早晨抵达纽约市,当天下午1点之前,我已经在那间公司开了户,做好了交易的准备。

我还没来得及向你们详细解释,其实,我在这里做交易就像在投机商号一样如鱼得水，我需要做的只是敏锐地察觉价格的细微变化，针对股价的波动来下注。没有人为我指出这两种交易场所的本质差异，也没有人为我指明正确的方向。即使有人说我的那套方法不管用，我依然会亲自进行确认，因为只有一件事能让我相信自己错了，那就是亏损。同样，只有获得盈利才能证明我是对的。这便是投机交易。

当时的股市十分活跃，经济形势一片大好。这种局面总是令交易者们情绪高昂。我很快就适应了周围的环境。我的面前是熟悉的报价板，我用15岁之前便学会的行话与人交谈。一个男孩儿正做着我曾经做的第一份工作。顾客们还是老样子，有的盯着报价板，有的站在收报机旁喊出价格，有的在谈论行情。机器设备看起来与我熟悉的那些设备完全一样。这里的氛围正如我在伯灵顿第一次从股市赚到3.12美元时那样。然而，同样的自动收报机，同样的交易者，游戏规则自然也一样，我却失败了。要知道，那时我只有22岁。我以为自己对股市规则了如指掌。这也是情有可原的，不是吗？

我从报价板上发现了一只不错的股票，它的表现正符合我的预期。我在84美元时买进100股，不到半小时，便以85美元的价格出清。然后我又发现了一只合适的股票，按照同样的操作在短时间内赚到了$\frac{3}{4}$个点的净利润。我开了个好头，不是吗？

现在请注意，这是我第一次光顾正经的证券交易所，在仅仅两小时之内，我买进了1100股，并频繁地操作。我那天的交易结果是损失了整整1100美元。也就是说，我在第一天就损失了接近半数的本金。别忘了，其中一部分交易是有盈利的，但最终我仍亏损了1100美元。

我并不担心，因为我不认为自己错了。我的操作也足够准确，如果我还在大都会公司做交易，会输得更加彻底。消失的1100美元告诉我，自动收报机的数字不准确。但只要机械师把它修好，我就没有必要为此担心。对一个22岁的年轻人来说，无知并不是一种缺陷。

几天之后，我告诉自己，"不能再这样交易下去了，这里的收报机不再像过去那样为我提供帮助！"但我没有深究便将这个问题抛在脑后。我继续做交易，我有时走运，有时背运，直到最终失去所有本金。我去向老富勒顿借了500美元，然后去了一趟圣路易斯，我说过我总能从投机商号赚到钱。

我变得更加谨慎，有一段时间表现得还不错。一旦环境得到改善，我的生活也开始好转。我交到了朋友，每天都过得很开心。我还不到23岁，口袋里装着做投机交易赚来的钱，独自在纽约生活。我坚信自己会逐渐理解新的游戏规则。

我开始考虑我的交易指令在交易所实际执行的情况，并更加慎重地进行交易。但我仍然死守着纸带上的数字，继续无视基本的交易原则，只要我不改变这种做法，永远都不会发现自己究竟错在哪里。

我赶上了1901年的股市繁荣期，趁机赚到了一大笔钱，这对一个年轻人来说实属不易。你们还记得那段岁月吗？美国正处于前所未有的黄金时代。我们不仅见证了空前的工业合并与资本整合，还目睹了公众狂热地涌入股市。我听说，在过去的股市旺季，华尔街的日成交量高达25万股，成交额高达2500万美元。1901年，日成交量曾达到300万股。所有人都在挣钱。钢铁大亨们来了，这群百万富翁对金钱的态度就像醉醺醺的水手一样漫不经心。唯一能让他们感到满足的只有炒股这项游戏。华尔街见证了一些出手最阔绰的玩家：拥有"百万赌注"之名的约翰·W.盖茨，以及他的朋友约翰·A.德雷克（Johan A. Drake）、洛亚尔·史密斯（Loyal Smith）等人；里德－利兹－摩尔（Reid-Ledds-Moore）等人，他们卖掉了一部分钢铁股票，然后在公开市场买进了洛克群岛的大多数股票；施瓦布（Schwab）、弗里克（Frick）和菲普斯（Phipps），以及匹兹堡集团；还有数十人虽然在市场波动中败下阵来，在其他任何时代却都称得上了不起的玩家。人们可以随心所欲地买卖股票。基恩（Keene）曾为美国钢铁股票开拓了市场。一名经纪商曾在短短几分钟之内卖出了10万股。多么美妙的时代！那时发生过许多绝妙的交易，并且卖出股票时无须缴税，这样的日子仿佛会永远持续下去。

当然，不久之后，我便听到了许多消极的声音，交易老手们说所有人都疯了，只有他们例外。但所有人都在赚钱，只有他们例外。我当然知道好日子总有结束的一天，购买股票的热潮总会消退，于是我开始看空。但我每次做空时总会亏损，如果不及时止损，会损失更多本金。我等待着股价下跌。尽管我从小便习惯了大额交易，但在买进和卖空时都十分慎重，所以我赚到的钱并不像人们以为的那样多。

有一只股票我始终没有做空，那就是北太平洋铁路公司的股票。我解读股价的技能派上了用场。我以为大多数股票的价格当时已经到达了峰值，但北太平洋的价格依然持续走高。现在我们知道，库恩-罗卜-哈里曼（Kuhn-Loeb-Harriman）集团一直在稳步吸收它的普通股和优先股。我做多了1000股北太平洋的普通股，并且不顾交易所里所有人的反对选择了长期持有。当它涨到110点时，我赚到了30个点的利润，于是我看准机会卖出。这笔交易使我在经纪行的账户余额达到近5万美元，这是我当时赚到的最多的一笔钱。几个月前，在同一个交易厅里，我曾输得一败涂地，所以这样的结果还算不赖。

也许你还记得，哈里曼一伙人曾向摩根和希尔表达了参股伯灵顿-大北方-北太平洋组合的意愿，摩根一伙人一开始指示基恩买进5万股北太平洋，从而把公司的控制权掌握在自己手中。我听说基恩曾让罗伯特·培根（Robert Bacon）下单15万股，银行家们执行了他的指令。无论如何，基恩派一个名叫埃迪·诺顿（Eddie Norton）的经纪人混进北太平洋公司，买进了10万股。我想他们后来又追加了5万股，垄断就此开始。1901年5月8日，闭市之后，全世界都知道这些金融大鳄之间的战争打响了。在美国，从没有两个如此庞大的资本集团像这样彼此针锋相对。哈里曼与摩根的对抗正如一股无坚不摧的力量撞上了坚不可摧的磐石。

5月9日的早晨，我的手中有近5万美元现金，却几乎没有股票。我说过，这几天我一直看跌，现在机会终于来了。我知道即将发生的情况，先是股市大跌，然后投资者便能以低廉的价格买进股票。市场将很快恢复，捞到低价股票的人可以大赚一笔。即使没有夏洛克·福尔摩斯的头脑，也不难推理出这个规律。只要能抓住价格涨跌的机会，我不仅能赚大钱，而且万无一失。

一切正如我所料。尽管我猜对了，却仍然失去了全部财富！一件很不寻常的事使我变得一贫如洗。如果从没有任何突发事件，那么所有人都会过得一样，人生也不会有乐趣可言了。股票投机将变成简单的加减算术，我们都将成为一群单调乏味的记账员，赋予人类力量的正是思考，我们需要关注的是怎样才能做出正确的判断。

股市如我所预料的那样沸腾了。股市成交量高得惊人，股价波动的程度也是前所未有的。我提交了许多卖出指令。但我看到开盘价格时却大吃一惊，股价发生了断崖式下滑。我的经纪商们忙碌起来了。他们的勤奋和能力并不输给其他人，然而等到他们开始执行我的订单时，大盘已经跌了20多个点。纸带上的价格远远落后于实际的大盘指数，由于交易量过大，订单处理得很缓慢。我的股票在纸带价格显示100美元时被卖出，实际的成交价格却是80美元，与昨晚收盘价格相比下跌了30~40个点，结果我在与买进价格差不多的价位做空。市场不会一路下跌到地球的另一端，于是，我立即决定轧平头寸，用做多来弥补亏空。

我的经纪商替我买进股票，然而，等证交所的职员收到我的订单时，实际价格已经不是我在决策时所看到的数字。最终，我所支付的成交价比估计的价位平均高出15个点。没有谁能在一天之内承受35个点的损失。

自动收报机的报价远远落后于真实的市场价格，这就是我失败的原因。我习惯将纸带视为最好的帮手，因为我总是根据纸带上的价格来下单。但这一次，纸带出卖了我。纸面价格与实际价格的差异令我一败涂地。曾经的失败再次重演，我被同一块石头绊倒了两次。我只解读纸带上的价格而不考虑经纪商的实际操作，这种做法显然已经不能满足需求，我不知道为什么当时没能看清自己的问题，也不清楚如何解决这个问题。

我不仅没能看清问题所在，还不顾指令执行的时间差而继续进行买进和卖出操作。我一向不习惯给交易设定限额，必须在股市里抓住机会。我想做的是战胜市场，而非猜对某只股票的价格走向。如果我认为卖出的时机到了，便会卖出；如果我认为股价即将上涨，便会买进。我对这条基本投机规则的坚持令我得到了拯救。限制交易额度的方法只适用于投机商号，并不适用于正规交易所。这样下去，我将永远不会知道股票投机究竟是什么，只会继续依赖有限的经验进行稳妥的交易。

每当我为了尽量减少报价延迟对投机交易的影响而尝试限价交易时，我便会发现市场根本不配合我。经过太多次失败后，我不得不放弃这种做法。我说不清楚为什么自己花了那么多年才明白，我真正应该做的不是预测接下来的几次报价，而是预测宏观的市场走向。

经历了5月9日的失败之后，我为了挽回损失而拼命工作，改善了自己的交易体系，但其中依然存在缺陷。如果不是因为这套体系有时能为我带来盈利，也许我能更早领悟股市的智慧。但我赚到的钱足以让我过上舒适的生活，我和朋友们一起尽情享受着人生。那个夏天，我像上百名华尔街新贵那样在新泽西海滨度假。但我的收入在抵消损失后其实不足以维持生活开支。

我并非冥顽不灵地坚持过去的交易方式，只是无法自己发现问题所在，既然如此，我当然更不可能解决问题。我之所以喋喋不休地谈论这个话题，是为了解释清楚我在真正有能力赚钱之前的经历。工欲善其事，必先利其器。老旧的霰弹枪和BB枪已经过时了，只有高火力的连发猎枪才能捕捉到庞大的猎物。

那年初秋，我不仅再一次损失了全部本金，并且厌倦了这场无法取胜的游戏，我决定离开纽约，在其他地方开启新的生活。我从14岁开始做投机交易，15岁时便赚到了第一笔1000美元，到21岁时已经赚到了第一笔1万美元。我不止一次赚到1万美元，然后又输得精光。我在纽约赚到了几千美元，最后还是输得两手空空。我的资产曾经达到5万美元，这些钱在两天之后便蒸发了。我没有从事过其他职业，也不了解别的谋生方式。经过几年的沉浮，我又回到了起点。更糟的是，我还习惯了奢侈的生活方式，但我并不在意这些问题，我所担心的是频繁发生的交易失误。

第4章　卷土重来

我回到了家乡。重归故里的那一刻，我便清楚自己这一生只有一个任务，那便是积攒本金，重返华尔街。那里是唯一可以让我进行高额交易的地方。将来，在真正理解游戏规则之后，我会需要这样的交易场所。判断正确的玩家值得拥有他所能得到的最高奖赏。

我没有抱太大的希望，但仍然尝试重新打入投机商号。这样的商号变得更少见了，一些是陌生人开的。那些记得我的人不会给我任何表明身份的机会。我将实情告诉他们：我在纽约输光了在故乡赚到的钱，我并不像自己所以为的那样无所不知，以及与我做生意对他们并没有损失。但他们依然不肯接纳我。新开的商号并不可靠。只要他们对某个顾客猜对了行情有一丝怀疑，他们最多只肯为这个顾客做20股的交易。

我需要钱，而规模较大的投机商号从熟客那里赚到了不少钱。我让一个朋友去某个商号做交易，自己则悠闲地前去观察情况。我再次试图哄骗交易员接受一笔只有50股的小额订单，他当然拒绝了。我和朋友约好暗号，让他根据我的指示在特定的时间买进或卖出，但这么做只能赚到微薄的利润。后来，交易厅的职员开始抱怨我朋友的订单。终于有一天，他在尝试卖出100股圣保罗股票时遭到了拒绝。

后来我们知道，有一名顾客看见我们在交易厅外谈话，于是向职员通风报信。当我的朋友来到交易员面前，要求卖出100股圣保罗股票时，那名员工说：

"我们不处理圣保罗的卖单，尤其是你的卖单。"

"为什么，发生什么事了，乔？"我的朋友问。

"总之我们不接这笔生意。"乔回答。

"我的钱有问题吗？看啊，全在这里。"朋友递过100美元，那是我的钱，全是10美元面值。他佯装愤怒，我则表现得漠不关心，其他大部分顾客却围了过来。只要店员和顾客之间发生一点儿摩擦，便会立即引起其他顾客的注意。他们想打听清楚事情的经过，从而判断出这家商号的偿付能力。

名叫乔的职员算是这里的副经理，他从柜台后走出来，来到我的朋友面前，他看了看我的朋友，然后看了看我。

"真有趣，"他缓缓说道，"当你的朋友利文斯顿不在时，你从不在这里做任何交易。你只是坐在那里，连续几小时盯着报价板，对周围的情况不闻不问。只要他一走进来，你就突然忙碌起来了。也许你是为了自己才这么做的，但这里不再欢迎你了。利文斯顿在指点你，我们不会上当的。"

于是，我的生活费就此断绝。但除去日常开销之后，我还剩下几百美元。我思考着如何利用这笔钱，因为我想赚到足够的本金重返纽约，这个愿望比任何时候都更强烈。我觉得下一次能做得更好。我在这段时间里冷静地回顾了自己做过的一些失策的交易，置身事外之后，我更容易看清全局。眼下的问题是如何重新获取本金。

一天，我在酒店大堂和熟人聊天，对方是交易所的常客。每个人都在谈论股市。我说由于经纪商执行不力，没有人能在这场游戏中胜出，对场内交易者来说尤其如此，我就是一个例子。

一个人高声问我指的是哪家经纪行。

我说："全国最好的那一家。"他继续追问。我能看出他根本不相信我和一流经纪行打过交道。

但我仍然回答了他：“我指的是纽约证券交易所的任何会员公司。他们不是骗子，也并非粗心大意，可是当一个人给出买进股票的指令时，他永远不会知道等他从经纪商手中拿到报告时的股价。比起十几个点的震荡，股价的波动经常只有一两个点。但场外的交易者由于执行机制的不同而不受小范围波动的影响。我情愿每个交易日都在投机商号下单，只要他们愿意接受大额交易。”

刚才与我搭话的是一个陌生人，他叫罗伯茨（Roberts）。他看起来一脸和气，把我拉到一边，问我有没有在其他交易所做过交易，我回答没有。他说他认识一些经纪行，它们是棉花交易所、农产品交易所和一些小型证券交易所的会员公司。这些公司对指令的执行格外用心。他说它们私下里与纽约证交所的最大、最好的会员公司保持着联系，凭借老板的个人影响力，这些公司每月可以保证几十万股的交易量，从而为个体客户提供最好的服务。

"他们真的很迎合小客户的需求，"他说，"他们尤其擅长做外地生意，对待10股的订单就像对待1万股订单一样尽心尽力。他们既能干又可靠。"

"是吗？可是如果他们按照规定向证券交易所支付$\frac{1}{8}$的佣金，那么他们如何获得盈利呢？"

"按照规定确实应该支付佣金。你懂的！"他朝我眨了眨眼睛。

"是啊，"我说，"可是证券交易所绝不会削减佣金。那些董事宁愿会员犯下杀人、放火和重婚的重罪，也不愿以低于$\frac{1}{8}$的佣金给外人做生意。这条规定关系着证券交易所的生死存亡。"

他一定看出了我和证券交易所的人打过交道，于是他说："听着，时不时便会有一家尽职尽责的会员公司因为违反这条规则而被暂停营业，不是吗？折中的方法有很多，所以大家对此都心照不宣。"他也许看到我露出难以置信的表情，于是继续说道，"除此之外，对于某些特定的业务，我们——我是指这些经纪行——除了$\frac{1}{8}$的常规佣金之外，还会额外收取$\frac{1}{32}$的佣金。他们很好商量。除非是特殊的案例，并且顾客的账户不活跃，否则他们不会额外收费的。如果不这么做，他们就会入不敷出。他们也不是单纯为了做好事才开办公司的。"

听到这里，我已经明白了他正在为一些骗子公司招揽生意。

"你知道哪里有这样可靠的公司吗？"我问他。

"我认识全美最大的一家经纪行，"他说，"我也在那里做交易。他们在美国和加拿大开设了78个分公司，生意做得极大。假如他们不能严格地保持高水准的服务，也不可能年复一年地赚钱，不是吗？"

"当然啦！"我表示同意，"他们管理的股票和在纽约证交所上市的那些完全一致吗？"

"当然。他们还管理着美国和欧洲其他交易所的股票。他们可以做小麦、棉花、农产品等任何你想做的交易。他们在世界各地都有情报员，还拥有各个交易所的会员身份，有些是公开身份，有些是匿名身份。"

现在我已经明白了，但我准备引导他继续说下去。

"是吗？"我说，"但这一切都改变不了一个事实——交易是由某个人来执行的，没有人能保证市场的走向，也没有人知道收到的价格与交易所的实际价格之间的差距。等这里的交易员收到报价，并用电报向纽约交易所提交订单后，宝贵的时间已经流逝了。我还不如回到纽约，把钱输给可靠的经纪行。"

"我对输钱可不在行。我们的顾客不习惯输钱，只会赚钱。我们可以帮助他们。"

"你们的顾客？"

"我持有那家公司的股份，之所以帮他们介绍生意，是因为他们一直对我很好，我也从他们那里赚到了不少钱。如果你愿意，我可以为你引见他们的经理。"

"那家公司叫什么？"我问他。

他告诉我一个名字，我听说过这家公司。他们在报纸上打过广告，声称顾客依靠他们对活跃股票的内部消息而获利颇丰，那是其专长。那不是普通的投机商号，而是骗子公司。那些所谓的经纪商通过为客户处理订单，用巧妙的伪装欺骗世人，让所有人以为他们是经营正经生意的正规经纪商。这类公司拥有古老的历史。

当年曾有十几家经纪行破产，这些公司便是这类经纪行的鼻祖。他们使用着相同的原则和手段，只是从大众身上捞钱的具体方式有所差异。一些古老的花招变得广为人知后，他们便会对某些细节进行调整。

这些人曾经发出几百封电报，建议客户买进特定的股票，同时发出另外几百封电报，建议其他客户卖出同一只股票。这是赛马场的情报贩子惯用的手段。这样一来，他们便会同时接到买进和卖出的订单。假设这家公司通过正规的证券交易公司买进和卖出1000股该股票，从而获得一份正式报告，如果有多疑的人胆敢对他们的操作指手画脚，他们便会亮出这份报告。

他们还设立过全权委托的投资方案，并用花言巧语获取客户的书面委托，从而按照自己的判断以客户的名义使用他们的资金进行交易。这样一来，即使是脾气最差的客户，也无法在亏损时要求获得合法的赔偿。他们可以做多一只股票，吸引客户跟进，然后利用一种古老的投机商号运作手段吞掉几百名客户的小额保证金。他们对任何人都不会心慈手软，女性、老年人经常沦为他们的猎物。

"我讨厌所有经纪商。"我告诉那家伙，"我得好好想一想。"我不想听他继续说下去，于是离开了。

我调查了这家公司，得知他们有几百位客户。尽管我听到了一些老生常谈的故事，但并没有发现一例盈利无法兑付的情况。最难的是找到曾经在那里赚到钱的人，但我仍然找到了这样的客户。那时他们的生意似乎做得风生水起，这表示即使有一笔交易对他们不利，他们大概也不会赖账。当然，这样的公司最后大部分都会破产。投机商号的破产浪潮曾像瘟疫一样阶段性暴发，这种情况类似于只要有一家银行倒闭，其他银行也会接连破产，这是其他顾客感到恐慌而纷纷挤兑造成的。不过，这个国家也有很多平安退休的投机商号老板。

有关那个人的公司，我没有听到值得警惕的情报，他们只是永远在追逐利益，并且有时会使用欺诈手段。他们尤其擅长欺骗那些妄想一夜暴富的人，但他们在赚走客户的钱之前一定会先获得客户的书面许可。

我遇见的一个小伙子告诉我，他见过那家公司在同一天发出600封电报煽动客户买进某只股票，又发出600封电报敦促其他客户卖出同一只股票。

"我知道这一招。"我对那个小伙子说。

他说："可是第二天他们又给同一批客户发电报，建议他们抛售持有的所有股票，然后买进或卖出另一只股票。我问过交易厅里的一名资深合伙人，'你们为什么要这么做？我理解之前的做法，必须让一部分客户先赚到一些钱，尽管他们和其他人一样最终都会亏损。可是你们的做法会让所有客户都赔钱，你们究竟在想什么？'他回答道，'无论客户购买什么、如何购买、在哪里交易、几时交易，他们都注定会亏损。一旦客户遭受损失，便再也不会和我做生意了。既然如此，我不如尽快赚走他们的钱，然后寻找新的客户'。"

坦白地说，我并不关心这家公司的商业模式。我向你们讲述过我与泰勒公司的过节，以及我是如何报复他们的。但我与这家公司没有任何仇怨。也许那是一家骗子公司，也许他们并不像传闻中那么坏。我不准备让他们为我做任何交易，也不准备相信他们的内幕情报或花言巧语。我唯一关心的事就是赚回一笔本金，然后返回纽约。在正规的公司里做大额交易，而不必担心警察会像对待投机商号那样进行突然搜查，也不必担心邮政局突然冻结你的账户，一旦发生这种情况，即使你的运气很好，也只能在一年半后取回一点儿零头。

总之，我打定主意要见识一下这家公司与所谓的合法经纪行相比具有哪些交易优势。我可以用来缴纳保证金的钱并不多，不过，投机商号在这方面的要求自然更加宽松，在这种地方，只要几百美元就能玩好一阵子。

我来到他们的公司，与经理进行了一番谈话。他发现我是一个交易老手，曾经在纽约的交易所开户，并且把带去的钱全都输光了，在这之后，他便不再向我担保如果我把储蓄交给他们打理，能日进斗金。他以为我是个不知道吸取教训的蠢人，有些人在股市屡战屡败仍不知悔改，这种客户是所有券商的下手目标，对榨取保证金的投机商号和只满足于收取佣金的经纪行来说都是如此。

我告诉这名经理，我需要精准的执行能力，因为我一直按照市价进行交易，不想看到与报价有丝毫偏差的报告单。

他以人格向我担保他们会按照我的要求行事，想向我证明他们是高水平的券商，拥有业界最强的人才。实际上，他们是以优秀的执行能力而著称的。即使报价机打出的价格与交易报告上的价格有任何差异，那也是对客户有利的差异，不过，他们当然无法保证情况必然如此。如果我在这里开户，可以按照电报接收到的价格进行交易，他们对自己的交易员很有信心。

这当然意味着我可以像在投机商号那样放开手脚在这里进行交易，他们允许我根据实时报价下单。我不想表现得过于急迫，于是摇了摇头，告诉他我不准备今天就开户，如果有需要，我会通知他。他强烈地怂恿我立即开户，因为市场走向很好，现在进场准能赚钱。其实这都是为了他们自己的利益：市场正处于淡季，价格摇摆不定，正适合引诱客户入场，然后他们利用股价波动将客户洗劫一空。我费了一番功夫才得以脱身。

我留下了姓名和住址，于是，从那天起便不断收到预付的电报和邮件，催促我买进某只股票，或者声称他们收到内幕情报，大盘即将上涨50点。

我正忙着到处寻找其他做同类生意的券商，努力搜集一切情报。在我看来，如果他们确实能够兑付我赚到的利润，那么我能赚到大钱的唯一方法就是去这些投机商号里做交易。

搜集到足够的消息之后，我在三家公司开设了账户。我租了一间小型办公室，架设了直通这三家公司的电报线。

我先做了几笔小额交易，以免他们一开始便被我吓跑。我让盈利和亏损保持平衡，没过多久，他们便通知我，对于直接与他们连线的顾客，他们向来只做大生意。他们不欣赏胆小鬼。他们以为我投入得越多，就会损失得越多。我破产的速度越快，他们赚到的钱就越多。这些人一直在和普通人打交道，普通客户向来无法长期保住本金，所以他们的生财之道不无道理。身无分文的客户没办法继续交易。元气大伤的客户仍然怨天尤人，并做出各种损害公司利益的事情。

我还和一家与纽约直接连线的本地公司建立了关系，他们在纽约的联系人也是纽约证券交易所的会员。我买了一台股市报价机，开始谨慎地进行交易。我说过，这与在投机商号做交易差不多，只是速度慢了一点儿。

我有信心在这场游戏中取胜，并且确实胜出了。我向来没有十成的把握可以获得盈利，但总的来说，我还是赚到了钱，这样的交易周而复始。我再次过上了好日子，但我为了重返华尔街一直在积攒本钱。我又架设了两条通往这类投机商号的电报线，这样一来，我一共与五家公司接通了电报，当然，还有一家是正规的经纪行。

有时，我的策略也会失灵，选择的股票不符合以往的波动趋势，反而呈现出相反的变化。由于我用小额资本进行投资，这没有给我造成太大的损失。我和券商们的关系还不错。不过他们的账面记录有时与我的记录有出入，这种差异总是对我不利。这可不是偶然！但我为了自己的权益而抗争，通常我总能取得最终的胜利。他们总是妄想能从我手中赚走我的盈利。我想他们大概把我赚到的钱当成了临时贷款。

他们确实没有职业道德，并不满足于赚取佣金，而是利用巧取豪夺的手段来赚钱。愚蠢的人炒股总是输钱，他们从不懂得什么是真正的投机，以至于这些人看起来像在经营某种合法的非法生意。但情况不是这样的。"给顾客甜头才能赚到钱"是一句至理名言，可他们似乎从未听说过这句话，他们也不满足于普通的投机生意。他们多次企图利用老套的把戏欺骗我。由于我一时疏忽，他们的骗术得逞过几次。每次我只是像往常一样做交易，便会遭到他们的埋伏。我斥责他们见利忘义，他们却矢口否认，最后我只能继续与他们做交易。和骗子打交道的好处在于，只要你还愿意和他做生意，他从不会计较你曾拆穿他的诡计。骗子对此并不介意。他们十分乐意让步，多么宽宏大量的一群人啊！

我在稳步积攒本金的过程中不断受到这群骗子的妨碍，最终，我受够了，于是决定给他们一点儿教训。我挑选了一些曾经备受投机者追捧而如今却无人问津的股票。这种做法万无一失。如果我选择的是从不活跃的股票，那将引起他们的怀疑。我向我的五家券商发出买进这只股票的指令。在他们收到指令并等待下一次报价时，我通过正规交易所下单卖出100股这只股票。我催促他们尽快执行。你们可以想象当交易所收到卖出订单后会发生什么事情。会员公司突然从外地接到了一只不活跃股票的卖出急单。有人捡到了便宜。我的卖出对价格产生的影响将反映在纸带上，那将是我为五笔买进订单支付的价格。我在较低的价位做多了400股。与交易所连线的那家公司问我是不是听到了什么消息，我告诉他们我收到了一条内部情报。那天闭市前，我向正规经纪行发出立即买回那100股的指令；我告诉他们无论如何我都不想做空，并且不介意成交价是多少。于是他们给纽约证券交易所发电报，迅速买回了100股，结果令这只股票大涨。我当然也让那几家骗子公司卖出了500股。这次交易的结果令我很满意。

他们依然不知悔改，于是我又用同样的招数教训了他们几次。我不敢冒险让他们获得应有的惩罚，我很少赚走高于每100股一两个点的利益。但这样的盈利水平依然加快了我的本金累积，让我能够早日返回华尔街。有时我会改变做法，换成卖空股票，但我从不做得太过火。每次能赚到600～800美元，我便心满意足。

有一次，我的交易进展得过于顺利，我出乎意料地造成了10个点的波动。这不是我想要的结果。事实上，我在一家券商持有200股，在其他四家券商则像往常一样持有100股。这超过了他们的承受范围。他们因此怨声载道，并开始在电报里发泄不满。于是我去见了那名经理，就是那个迫切期望我开户的人，每次被我拆穿骗术后他都表现得很宽容。以他的身份来看，他颇擅长夸夸其谈。

"那只股票被操纵了，我们一分钱也不会付给你！"他赌咒道。

"你们在接到我的买进订单时，这只股票还没有受到操纵。那时你们很爽快地接单了，现在你们必须让我卖出，否则就有些不公平了，不是吗？"

"有什么不公平的！"他吼道，"我能证明有人暗中捣鬼。"

"是谁？"我问。

"有人！"

"他们是谁？"我问。

"你的朋友肯定参与了。"他说。

但我对他说："你很清楚我是单枪匹马，这里的每个人都很清楚这一点。谁都知道我从一开始炒股时便是这样。现在，我想给你一句善意的忠告：把我的钱拿给我吧，我不想闹得太难看。按我说的去做吧。"

"我不会付钱的。这是无效的交易。"他吼道。

他的话令我厌烦。于是我对他说："现在立即付钱给我。"

他又怒吼了一阵子，毫不留情地骂我是幕后黑手，但他最终还是把现金递给了我。我在其他几家公司没有引发这样的骚乱。一家公司的经理研究了我对不活跃股票的操作，当他接到订单时，不仅为我买进了股票，还给自己也买了一些，并因此赚到了钱。这些人不介意被顾客以诈骗罪起诉，因为他们通常早就做好了司法程序上的准备。但他们担心我可能造成其他损失。我动不了他们在银行里的钱，他们对资金安全十分谨慎。他们不担心落得奸商的名声，但如果顾客普遍认为他们会赖账，这将给他们带来致命的打击。因为客户把钱输给券商并不是一件稀奇的事情。但是如果客户赚到了钱却无法兑付，这在投机行业中是犯了大忌。

我从所有投机商号都拿到了钱；但10个点的利润使我被拒之门外，也结束了以其人之道还治其人之身所带来的快乐。他们用这些小花招欺骗过上百名可怜的客户，现在他们自己也开始留心了。我重新开始做日常的交易；但市场并不总是对我有利，由于他们限制了我的交易金额，我无法赚到大钱。

就这样过了一年多，在此期间，我用尽浑身解数在那些经纪行里赚钱。我的日子过得很舒服，我买了辆车，花钱也大手大脚。我必须赚钱，但也必须好好生活。如果我对市场的把握是正确的，便不能随心所欲地花钱，因为我需要一直攒钱；如果我的判断失误，便赚不到钱，当然也无钱可花。我说过，我已经攒了不少钱，并且在那五家骗子公司里也再赚不到更多的钱。因此，我决定返回纽约。

我有自己的车，于是我邀请一位朋友和我一起开车去纽约，他也是一名股票交易者。他接受了我的邀约，我们出发了。我们在纽黑文市停下吃晚餐。在酒店里，我碰见一位在股市里认识的老熟人。我们聊了很多事，他告诉我这里有一家生意不错的投机商号。

我们从酒店退房准备前往纽约，我开车经过了投机商号所在的那条街，准备从外面观察一下情况。我们找到了那家商号，我忍不住停下来进去参观一番。这里并不豪华，但有熟悉的黑板和顾客，于是，我的交易开始了。

这里的经理看起来像是当过演员或政治演说家，他给人留下的印象很深。他向人问候早安的方式就像经过10年的深入研究后终于发现了清晨的美妙，现在他把这个发现分享给我们，同时还附赠天空、太阳以及这家公司的储备资金。他看到我们是开着跑车来的，并且我们俩都是鲁莽的小伙子。我看起来还不到20岁，他自然以为我们是耶鲁大学的学生。我没有纠正他。他没有给我解释的机会，只是自顾自地开始了演讲。他很高兴见到我们，请我们坐得舒服一点儿。我们将会看到，今天早晨的市场走向对我们很有利，正适合给大学生补贴一些零用钱，从古至今，聪明的学生总是缺钱花的。此时此刻，在股市的帮助下，一小笔初始投资就能带来丰厚的回报。股市正迫不及待地送来多得花不完的零用钱。

我想，既然投机商号的这位好心人如此热切地帮助我们，什么也不做就太可惜了，于是我告诉他，我们会照他说的去做，因为我听说有很多人在股市赚到了大钱。

我十分保守地开始交易，赢钱后再逐渐增加筹码。朋友也按照我的方式进行交易。

我们在纽黑文市过夜，第二天早晨9点55分，我们又来到了那家热情好客的投机商号。那位能言善辩的经理见到我们很高兴，他以为这回该轮到他赚钱了，但我在收盘时赚到了1500美元。第三天早晨，我们来到那位演说家面前，让他卖空500股糖业股票，他有些犹豫，但最终还是为我们下单了。市场下跌了1点多，我平仓后把交易单递给他。我整整赚了500美元，再加上500美元的保证金。他从保险柜里取出20张50美元钞票，慢吞吞地数了三遍，然后在我面前又数了一遍。他的手指仿佛可以分泌黏液，那些钞票就像黏在他手上似的，最终，他还是把钱递给了我。他盘着胳膊，一直咬着嘴唇，狠狠地盯着我身后的一块玻璃窗。

我告诉他我想卖出200股钢铁股票，他毫无反应，仿佛没有听见我在说什么。我重复了一遍，这次我说卖出300股。他摇了摇头。我以为他会发表一番长篇大论，但他只是默默看着我。然后他咂了咂嘴，吞了一口唾液，仿佛准备开始批判反对党长达50年罄竹难书的暴政。

最终，他朝我手中的钞票挥了挥手，说道："把这点儿钱拿走吧！"

"拿走什么？"我说。我不太理解他在说什么。

"你要去哪儿，大学生？"他用夸张的语气说。

"纽约。"我告诉他。

"这就对了，"他一边说，一边不停地点头，"对极了。你当然要离开这里啦，因为现在我知道了两件事，大学生！我知道你们不是什么学生，也知道你们的真实身份。没错！没错！没错！"

"是吗？"我彬彬有礼地说。

"是的。你们两个人。"他停顿了片刻，然后不再装模作样，而是朝我们怒吼道，"你们两个是美利坚合众国最大的骗子！学生？哈！你们一定是一年级新生吧！哈！"

他还在自言自语，我们不再理会他。他大概并没有那么在意损失。职业赌徒都是这样。一切皆由游戏来主宰，风水轮流转。他介意的是上了我们的当，这伤害了他的自尊心。

这就是我第三次返回华尔街的经过。当然，我一直在学习，试图找出我的体系究竟是哪里出了问题，找出导致我在富勒顿公司惨败的直接原因。我在20岁时第一次赚到了1万美元，然后输得精光。但我知道这次失败的原因是我总是错过交易的时机；我的交易体系建立在研究和经验的基础上，当不能根据这套体系进行交易时，我便只能赌运气。我应该凭实力赚钱，而不是仅凭运气赢钱。我在22岁时曾攒到5万美元本金，然后在5月9日那天一败涂地。我很清楚这是为什么，因为报价机的延迟以及那一天前所未有的股市大震荡。但我不清楚在我从圣路易斯回来之后，以及5月9日的股灾之后，为什么我依然在输钱。我已经有了一些想法，想到了如何补救我的交易机制里的一些错误，但需要在实践中验证这些理论。

在这个世界上，没有什么比失去一切更能教会你应当避免哪些错误。当你知道为了避免输钱应该回避哪些做法时，你会逐渐学到怎样赢钱。你明白了吗？你开始学到教训了！

第5章 现在是牛市

一般股民总是沉迷于报价的变化。我认为，导致他们失败的原因除了其他方面的错误之外，还包括过于狭窄的视野。他们不知变通往往会付出很高的代价。毕竟无论股市的主要规则多么严格，股票投机的游戏并不局限于数学和固定的法则。我在解读纸带时也发现，一切不只是算术那么简单。我将这种额外的因素称为股票的行为，它可以帮助你判断一只股票的走向是否符合你过去观察到的规律。如果一只股票的行为不对劲，那么你应当离它远一点儿；因为如果你不清楚问题究竟出在哪里，便无法分辨股票的走向。没有诊断就没有预测，没有预测就没有收益。

关注某只股票的行为并研究它过去的表现，这些话已经是老生常谈了。我第一次来到纽约时，曾在一家交易所里听见一个法国人吹嘘他的图表。一开始我以为他是这个交易所出于好心而收留的"吉祥物"，后来才知道他是个能言善辩的说客。他说过，唯一不会说谎也不可能说谎的只有数字。他可以利用图表上的曲线来预测市场的走向，还能通过分析数据来理解为什么基恩对艾奇逊－托皮卡－圣菲铁路公司股票价格的操纵是正确的选择，以及后来他在操作南太平洋铁路公司股票时为什么犯下错误。偶尔会有一两个职业作手尝试这个法国人的交易体系，但他们后来都会回归自己过去的交易风格。他们认为，随心所欲的交易体系代价更低。那个法国人说基恩也承认图表是百分之百正确无误的，但这种方式在实际操作中跟不上活跃市场的节奏。

后来，一个交易厅挂起了一张图表，上面显示着股票价格的日常波动。交易者只需看一眼便能了解每一只股票在几个月以来的变化。只要记住一些规则，客户可以通过比较个股曲线和大盘曲线来分辨小道消息声称即将上涨的股票是否真的会上涨。他们将图表视为对情报的补充。如今，许多经纪行里都挂着交易图表。这些图表由统计局的专家制作，不仅涵盖股票数据，还包括商品期货的相关数据。

我认为，图表可以为能读懂它的人（或者说能理解它的人）提供帮助。可是，普通人在阅读图表时总是沉迷于波峰、波谷、一级趋势和二级趋势，仿佛这就是股票投机的全部。假如他们的信心冲破逻辑的极限，他们注定会破产。有一个能力超凡的交易者，曾是一家著名证券交易公司的合伙人，也是真正训练有素的数学家。他是一所著名理工学府的毕业生，对股票、债券、谷物、棉花、货币等许多市场的价格行为进行了细致入微的研究，并以此为依据绘制了图表。他追溯了多年以来的价格相关性和季节性波动，全面衡量了一切因素。许多年来，他一直使用自己的图表进行交易。他所做的其实是利用一种高智能的平均法来获利。听说他的策略经常奏效，直到"一战"爆发，过去的规则不再管用。我还听说他和他的大批追随者损失了几百万美元，不得不从股市隐退。然而，牛市和熊市各有对应的条件，只要时机成熟，就连世界大战也阻止不了市场的趋势。如果一个人想要赚钱，唯一需要做的就是正确评估时机。

我并不想跑题，但每当我想起早年在华尔街打拼的岁月，便忍不住回忆起这段经历。现在我知道了当时不清楚的事情，我因无知而犯下的那些错误正是炒股的普通人年复一年不断重复的错误。

回到纽约之后，我在一家证券交易公司里第三次向股市发起挑战。我的交易十分活跃，没有指望能像在投机商号的交易一样顺利，但我以为经过一段时间之后会有所进步，因为现在的我有能力运作更多的股票。然而，此时我发现，真正的麻烦在于没能认清股票赌博和股票投机的本质区别。尽管如此，我仍拥有长达7年解读股价的经验和投机交易的天赋，即使赚不到巨款，我的利润率依然很高。我像以前那样有输有赢，但总体仍保持着有盈利的状态。我赚到的钱越多，花销便越大。大部分人都是如此。不，守财奴也许不会这样，但只要没有被囤积的本能所束缚，每个人都会像我一样。像罗素·塞奇（Russell Sage）那样的人，既擅长赚钱也同样沉迷于守财，当然，他们到死都是富翁，这真令人讨厌。

每天从上午10点到下午3点，我心无旁骛地向市场发起挑战；下午3点之后，我则专注于享受人生。别误会，我绝不允许自己玩物丧志。我的失败是因为判断失误，而非因为享乐纵欲带来的后遗症。我从未因宿醉后精神萎靡和四肢无力而影响交易。我不能让任何事物影响我的身心健康。即使是现在，我通常在10点便会就寝。我从年轻时就从不熬夜，因为如果睡眠不足，我便没有精力做交易。我的盈利总是多于亏损，因此，我认为自己没有必要节衣缩食。我总能从市场赚到维持生活所需的资金。我正在建立自信，这种自信来自对自身谋生手段的专业态度。

我对交易体系进行的第一次修正体现在时间方面。在投机商号里，我可以等待有把握的时机到来，然后赚取一两个点的利润。在富勒顿的交易公司里，如果我想抓住机会，必须更早采取行动。我必须研究未来的行情变化，预测股市的发展趋势。虽然这听起来像是老生常谈，但你们知道我的意思。对我来说最重要的是我的交易态度的转变。我一点儿一点儿地学到了赌博与投机的本质区别，前者是赌股价的波动，后者则是预测不可避免的价格涨跌。

我在研究市场行情时必须追溯到1小时之前的股价，这是我在全世界最大的投机商号里也学不到的知识。我开始对交易报告、铁路公司利润表以及财政数据和商业数据产生兴趣。我当然喜欢做大额交易，别人称我为"赌鬼小子"，但我同样喜欢研究交易行为。只要是对理性交易有帮助的事物，我一向学而不厌。在解决问题之前，我首先需要认清问题。当找到解决方案时，我必须证明自己是对的。我只知道一种证明方式，那就是用自己的钱去尝试。

现在看来，我的进步很缓慢，尽管如此，我依然全力以赴，毕竟从整体来看，我的收入大于支出。如果我亏损的次数更多，也许会鞭策我更加努力地学习。但我不确定失败是否真的有很大的价值，如果我输掉更多钱，便没有足够的本金来改善交易方式。

通过研究我在富勒顿公司的盈利记录，并分析了交易时机和一般趋势后，我发现尽管我经常对市场走向抱有百分之百的信心，我赚到的钱却往往不像预期的那样多。这是为什么呢？

不完全的胜利与失败一样可以带来教训。

比如，我在牛市一开始就看好行情，于是买进股票来验证我的观点。大盘如我所料般上涨。到此为止，一切都很顺利。但我还做了什么呢？我听取了前辈们的建议，克制了自己的冲动。我下决心进行理智而又谨慎的保守操作。每个人都知道这时应该落袋为安，等待价格回落后再买回股票。这正是我的做法，或者说我希望如此，但在我落袋为安之后，股价经常不跌反涨。我看着卖掉的股票暴涨十几个点，而由于保守操作，我只拿到4个点的利润。人们总说落袋为安可以保证万无一失，确实如此。然而，在牛市里只拿到4个点的利润并不能让人成为富豪。

我在应该赚到2万美元的时机只赚到了2000美元，这就是保守操作带给我的教训。我发现自己实际赚到的钱与本应赚到的钱相比是多么微不足道。此外，我还发现了一件事，那就是交易者因交易经验的程度不同而分为不同的类型。

位于第一级的是菜鸟。谁都知道菜鸟什么都不懂，菜鸟本人也知道这一点。第二级的交易者以为自己懂得很多，并且令其他人也这样以为。他们是有经验的家伙，研究的不是市场本身，而是比他们更高一级的交易者对市场的评价。第二级的交易者知道如何避免菜鸟会犯的错误。比起什么都不懂的新手，这些人才是交易所的衣食父母。他们平均拥有3.5年的交易经验，相比之下，华尔街新人通常的交易时间只有3~30个星期。这群人还热衷于引用知名作手的格言和交易法则。他们对老手们说过的所有交易禁忌耳熟能详，却不知道最重要的一条禁忌，那就是——别犯傻！

这些半瓶醋以为自己聪明过人，因为他们喜欢在股价下跌时买进。他们等待着时机，根据股价从高位下跌的点数来计算自己占到了多大的便宜。在大牛市里，他们就是纯粹的傻瓜，完全无视规则和先例，怀着盲目的期待而盲目地买进。他们会赚到很多钱，直到在一次正常反弹后一口气输掉一切。但我曾犯过和这些谨慎的人同样的错误，我以为自己在参考他人的做法，理性地进行投资。我知道自己必须改掉在投机商号的做法，以为任何改变都能解决问题，况且我采纳的是被经验丰富的交易者们奉为圭臬的法则。

大多数交易者都属于一类人，我们姑且称他们为客户。你会发现，很少有如实承认没有在华尔街输过钱的人。富勒顿公司里聚集着一群常见的客户。他们的水平参差不齐。有一个老前辈和其他人不同。首先，他的年纪比其他人大得多。其次，他从不主动提出交易建议，也从不吹嘘自己赚了多少钱。他很擅长聆听别人的谈话。他好像对小道消息不感兴趣，因为他从不向别人打听内幕。可是，如果有人告诉他一则内幕消息，他总是非常礼貌地答谢对方。如果消息是正确的，有时他还会再次向对方致谢。如果消息不正确，他也从不抱怨，所以没有人知道他究竟有没有根据这条消息来采取行动。交易厅里的客户们说这个老前辈很有钱，他能做大额交易。但根据大家的观察，他向公司支付的佣金并不多。他的名字叫帕特里奇（Partridge），但大家都在背地里叫他"火鸡"，因为他的胸膛很宽广，并且他习惯将下巴抵在胸肌上，大摇大摆地穿行于各个房间。

客户们都喜欢在别人的怂恿下做交易，这样他们就可以将自己的失败归咎于他人。他们经常去找老帕特里奇，告诉他有位业内人士通过朋友建议他们交易某只股票。他们说自己还没有进行操作，并指望帕特里奇告诉他们该怎么做。然而，无论他们得到的消息是买进还是卖出，这位老人的回答总是相同的。

那些客户讲完自己的困惑后，便会问他："你觉得我应该怎么做？"

老火鸡会把头歪向一边，带着慈父般的微笑凝视着对方，过了一会儿，他一字一顿地说："你知道的，现在可是牛市！"

我一次又一次地听到他说："现在是牛市，你知道的！"仿佛他送给别人一件价值连城的护身符，外面还裹着一张价值百万的意外伤害保险单。我当然不理解他话中的深意。

一天，一个名叫埃尔默·哈伍德（Elmer Harwood）的家伙冲进了交易厅，他写下一份交易指令，递给交易员。然后他快步走向帕特里奇先生，后者正彬彬有礼地听约翰·范宁（John Fanning）讲述他偶然听到了基恩向一家经纪行下达的指令，约翰按照这条指令买进了100股，却只赚到3个点的利润，在他平仓后的3天时间里，那只股票上涨了24个点。这个悲伤的故事，约翰已经至少讲过4遍了，但老火鸡依然像第一次听到那样露出同情的微笑。

埃尔默没有道歉便打断了约翰·范宁的话，他对老火鸡说："帕特里奇先生，我刚卖掉了克莱曼汽车的股票。我听说股价很快会回弹，那时我可以用更低的价格把股票买回来。如果您还持有这只股票，最好也这么做。"

帕特里奇先生用怀疑的眼光看着他，一开始建议老火鸡买进这只股票的人正是埃尔默。免费提供情报的业余爱好者总以为听到情报的人必须完全顺从自己，即使他们自己也不清楚那些情报是否准确。

"好的，哈伍德先生，我当然还持有那些股票！"老火鸡感激地说。埃尔默惦记着老朋友，他真是个不错的人，"现在是止盈的好时机，等下一轮机会来了再低吸。"埃尔默说得好像已经给对方开好了存款单。但他并没有从受益者的脸上看出强烈的感激之情，于是继续说道："我刚把所有股票都卖光了！"

从他的语气和表情来判断，保守估计他大概卖出了1万股。然而帕特里奇先生遗憾地摇了摇头，叹着气说："不！不！我可不能这么做！"

"你说什么？"埃尔默喊道。

"我真的不能这么做！"帕特里奇先生说。他的麻烦大了。

"我不是让你买这只股票吗？"

"是啊，哈伍德先生，我也很感激你，真的。可是——"

"等等！让我先说！那只股票不是在10天之内涨了7个点吗？不是吗？"

"是啊，我很感激你，好孩子。但我可不能卖掉它。"

"不能卖？"埃尔默问，他开始露出怀疑的表情。大部分情报贩子在听到情报时都会这样。

"不能卖。"

"为什么？"埃尔默进一步问道。

"因为现在可是牛市啊！"老火鸡理所当然地说，仿佛已经做出了详细而冗长的解释。

"那好吧。"埃尔默说，由于失望，他看起来有些生气，"我跟你一样清楚现在是牛市。但你最好还是卖掉那些股票，等价格回落以后再买回来，这样做你可以降低成本。"

"好孩子，"老帕特里奇十分难过地说，"好孩子，如果我现在卖出，就会失去头寸，那么我还能怎么办呢？"

埃尔默·哈伍德摊开了双手，摇了摇头，他来到我面前，想要博取同情："我问你，"他夸张地对我耳语道，"你有办法吗？"

我什么也没有说，于是他继续说道："我告诉他关于克莱默汽车的内幕。他买了500股，赚了7个点。我建议他止盈，等价格回调以后再买回来，现在已经快来不及了。结果他听到后说了什么？他说如果这样做，就会失去工作。你明白他是什么意思吗？"

"对不起，哈伍德先生，我没有说我会失去工作，"老火鸡打岔道，"我说我会失去头寸。等你到了我这个年纪，像我一样经历过许多大起大落，你就会知道没有人能承受失去头寸的后果，就连约翰·D.洛克菲勒①也不例外。我希望股价回落，你能以很低的价格补回仓位。我只能根据自己多年的经验进行交易，为此付出过很大的代价，我可不想再交一遍学费。但我还是很感激你。现在是牛市，你知道的。"他昂首挺胸地走了，埃尔默呆呆地站在原地。

当时我并没有听懂老帕特里奇的话，后来开始反思自己犯下的许多错误。我对大盘的预测是准确的，可没能赚到应有的收益。我研究得越是深入，便越是深刻地意识到那位老人拥有非凡的智慧。显然，他在年轻时有过和我一样的不足，并且他了解自己具有的人性弱点。他经历过难以抵抗的诱惑，便不会允许自己再一次被诱惑，这些诱惑的代价对他和我来说都是巨大的。

老帕特里奇先生不停地对其他客户说，"你知道现在是牛市！"当我最终领悟他的深意时，我在学习交易的过程中已经迈出了一大步。他其实想告诉那些客户：真正的利润不在于个股的波动，而在于大盘的整体走势；真正的能力不在于解读股价，而在于评估整体市场及其趋势。

说到这里，我再补充一句。我在华尔街打拼多年，赚到几百万美元后又损失殆尽。我想告诉你们：让我赚到大钱的从不是我对股市的见解，而是按兵不动的耐性。明白了吗？按兵不动！猜对市场走向并不是什么绝活儿。在牛市总有许多人做多，在熊市总有许多人做空。我知道很多人能够正确地把握时机，他们在本应取得最大利益的时刻开始下单买进或卖出。他们的经历与我相同，我们都没能因此赚到钱。真正罕见的是既能掌握时机又能按兵不动的人。我发现这是最难学会的技巧之一。作手只有在稳固地掌握了这项技巧之后才能赚到大钱。交易者在学会如何交易之后赚取百万美元要比在一无所知时赚到几百美元更加轻松，事实的确如此。

---

① 约翰·D.洛克菲勒（John Davison Rockefeller，1839—1937）：美国实业家、慈善家，19世纪第一个亿万富翁，人称"石油大王"。

之所以会这样,是因为市场需要经过一段时间才能达到人们预期。在这个过程中,即使是判断准确的人也可能失去耐心或产生怀疑。因此,许多出色的交易者也会亏损,其中甚至包括一些眼光不俗的华尔街交易者。打败他们的不是市场,而是他们自己。虽然他们头脑清醒,却总是忍不住轻率交易。老火鸡的做法太对了,他的话也很对。他不仅拥有坚持信仰的勇气,还有耐心等待的智慧。

我的致命缺点在于无视市场的剧烈波动,急于抢进抢出。没有人能捕捉到市场的所有波动。在牛市里,你的任务是买进股票并耐心持有,直到你认为牛市已经接近尾声。要想做到这一点,你必须研究整体市场趋势,而非沉迷于一些小道消息或影响个股的特殊因素。不要执着于自己持仓的股票,你要从持仓里走出来,一直等待,直到你认为市场即将迎来转机、大盘趋势开始扭转的那一刻。你必须开动脑筋,打开视野,否则我的建议就会像低买高卖一样变成废话。我有一条可以令所有人受益的最有用的建议,那就是不要试图抓住最后 $\frac{1}{8}$ 或最初 $\frac{1}{8}$ 的机会。它们是这个世界上最昂贵的机会。交易者们为了抓住这些机会而损失的财富足够建造一条横跨美洲大陆的高速公路。

我在富勒顿公司对交易体系的研究小有所成,在这之后,我还注意到一件事,那就是我的初始操作很少造成损失。有了这个发现之后,我自然决定从一开始便进行重仓交易。这个发现令我对自己的判断充满信心,而不至于因他人的建议或自身的焦躁而产生动摇。如果交易者不相信自己的判断,便不可能在这场游戏中走得长远。我在对整体市场的研究中所学到的全部经验便是选择一个立场,然后坚守到底。我可以心平气和地等待时机,在面对挫折时也不会动摇,因为我知道挫折只是暂时的。我曾经做空了10万股,并且预见到股价即将大幅回升。我一次又一次地进行计算,确保这个结果是不可避免的,甚至是对我有利的,这将为我带来100万美元的账面利润。尽管如此,我依然按兵不动,眼睁睁地看着一半的账面利润白白蒸发,我一次也没有考虑过暂时平仓,然后在价格回升后再次卖出。我知道如果这样做，可能会失去自己的头寸，同时，这样的操作必将带来致命的损失。只有大幅波动才能产生高额利润。

我用了很长时间才明白这个道理，这是因为我要从失败中吸取教训，从犯下错误到发现犯错需要很长时间，而从发现错误到理解错误则需要更长的时间。与此同时，我在享受人生，我还很年轻，所以能用其他方式来弥补错误。我的大部分盈利仍是凭借解读股价的能力获得的，因为当时的市场行情很适合采取相关策略。并且，我不再像初来纽约时那样经常亏损，即使亏损，我也不再像以前那样怒不可遏。一想到我在不到两年的时间里已经经历了三次破产，便完全无法为自己感到骄傲。正如我所说过的，破产是十分有效的教育手段。

我的本金增长速度并不快，因为我总是尽可能地享受生活。我没有亏待过自己，像我这个年龄且有品位的人想拥有的东西我都得到了。我有属于自己的汽车，我可以从股市赚到钱，我不明白为什么要节衣缩食。只有星期日和节假日股市才会休市，这样正好。每当我找到亏损或犯错的原因和经过时，我便在投资体系中加入一条新的禁忌，而将日益完善的投资体系变现的最好方式并不是削减生活开支。当然，我有过一些有趣的经历，也有过无聊的体验，如果要讲述所有细节，恐怕永远也讲不完。实际上，我能轻松回忆起来的事件只有那些为我的投资带来确定价值的事情，它们让我更加了解股市交易，也更加了解自己。

第6章 直觉的力量

1906年的春天，我在大西洋城度过了一个短暂的假期。我远离了股市，一心只想换个环境，好好休息一下。顺便说一句，我重新回到了第一家经纪行——哈丁兄弟公司，并且我的交易十分频繁。我能同时操作3000～4000股，这与我20岁时在大都会公司做过的交易量不相上下。但这两家公司对保证金的要求仍有差别，投机商号的保证金是1个点，而这家公司能在纽约证券交易所为我买卖股票。

也许你还记得我讲过的一个故事。那一次我在大都会公司做空了3500股糖业股票后，突然有一种不好的预感，因此，我决定平仓。我经常会突然产生这种奇怪的感觉，通常都会听从自己的感觉。但有时候，我也会对此不屑一顾，并告诉自己根据盲目的冲动改变立场是愚蠢的决定。我把自己的直觉归因于吸烟过量、睡眠不足和身体不适。每当我无视直觉的提醒而固守原本的立场时，事后我总会后悔。有时候，我没有根据直觉将股票卖出，第二天会发现市场走向依旧强势，股票甚至还在上涨。这种情况发生过十几次，我很庆幸还好自己没有因为盲目的直觉而选择平仓。可是，在第三天，股市便会发生大幅下跌。一定是哪里出了问题，如果我没有严格遵循理性和逻辑，也许已经赚到钱了。显然，这种直觉不是生理上的问题，而是由心理因素导致的。

我只想讲述一个例子，因为它对我产生了深刻的影响。那是1906年的春天，我正在大西洋城度假。和我一起度假的朋友也是哈丁兄弟的客户。当时，我已经对股市彻底失去了兴趣，只想好好享受这个假期。除非市场极其活跃，并且我持有的份额很多，否则我会放下工作尽情享乐。我记得当时正值牛市。商业前景一片大好，股市虽然涨幅缓慢，但整体趋势稳定，所有迹象都表明股价将持续走高。

一天早晨，吃过早餐，我浏览了所有的纽约晨报，看着海鸥叼起蛤蚌飞到20英尺的空中，然后将蛤蚌扔在坚硬、潮湿的沙地上，从打开的贝壳里啄食贝肉。看够了之后，我和朋友走上了木板路。这便是我们在白天做的最有趣的事情了。

还不到中午，我们一边缓缓散步打发时间，一边呼吸着带有咸味的空气。哈丁兄弟在木板路旁开了一家分公司，我们每天早晨经过时总会进去看看当日开盘的情况。我并没有在那里做过交易，这更像是一种习惯。

我们发现，今天的市场很活跃，并且走势强劲。我的朋友非常看涨，他持有中等规模的仓位，他的股票已经涨了几个点。他开始吹嘘继续耐心持有股票并等待更高的价位是多么明智的选择。我没有在意他的话，也无心附和。我观察了报价板，注意到上面的价格大部分都在上涨，直到我看见联合太平洋铁路公司的股票。我有种感觉，应该做空它。我不知道为什么，但做空的感觉很强烈。我问自己这种感觉从何而来，但找不出任何做空联合太平洋铁路公司的理由。

我一直盯着报价板上的最新报价，直到看不见任何数字，甚至看不见报价板。我的眼前空无一物。我只知道我想做空联合太平洋铁路公司，却找不出任何这样做的理由。我的样子一定很奇怪，站在身边的朋友突然轻轻推了我一下，问道："你怎么了？"

"我不知道。"我回答。

"你困了吗？"他说。

"不，"我说，"我不困。我要做空那只股票。"每当我听从直觉行事时，我总能赚到钱。我走到一张办公桌前，看到桌上放着一些空白的交易单。朋友跟在我身边。我在交易单上写下以市场价格卖出1000股联合太平洋铁路公司股票，然后把它递给经理。经理微笑地看着我填写交易单，也微笑地接过了它。然而，当他看到交易单上的指令时，他不再微笑，而是盯着我。

"您确定吗？"他问我。我只是看着他，于是他迅速将交易单递给了操作员。

"你在做什么？"朋友问。

"我要做空！"我告诉他。

"做空什么？"他冲我喊道。在他看涨的时候，我怎么能做空呢？情况有些不对。

"1000股联合太平洋。"我说。

"为什么？"他难以置信地问。

我摇了摇头，示意自己也不知道。但他一定以为我得到了什么内幕情报，于是他抓住我的胳膊，拉着我来到交易厅外，这样我们便能掩人耳目，躲开其他客户和坐在椅子上的闲人。

"你听到什么消息了？"他问我。他很激动。联合太平洋是他最爱的股票之一，他很看好这只股票的利润和前景。但他也愿意了解有关利空的二手消息。

"什么也没有！"我说。

"你没听说什么吗？"他明显不相信我。

"我什么也没听到。"

"那么你为什么要做空？"

"我不知道。"我告诉他。我的话千真万确。

"别卖关子了，拉里。"他说。

他知道我习惯于探究交易。我刚卖出了1000股联合太平洋。我一定有充分的理由，才会在牛市做空这么多股票。

"我不知道。"我再一次说道，"我只是感觉有事情要发生。"

"什么事情？"

"我不知道。我给不了你任何理由，只想卖空那只股票。我还要再卖1000股。"

我回到交易厅内，给出了继续卖空1000股的指令。如果之前的操作是正确的，那么我应该继续加码。

"究竟会发生什么事情？"我的朋友锲而不舍地追问道，他还没有下定决心随我一起做空。假如我告诉他我听说联合太平洋要下跌，他一定已经开始卖空了，而不会继续追问我从哪里听到这个消息，也不会问为什么。

"究竟会发生什么事情？"他又问了一遍。

"什么都有可能发生，但我什么也不能向你保证。我没办法告诉你理由，我也无法预知未来。"我告诉他。

"那你一定是疯了，"他说，"彻底疯了，没有理由就卖空那只股票。你真的不知道为什么要做空吗？"

"我不知道为什么做空，只知道我确实想做空。"我说，"无论如何，我就是这样想的。"这种冲动太过强烈，以至于我又做空了1000股。

我的朋友终于受不了了，他抓着我的胳膊说："听着！趁着你还没有把所有资本都用来卖空，咱们赶紧离开这里吧！"

我已经心满意足了，于是我还没有拿到刚才两笔交易的报告便跟着他一同离开。即使有最充分的理由，这样做空对我来说也是大手笔。在没有理由的情况下，这笔做空交易的份额过于庞大，况且整体市场走势如此强劲，没有任何迹象能让人联想到熊市。但我还记得，过去我产生同样的卖空冲动却没有照做时，总是会后悔。

我向朋友讲过一些这样的故事。一些朋友告诉我，这不是直觉，而是创造性思维在潜意识下的活动。艺术家们正是凭借这种思维在不知不觉中完成创作。我之所以会有这种感觉，也许是因为一些无关紧要的小事在日积月累下产生了强大的力量。或许是朋友们的盲目乐观激发了我的逆反心理，我选择做空联合太平洋铁路公司；或许是因为有太多人看好它。我说不出这种直觉的来源，只知道离开哈丁兄弟在大西洋城的分公司时，我已经做空了3000股联合太平洋股票，大盘仍在上涨，但我一点儿也不担心。

我想知道我后来卖出的2000股的成交价是多少，于是，我们在吃过午餐后返回了那个交易大厅。我有幸看到市场走势依然强劲，联合太平洋的股价更高了。

"我看你完蛋了。"我的朋友说。我能看出他很高兴没有跟我一起做空。

第二天，大盘涨得更厉害了，我从朋友那里听到的全是乐观的评价。但我很确定做空联合太平洋是正确的决定，只要感觉自己做得对，我一向沉得住气。这是为什么呢？那天下午，联合太平洋的股价不再继续飙升，接近收盘时，它的股价开始下跌。很快，这只股票的价格跌到了我卖空的3000股均价以下1个点。我无比确信自己是正确的，既然如此，当然要继续做空。于是，那天收盘时，我又卖出了2000股。

这样一来，我仅凭直觉做空了5000股联合太平洋。以我在哈丁兄弟公司的保证金来看，这便是我能够做空的最大限额。我在度假时做空了太多股票，于是只能放弃假期，连夜赶回纽约。谁也说不准接下来会发生什么，我最好随时待命，一旦情况有变，可以迅速采取行动。

第二天，我们收到了有关旧金山地震的消息。那是一场可怕的灾难。然而股市在开盘时只下跌了几个点。牛市的影响仍在继续，大众也一向不会对新闻做出独立的反应。譬如，牛市拥有坚实的基础，无论是否同时存在报纸所说的人为操控，一些新闻消息都不会产生它们在熊市时应有的效果。一切都取决于当时的市场情绪。这一回，华尔街的专家们没有对灾害的程度进行评估，因为他们不想这么做。在收盘之前，股价已经回升。

我做空了5000股。灾难已然降临，我的股票却没有随之下跌。我的直觉是百分之百可靠的，但我的银行账户却没有进账，甚至连账面价值也没有提升。和我一起去大西洋城度假并见证了我对联合太平洋股票进行做空操作的朋友，对此感到悲喜交加。

他告诉我："伙计，你的直觉很准。可是，如果聪明人和有钱人都支持做多，那么和他们对着干又有什么用呢？他们一定会赢。"

"给我一点儿时间。"我说。我的意思是要等待价格反弹。我不想平仓，因为我知道地震造成了极大的破坏，联合太平洋铁路公司的损失尤其惨重。令我愤慨的是，华尔街对此视而不见。

"给你一点儿时间，你的老底会和其他做空的人一样被掏光的。"他信誓旦旦地说。

"你会怎么做呢？"我问他，"在南太平洋铁路和其他铁路遭受数百万美元损失时买进联合太平洋铁路公司的股票吗？他们偿还损失之后，哪里还有钱支付股息呢？最好的情况就是损失不像看起来那么严重。但这能构成买进遭受严重破坏的铁路公司股票的理由吗？你说呢？"

我的朋友只是说："你说得有道理。可是我告诉你，市场并不同意你的观点。纸带上的股价不会撒谎，不是吗？"

"纸带并不总能反映出即时的价格。"我说。

"听着，在黑色星期五之前，一个人曾向吉姆·菲斯克（Jim Fisk）列出了10条黄金价格下跌的充分理由。这个人越说越兴奋，最后告诉菲斯克他准备卖掉价值几百万美元的黄金。吉姆·菲斯克只是看着他说，'好啊！卖吧！卖空以后你就能邀请我去参加你的葬礼了'。"

"是啊，"我说，"如果那个人卖空了，他能赚到多么庞大的一笔利润啊！你也应该卖空一部分联合太平洋的股票。"

"不！我还是随波逐流吧，这样对我最好。"

第二天，更详细的报告问世了，市场开始下跌，但仍未达到我预期的程度。我知道没有任何股票能够抵挡全面下跌的势头，于是我继续加码，又卖出了5000股。到了这时，大部分人已经看清形势，我的券商十分乐意承接这笔交易。以我对市场的把握来看，他们和我都算不上鲁莽。到了第三天，市场开始给出明确的信号。接下来还会跌得更猛，我赌上了全部运气，再一次加码，卖出了1万股。只有这么做才是合理的。

我心无旁骛，以为自己绝对不会出错，这是从天而降的好机会。是否要抓住这个机会取决于自己。我卖掉了更多股票。我是否考虑过，对于如此庞大的做空交易量，只需轻微的价格回弹便能抹掉我的账面利润，甚至可能损失本金？我不知道自己有没有想到这一点，即使想到了，也没有在意。我没有鲁莽行事。我的操作真的很保守。没有人能挽回地震带来的损失，不是吗？没有人能在一夜之间无偿地修复倒塌的建筑，不是吗？即使倾尽全世界的财富，也无法在接下来的几小时里扭转局势，不是吗？

我并非盲目地下赌注，不是一个失去理智的空头。我没有被胜利冲昏头脑，也不认为旧金山的毁灭会令整个美国成为一片废墟。当然不是这样。我不希望发生恐慌。第二天，我平仓了，赚到了25万美元。这是我迄今为止最大的一笔收入，而且是在短短几天之内赚到的。华尔街在最初的一两天里并没有关注地震造成的影响。他们说这是因为最早的一些报道并没有那么可怕。但我认为，这是因为人们需要很长时间才能转变对股市的看法，甚至大部分职业交易者也是反应迟缓、目光短浅的人。

我没办法向你们提供解释，无论是科学的解释还是幼稚的解释。我只能告诉你们我做了什么，为什么这样做，以及这样做的结果。比起直觉背后的谜团，我更关注的是凭借直觉赚到25万美元这一事实。这意味着一旦时机成熟，我可以建立比以往更大的仓位。

那年夏天，我动身前往萨拉托加温泉市①。我本想去那里度假，但依然关注着股市的动态。首先，我没有累到不愿思考的程度；其次，我在那里认识的每一个人都对股市很感兴趣，或者曾经涉足过股市。我们自然会聊到这个话题。我注意到，纸上谈兵和实际交易有着很大的差别。一些人的语气让我想起一个吹嘘自己敢跟老板顶嘴的大胆员工。

哈丁兄弟在萨拉托加开了一家分公司，拥有许多客户。但我认为他们选择这里的真实原因在于宣传价值，因为在旅游胜地开设分支机构会带来一流的广告效应。我总是会顺路去那里坐一坐。那家公司的经理来自纽约，是个很好相处的人。他对熟客和生客都很友善，一有机会便向他们推荐业务。那里是一个打听各种消息的好地方，顾客可以得到关于赌马和股市的情报，服务生也能赚到不少小费。那里的员工知道我对小道消息一向不感兴趣，因此，经理没有在我耳边小声嘀咕他从纽约公司打听到的机密，只是把从总部得来的消息通过电报发送给我。

我当然关注着行情。在我看来，观察报价板和解读行情是一回事。我注意到，我钟爱的联合太平洋股份似乎有上涨的趋势。它的股价很高，但从市场表现来看，似乎是有人在加仓。我按兵不动地观察了几天，越来越确定自己的判断是正确的，因为从整体来看，加仓的人并不是胆小的赌徒。这个人不仅资产雄厚，还对市场规则了如指掌。我认为这种加仓是非常聪明的做法。

确定这一点后，我自然开始在160美元的价位上买进联合太平洋的股票。这只股票一直保持着强劲的上升趋势，于是我以每次500股的交易体量持续加仓。我买进的份额越多，这只股票的涨势就越旺，但并没有出现暴涨的情况，我感到很放心。从对行情的判断来看，我没有发现任何可以妨碍这只股票持续上涨的因素。

---

① 萨拉托加温泉市：美国纽约州中东部城市，以温泉著称的旅游胜地。

突然有一天，这家公司的经理找到了我。这里与纽约公司接通了直连电报，他们收到纽约公司的消息，询问我是否在这里。收到肯定的答复后，他们又接到一封电报："把他留住，告诉他哈丁先生想和他通话。"

我回答愿意等待，然后又买进了500股联合太平洋。我不知道哈丁要和我说什么，没想到会是关于生意的话题。我的保证金对我的仓位而言绰绰有余。经理很快走过来告诉我，艾德·哈丁（Ed Harding）先生打来了长途电话。

"你好啊，艾德。"我说。

可他却说："怎么回事，你疯了吗？"

"那你呢？"我说。

"你在干什么？"他问。

"什么意思？"

"你买了那么多股票。"

"怎么了，保证金不够吗？"

"不是保证金的问题，你在做蠢事。"

"我听不懂你在说什么。"

"你为什么要买那么多联合太平洋的股票？"

"它在上涨。"我说。

"上涨，天啊！你不知道这是内部集团在钓你上钩吗？你简直是那里最显眼的靶子，还不如把钱输在赌马上。别被他们骗了。"

"没人在骗我。"我对他说，"我没有告诉过任何人。"

但他反驳道："你不要指望每次操作这只股票时都会发生奇迹。趁着还来得及，赶快脱身吧！"他说，"大佬们都在疯狂抛售这只股票，现在冲进去就是送死。"

"纸带上的价格显示大佬们正在买进。"我坚持道。

"拉里，我看到你的订单时差点儿心脏病发作。看在上帝的分上，别做傻事了。马上平仓！它随时有可能崩盘。我已经尽到了义务。再见！"说完,他便挂断了电话。

艾德·哈丁是个聪明人,他的消息异常灵通。他对待朋友很讲义气,为人公正,古道热肠。不仅如此,我知道他还有一些渠道可以打听到内部消息。在买进联合太平洋股份时,我所依赖的只有多年来研究股市行为的经验和对特定现象的观察。以我过去的经验来看,这种现象通常意味着股价即将大涨。我不知道自己是怎么了,但大概认为我之所以从纸带上解读出这只股票被吸进,只是因为内部人士巧妙地操纵令纸带呈现出不符合事实的结果。也许我被艾德·哈丁煞费苦心的劝阻所打动,他是那么确定我的做法大错特错。他的头脑和动机都毋庸置疑。我不知道自己为什么要听从他的建议,但我确实这么做了。

我卖掉了联合太平洋铁路公司的全部股票。当然,如果在此时做多联合太平洋是不明智的选择,那么不做空它同样不明智。因此,我在平仓后又做了4000股空头,其中大部分是在162美元时下单的。

第二天,联合太平洋公司的董事们宣布发放10%的股息。一开始,华尔街没有人相信这是真的。这种操作太像走投无路的赌徒在绝望时选择放手一搏,所有报刊媒体都在责备董事们的决议。然而,当华尔街的精英们还在犹豫的时候,股市已经沸腾了。联合太平洋铁路公司的股票成了一只"领头羊",并以巨额的成交量创下了价格新高。一些场内交易者在1小时之内大发横财。我想起后来听到的故事:一个傻乎乎的专家误打误撞赚到了35万美元,一周之后他便卖掉了会员席位,一个月后他成了一名乡绅。

在听到董事会史无前例地派发10%股息的那一刻,我当然意识到自己是咎由自取,因为我不尊重自己的经验,却轻信别人的建议。我听从朋友的反对而放弃了自己深信不疑的观点,只是因为他是个公正、理智的人。

看到联合太平洋创下价格新高的那一刻,我自言自语地说:"我不应该做空这只股票。"

我的全部资产都作为保证金抵押在哈丁公司。意识到这一点后，我既没有高兴起来，也没有自暴自弃。我对纸带的理解显然是正确的，受到艾德·哈丁的影响而动摇了决心，这是我的失策。后悔是没有意义的，我不该为了既定的事实而浪费宝贵的时间。于是，我发出平仓的指令。当我提交回购4000股联合太平洋股票的订单时，它的股价在165美元左右。这个数字意味着我将亏损3个点。一部分股票的实际成交价在172~174美元。拿到交易单之后，我发现艾德·哈丁的善意干涉让我损失了4万美元。对于没有勇气坚持自己观点的人来说，这个代价不算太巨大。我为这个教训付出的学费还算便宜。

我并不担心，因为纸带上显示的价格更高。这是一次不寻常的举动，董事们的决定并没有先例，但这一次，我做了自己应该做的事。在发出回购4000股补足空头的指令后，我便立即决定利用纸带所呈现的价格趋势把钱赚回来，于是我采取了相应的行动。我在买进4000股后，将股票持有到第二天早上，然后卖出平仓。我不仅弥补了4万美元的损失，还赚到了1.5万美元的利润。假如艾德·哈丁没有试图帮助我减少亏损，我一定能狠赚一笔。但他帮了我一个倒忙，给我上了股票投机的最后一课。

这并不是说我需要学习不听从别人的意见，只坚持自己的观点，我真正学到的是自信，并且我终于能够摆脱过时的交易体系。在萨拉托加的经历是我最后一次不按计划进行操作。从那时起，我开始思考基础行情，而不是个股的表现。我在股票投机领域走向了更高的境界。这是漫长的一步，也是艰难的一步。

第7章 炒股的基础

我总是毫不迟疑地告诉别人我究竟是看多还是看空，但不会告诉别人应该买哪只特定的股票。在遇到熊市时，所有股票都会下跌；在牛市里，所有股票都会上涨。当然，我的意思并不是说，在由战争引发的熊市里，军火行业的股价不会上涨。我指的是整体市场形势。但普通人并不想知道股市现在正处于熊市还是牛市。他们想知道的是应该买进或卖出哪只股票。他们想要不劳而获，不想努力工作，甚至不愿意思考，就连清点从地上捡到的钞票都令他们感觉太麻烦了。

我可没有这么懒惰，但我发现考察个股比考察整体市场更容易，因此，个股的波动比股市的整体走向更容易掌握。我必须改变策略，也确实这么做了。

人们似乎不容易掌握股市交易的基本原理。我经常说，在市场看涨时买进是买股票的最佳时机。投机交易的关键并不在于用尽可能便宜的价格买进，也不在于在股价高位时做空，关键是要在正确的时机买进或卖出。如果我在看跌时卖出股票，那么每次卖出的价格必须比上一次更低。如果我要买进，那么情况则恰好相反，必须以递增的价格买进。我不会以递减的价格买进，我的每一笔买进订单的成交价都比上一笔更高。

假如我要买进一只股票，在110美元的价位上买进了2000股。如果价格在我买进之后涨到了111美元，便证明我的操作是正确的，至少暂时正确，因为价格上涨了1个点，这已经给我带来了利润。由于我的判断是准确的，于是我又买进了2000股。如果股价仍在上涨，我会再次买进2000股。假如股价涨到了114美元，我认为这个价格已经够高了，现在我有了交易的基础。我以$111\frac{3}{4}$美元的均价做多了6000股，现在的股价是114美元，这时我不会继续买进了。我会观察市场，等待时机。我认为价格上涨到一定程度后便会反弹。我想知道市场在价格反弹后会如何进行自我修复。股价有可能回弹到我进行第三批买进时的水平。假如股价在上涨后跌回$112\frac{1}{4}$美元，然后继续上涨。当价格回升到$113\frac{3}{4}$美元时，我会发出以市场价格买进4000股的交易指令。如果这4000股的成交价是$113\frac{3}{4}$美元，我便知道情况有变，这时我会发出试探性的交易指令，通过卖出1000股来观察市场的反应。假如我在$113\frac{3}{4}$美元时买进的4000股以114美元的价格成交2000股，剩余2000股的成交价递增，最后的500股以115美元的价格成交，那么便知道我做出了正确的决定。我可以从这4000股的成交方式判断在特定时机买进这只股票是不是正确的选择，因为我当然已经对一般行情进行了详细的调查，确保现在是牛市。我从不想买过于便宜的股票，也不想不劳而获。

我听说过关于执事S.V.怀特（Deacon S. V. White）的一个故事。当年，他是华尔街知名的大作手。他是一位非常和蔼的老人，人人都称赞他既有智慧又有胆识，他在那个年代开创了了不起的业绩。

在那时，糖业股票是市场上最火爆的股票。美国制糖的总裁哈维梅耶（H.O.Havemeyer）正值事业的全盛时期。我从老前辈们口中听说，哈维梅耶和他的追随者们掌握着雄厚的资金并拥有过人的才智，足以随心所欲地操作自家的股票。他们告诉我，哈维梅耶整垮的小型券商的数量超过了其他任何一个内幕交易者。一般来说，场内交易者更倾向于阻挠内幕交易者实施诡计，而不会为他们提供帮助。

一天，执事怀特的一位熟人兴奋地冲进交易大厅说："执事，你说过，如果我听到什么好消息就立刻来通知你，假如这消息对你有用，你就会帮我做几百股。"他一边气喘吁吁，一边等待着对方的回复。

执事若有所思地看着他说："我不记得有没有对你说过这些话，但我愿意为有用的信息买账。"

"我有这样的信息。"

"太好了。"执事说，他的语气很柔和。那个来送信的人甚至有些得意。

"是的，执事先生。"为了不被其他人听到，他凑近了说，"哈维梅耶在买进糖业股票。"

"是吗？"执事很平静地问。

他的语气刺激了送信人，这个人夸张地说："是啊，执事先生。他在不顾一切地买进。"

"我的朋友，你确定吗？"执事问。

"执事，我万分确定。那群内部交易者正在想方设法地买进糖业股票。这和关税有关系，他们会利用普通股大赚一笔。这些普通股甚至会超越优先股，也就是说，一开始他们就能稳赚30个点。"

"你真的这么认为吗？"执事的眼睛从旧式银丝眼镜上缘看向他，那是他在查看报价时戴的眼镜。

"我真的这么认为吗？不，我不是这么认为，我知道绝对是这样的！执事，哈维梅耶一伙人正在买进糖业股票，以现在的势头，他们绝不会满足于低于40个点的净利润。即使市场在他们满仓之前便失控暴涨，我也不会惊讶。交易所里流通的糖业股票已经不像一个月前那么多了。"

"他在买糖业股票，对吗？"执事心不在焉地问。

"买？他在拼命以低价捞股票。"

"那又如何？"执事只是这么说。但这足以让报信人恼羞成怒，他说："先生！这是非常宝贵的消息，再清楚不过了。"

"是吗？"

"是的，这条消息应该有很高的价值。你要用它吗？"

"好吧，我会用它的。"

"什么时候？"报信人怀疑地问。

"马上。"执事从隔壁房间叫来一个人，"弗兰克！"这是他手下最精明的经纪人的名字。

"来了，先生。"弗兰克说。

"我希望你帮我去交易所做空1万股糖业。"

"做空？"报信人喊道。他的声音中充满了痛苦，连小跑着去办事的弗兰克都停下了脚步。

"是啊。"执事柔声说道。

"可是我告诉你哈维梅耶正在做多！"

"我知道啊，朋友。"执事平静地说，然后他转身对经纪人说："动作快点儿，弗兰克！"

经纪人匆匆跑去执行他的指令，报信人的脸涨红了。

"我带着最好的消息来到这里，之所以把这个消息告诉你，是因为我真心把你当成朋友。我以为你会采取行动。"他愤怒地说。

"我确实采取行动了。"执事平静地打断了他。

"可我告诉你哈维梅耶一伙人在做多！"

"对啊，我听见了。"

"做多！做多！我说的是做多！"报信人尖叫道。

"是啊，做多！我知道。"执事向他保证道。他正站在自动收报机旁边，查看着报价。

"可是你在做空。"

"没错，1万股。"执事点了点头，"当然要做空。"

他不再继续交谈，而是集中精神盯着纸带上的价格。报信人知道执事老谋深算，于是也凑过去一探究竟。他正越过执事的肩膀打量着报价，一名职员便拿着一张纸走进来，显然，那是弗兰克的交易报告。执事连看都没有看一眼，已经从纸带上知道自己的成交价了。

于是他对那名职员说："告诉他再做空1万股糖业。"

"执事，我发誓，他们真的在买进这只股票！"

"是哈维梅耶先生告诉你的吗？"执事轻声问道。

"当然不是！他一向对所有人都守口如瓶。即使是为了最好的朋友付出举手之劳，他也不愿意做。但我知道这个消息是真的。"

"别太激动了，我的朋友。"执事抬起一只手，同时盯着纸带。

报信人生气地说："假如我知道你要跟我对着干，我绝不会浪费你和我的时间，也不会在你遭受重大损失时幸灾乐祸。我为你感到难过，执事。真的！如果你不介意，我要去别的地方交易我的情报了。"

"我正在采取行动啊。我自认为对市场有所了解，也许我不像你和你的朋友哈维梅耶那样胸有成竹，但我并非对股市一无所知。我正在根据自己的经验采取明智的行动。我在华尔街待了这么久，无论是谁为我感到难过，我都会心存感激的。请保持冷静，我的朋友。"

那个人只是看着执事，他的判断和勇气令他十分钦佩。

不久，那名职员又回来了，他把一张报告交给执事。执事看着报告说："现在，告诉他买进3万股糖业，3万股！"

职员匆匆离去。报信人只是嘟哝了一声，他看着这只老狐狸。

"朋友，"执事和蔼地解释道，"我并不怀疑你告诉我的消息是你所见到的事实。但即使我听见哈维梅耶亲口告诉你这个消息，我依然会这么做。因为要想知道是否有人像你所说的那样大批买进股票，只有一个办法，那就是我刚才的做法。最早做空的1万股很顺利，还不足以下定论。但第二次做空的1万股被市场吸收后，股价并没有停止上涨。这2万股被吸走的状态证明真的有人愿意尽其所能地买进这只股票。这个人是谁并不重要。因此，我补平仓位并做多了1万股，目前看来，你的情报很准确。"

"它能准确到什么程度呢？"报信人问。

"你在这个营业厅里拥有500股糖业股票，成交价是1万股的均价。"执事说，"祝你好运，我的朋友。下一次要冷静啊。"

"执事，"报信人说，"你卖出的时候能顺便帮我卖出吗？我并不像自己以为的那么厉害。"

这就是我的理论。这就是我从不买进廉价股票的原因。当然，我总是尽量高效地买进股票，从而让市场走向有利于自己。至于卖出股票，很显然，只有在有人需要这些股票时才能卖出。

在进行批量操作时，我们必须随时牢记这一点。交易者研究局势，仔细规划交易，然后采取行动。一名交易者运作着大宗股票，积累了高额账面利润，但他不能随心所欲地卖出股票。不能指望市场像吸纳100股那样轻松地吸纳5万股，必须等待买家的出现。经过一段时间之后，他可能以为那股不可或缺的买入力量终于出现了。当时机降临时，他必须把握住机会。他一定在等待着这一刻。他只能在可以卖出的时机卖掉自己持有的股票，而不能随心所欲地卖掉。为了掌握卖出的时机，他必须进行观察和实验。通常，要判断市场何时有能力吸纳你抛出的股票并没有什么诀窍。然而，在操作伊始便调动全部仓位并非明智之举，除非你能肯定时机已经成熟。要记住，股价永远不会高到不能买进的程度，也不会低到不能卖出。但在初始操作之后，除非第一笔交易带来了利润，否则不要继续跟进。你需要等待和观察。这时，解读股价变化趋势的能力可以帮助你判断开始行动的时机。准确把握时机是成功的关键。我花费了很多年的时间才意识到掌握时机的重要性，为此，已经付出了几十万美元的学费。

我不是在鼓吹死板的金字塔式投资法①。当然，一个人可以通过金字塔式投资赚到用其他方式赚不到的巨额利润。但我想说的是，假如一个人的本金只能买进500股股票，如果他想做投机交易，我认为他不应该一次性满仓。如果他只是在赌运气，那么我唯一的建议是：不要这么做！

假如他买进了500股，然后出现了亏损，那么他为什么还要继续买进股票呢？他应该立即意识到自己的错误，至少是暂时的失误。

---

① 金字塔式投资法：一种股票投资的操作方法，是分批买卖法的变种。在股价价位较低时买进较多股票，当股票价格逐渐上升时，买进的份额应逐渐减少，从而降低投资风险。

第8章　建立交易体系

1906年夏天，发生在萨拉托加的联合太平洋铁路公司股票事件令我对小道消息的信任跌至谷底，我不再依赖他人的观点和臆测，无论对方是多么友善或多么能干。这不是我的虚荣心在作怪，事实证明，我比身边的人更擅长解读股价信息。并且，我比哈丁兄弟公司的一般客户更加训练有素，因为我完全不抱有任何毫无根据的偏见。对我来说，做空不会比做多更有吸引力，反之亦然。我唯一的执着就是不能犯错。

从小时候起，我一直善于从观察到的事实当中得出自己的结论，这是我探寻意义的唯一方式。我不能从事实里得出别人想让我得出的结论，这是事实，你明白吗？可以肯定的是，如果我相信一件事，那一定是因为我必须相信它。我之所以做多股票，是因为对整体市场的分析表明现在正值牛市。但你会发现，许多号称有智慧的人只是因为持有股票而看多。我不允许自己的独立思考受到持仓和偏爱的影响。因此，我反复强调，我从不与行情争辩。因为市场出乎意料，甚至是不合逻辑地站在了自己的对立面而对市场发脾气，这种做法就像因为罹患肺炎而怪罪自己的肺一样毫无道理。

我逐渐彻底意识到，股市投机远远不止解读纸带上的报价这么简单。老帕特里奇不断强调在牛市持续做多的重要性，在他的影响下，我专注于判断交易市场的整体走势。我开始意识到，只有在剧烈震荡的市场中才能赚到大钱。无论市场震荡的原始推动力是什么。事实表明，股市行情的持续不是众人操作的结果，也不是来自金融家的手段，而是取决于基本市场条件。无论是谁对此表示反对，市场波动都不可避免地在推动力的作用下迅猛而持续地进行。

在萨拉托加事件之后，我变得更加成熟，同时更清楚地意识到，既然整个大盘都随着主流市场趋势而波动，那么研究个股的走势其实不像我过去以为的那么重要。此外，在权衡股市整体波动时，作手自己的交易不会受到限制，可以对任何股票进行买进或卖出操作。对于有些股票而言，一个人做空的数量超过总股本的一定百分比之后便有亏损的风险，具体数量取决于这只股票的持有人、持有方式和成交价。然而，对整个大盘而言，只要价格合适，即使做空上百万股也没有爆仓的风险。过去，内部交易者通过定期制造恐慌的方式创造利空条件，从而利用做空赚了很多钱。

显然，正确的做法是在牛市时做多，在熊市时做空。这听起来太简单了，不是吗？但我必须先坚守这条原则，然后我才能认识到，在实践中运用这条原则需要对概率进行预测。我花了很长时间才学会这种交易方式。但我要为自己说一句公道话，我必须提醒大家，到目前为止，我从未拥有过足够多的本金进行这样的投机交易。大额交易意味着高额盈利，只有拥有雄厚的资金才能从事大额交易。

我一直认为，必须在股市赚到日常生活所需的钱。这个目标与积攒本金的目标相互冲突，它妨碍我在更长的周期内赚取更高的利润，因此，我选择了成本更高昂的短线交易。

然而，现在我变得更加自信，并且我的经纪行不再将我视为偶尔走运的小鬼。他们从我身上赚到了巨额佣金，我很可能已经成了他们的星级顾客，这样一来，我对他们的价值便超越了我的实际交易规模。赚钱的顾客对任何经纪行来说都是一笔财富。

从不再满足于解读股价的那一刻起，我便不再关注个股每日的波动，从此以后，我必须从另一个角度研究股市。我从解读报价回归到最重要的交易原则，从价格波动回归到基本市场条件。

当然，长期以来，我一直在关注着每日的股市行情。所有交易者都是这样。但大部分行情都来自八卦，其中一部分是刻意制造的谎言，另一部分只是专栏作者的个人观点。即使是颇有声誉的每周评论，在触及潜在市场条件时也很难令我完全满意，金融编辑的观点通常与我的不同。整合事实并从中得出结论对他们而言不是什么要紧事，但对我来说却至关重要。并且，我们双方对时间因素的评估也有很大的差异。在我看来，对上周市场情况的分析远远没有对下周市场前景的预测重要。

多年以来，我一直饱受经验不足、年少无知和资金匮乏的折磨。如今，我仿佛焕然一新，我为此感到精神振奋。对股市投机的新态度让我意识到为什么当我尝试在纽约赚大钱时会不断地遭遇失败。现在，我拥有了充足的资源、经验和信心，迫不及待地想要一展身手，却没有注意到成功的大门上挂着另一把锁——时间！这种疏忽是人之常情。每前进一步，我都不得不照例付出代价。

我研究了1906年的形势，认为当时的金融前景异常严峻。全世界大量实体资产已被摧毁，每个人迟早都会感受到经济拮据，因此，没有人有余力帮助他人。那不是将价值10000美元的房产置换成价值8000美元的赛马所造成的损失，而是相当于房屋在大火中燃烧殆尽、赛马在火车事故中死亡所造成的彻底损失。这就像无数现金在布尔战争中化为灰烬，用来供养南非职业军人的上百万资金没有给英国投资者们带来任何收益。并且，在旧金山发生的地震和火灾以及其他灾难影响着所有人，其中包括制造商、农民、商人、工人和百万富翁。铁路事业必然受到了剧烈的冲击。我认为，没有谁可以抵挡这样的灾难。既然如此，交易者能做的事情就只有一件，那就是卖空！

我说过，在确定了交易风格后，我发现自己总能在首笔交易中获得利润。现在，我已经决定卖空，放手一搏。真正的熊市即将到来，既然这一点是毋庸置疑的，我确信自己将获得职业生涯中最丰厚的一笔利润。

股市先是下跌，随后发生回弹。股票的价格小幅上升，然后开始稳定增长。我的账面利润凭空消失，账面亏损却越来越大。直到有一天，所有的空头仿佛被一扫而光，再也没有人记得什么是真正的熊市。我无法承受这种损失，于是选择了平仓止损，结果并没有什么不同。如果我没有这么做，甚至连买一张明信片的钱都不会剩下。我损失了绝大部分资产，但只要我还活着，就能卷土重来。

我犯了一个错误，可是错在哪里呢？我在熊市做空，这是明智的选择。我的卖空操作是合理的，但抛出的时机过早，这令我付出了代价。我的想法是对的，但做法却错了。然而，股市每一天都在逐渐接近不可避免的崩盘。因此，我等待着时机，当股价的上涨趋势开始萎缩和停滞时，我便用少得可怜的保证金卖出尽可能多的股票。这一次，在一整天里，我的判断都是正确的。第二天，又出现了一轮上涨。我又一次遭受了重大损失！于是，我观察完纸带上的价格选择了平仓，然后继续等待时机。我在恰当的时机再一次卖出，这回股价大幅下跌，随后又剧烈攀升。

看起来，市场行情在竭尽所能地迫使我回到投机商号重操旧业。这是我第一次制订具有前瞻性的明确计划，我在关注整个市场的趋势而不是个股的波动。我以为只要坚持到底，必将取得胜利。在那时，我当然还没有建立自己的交易体系，否则我会像解释过的那样在市场下跌时逐步放空。这样一来，我便不会损失如此多的保证金，即使判断失误也不至于元气大伤。我虽然观察到了一些事实，却没有学会如何融会贯通。这种不完整的观察不仅对我没有帮助，反而造成了妨碍。

我一直认为，可以从错误中学到宝贵的经验。因此，我最终发现，在熊市中坚守做空的立场是很好的选择，但我应当始终通过解读纸带来判断恰当的交易时机。如果开始交易的时机是正确的，获得盈利便不会受到严重的威胁，即使我在随后选择静观其变，也不会遭遇阻碍。

如今，我当然对自己的观察更有信心，不再受到主观愿望或个人喜好的影响，并且我有更多方法可以用来验证自己观察到的事实，也能测试自己的观点是否准确。然而，在1906年，接连不断的价格回升令我的保证金严重缩水。

我已经快满27岁了，拥有12年的交易经验。这是我第一次根据即将到来的危机进行交易，我发现自己一直在用"望远镜"观察市场。从我第一眼瞥见乌云的那一刻到利用市场大跌交易所经历的时间远远超过了我的判断，我开始怀疑自己的观察是否真的像以为的那般准确。我们已经得到了很多警示，如活期贷款利率的飞速飙升。仍然有许多金融大鳄在报纸上发表乐观的评论，接踵而至的股价回升也揭穿了杞人忧天的谎言。我的判断究竟在本质上发生了错误，还是因为过早卖空而导致临时失误？

我认为自己错在过早进行交易，但实在按捺不住进场的冲动。随后，市场开始下跌，我的机会来了。我竭尽全力卖出股票，之后股价再次回升至很高的水平。

我彻底出局了。

我的判断是正确的，但我破产了！

这真是不可思议。事情是这样的：我发现前方有一大堆钞票。钞票上立着一块牌子，上面写着三个大字"请自便"。旁边有一辆马车，马车上印着"劳伦斯·利文斯顿货运公司"的字样。我手中拿着一把崭新的铁铲。我的目光所及之处看不到一个人影，因此，没有任何对手在跟我抢钱，这就是比别人更早发现钱堆的好处。其他人正在忙着观看棒球比赛，或者在开车，或者在买房子。他们本可以用这些钱来支付房款，假如停下来观察一番，也许就能发现这堆钞票。这是我第一次在路上看到一大堆钞票，我自然朝着前方飞奔起来。在我抵达这堆钞票所在的位置之前，风向已经变了，我跌倒在地。那堆钞票还在前方，但我的铁铲不见了，马车也消失了。这就是过早冲刺的结果！我太急于向自己证明看到的钞票是真的，而不是一场幻影。我看见了，也知道自己看见了。我一心惦记着这种先见之明带来的回报，却没有考虑到自己与钱堆的距离。我应当稳步走过去，而不是全力冲刺。

这就是我的经历。我没有耐心等待，没有准确判断做空的时机。这正是需要发挥我的能力对纸带价格进行解读的时候，但我却没有这么做。我由此懂得了一个道理：即使我在熊市一开始便看空，也最好等到没有反噬的风险时再开始批量卖出。

这些年来，我已经在哈丁兄弟公司进行了几千股交易，并且公司对我很有信心，我们的关系一直很融洽。我想，他们大概认为我一定很快就能重整旗鼓，并且他们知道我一向运气很好，只要重新开始，我一定能挽回损失，东山再起。他们已经从我的交易里赚到了不少钱，不会就此罢休。因此，只要我保持良好的信用，依然可以在那里做交易。

接二连三的打击令我不再刚愎自用，也许应该是不再粗心大意，因为我知道自己濒临破产。我只能保持警惕，等待时机，其实我在盲目下场之前便应该这样做了。这算不上亡羊补牢，我只是必须确保下次尝试时万无一失。如果一个人从不犯错，那么他大概只需一个月便能征服世界。但是，如果一个人不能从错误当中吸取教训，那么他什么也得不到。

言归正传。我在一个晴朗的早晨来到市区，满怀信心。所有报纸的金融版面上都刊登着同样的消息，这就是我本应该耐心等待的进场信号。这条新闻是北太平洋和大北方铁路公司即将发行新股。为了持股人方便交易，可以通过分期付款的方式进行认购。如此体贴的政策在华尔街并不多见。在我看来，这是一个十分不祥的征兆。

大北方铁路公司优先股经久不衰的涨势意味着瓜分蛋糕的机会又来了。这个蛋糕便是增发的新股，幸运的股东们有权以发行价格认购增发的大北方股份。这是一项宝贵的权利，因为这只股票的市场价格总是高于发行价格。然而，当时的货币市场并不景气，甚至连全美最有实力的银行也不能保证持股人有能力用现金购买这些划算的股票，毕竟大北方铁路公司优先股的售价高达330美元。

我一走进艾德·哈丁的办公室，便对他说："卖出的时机就是现在，这才是我应该出手的时机。看看这则新闻，好吗？"

他已经看到消息了。我指出银行家们的话证实了我的观点，但他看不到股市崩盘近在眼前。他认为在大量做空之前最好再等一等，因为市场时常大幅回升。如果我愿意等待，成交价格可能会降低，但操作的安全性却会提升。

"艾德，"我对他说，"时间拖得越久，崩盘来得越猛烈。那条新闻是银行家们的自白书。他们所恐惧的事情正是我所期待的。这就是让我们登上熊市这辆马车的信号，只要有它就够了。假如我有1000万美元，我会在这一刻投入所有钱，一分也不剩。"

我不得不与他争辩。一个心智健全的人从那条消息里可以得出的唯一结论依然无法令他感到满意。对我来说这已经足够了，但交易厅里的大部分人都心存疑虑。我只卖出了一点儿股票，这笔份额实在太少了。

几天之后，圣保罗铁路公司也适时地宣布了增发新股或债券的消息。我记不清他们发行的究竟是哪一种产品，但这不重要。重要的是，我在读到这则消息的第一时间便注意到一个问题：圣保罗铁路公司将缴款日期定在已经公布的大北方和北太平洋的缴款日之前。他们的目的再清楚不过，这种做法就像在用扩音器高声广播，了不起的圣保罗公司要与另外两家铁路公司争夺在华尔街流通的所剩无几的资金。为圣保罗服务的银行家们显然很担心流通的现金不足以同时满足三家铁路公司的需求，但他们可不会这样礼让对手，"亲爱的阿尔方斯（Alphonse），你先请！"如果现金已经匮乏到这种程度，我打赌银行家们已经清楚接下来会发生什么。铁路公司急需这笔资金，但钱却没有着落，结果会如何？

当然是卖空！大众的眼睛一直盯着股市，但他们连一周的行情都看不明白。聪明的操盘手可以看懂全年的行情。这就是二者之间的区别。

对我而言，怀疑和犹豫到此为止。我在那一刻便下定了决心。当天早晨，我开始执行自己的方案，从此，我一直遵循着这套交易法则。我告诉哈丁我的想法和立场，我决定在330美元时卖出大北方的优先股，并以更高的价格卖出其他股票，他没有表示反对。在早期付出了昂贵的代价之后，我终于能以更聪明的方式卖出股票。

我的声誉和信用立即得到了恢复。这就是在经纪行营业厅进行交易的好处，无论是不是出于偶然。但这一次，我的判断毫无疑问是准确的，不是因为直觉，也不是因为解读纸带的技巧，完全是我对影响整体股市的条件进行分析后得出的结论。我不是在随意猜测，而是在期待必然发生的结果，因此，卖出股票不需要勇气。我看不到股价下跌之外的任何可能性，所以必须采取行动，不是吗？除此之外，我还能做什么呢？

整个大盘都疲软不堪。不久，股价出现回升，人们纷纷前来告诫我价格已经跌至谷底。金融大鳄知道有很多人在看空，于是他们决定从看空的人身上榨取利益。他们会让我们这些空头损失几百万美元。大鳄们出手必然毫不留情。我已经习惯了对这些友善的建议表示感谢。我甚至不会与他们争辩，因为他们会以为我不懂得感恩。

和我一同前往大西洋城的朋友正感到十分焦虑。他能够理解我在地震之后所产生的直觉，也不得不相信我的直觉，因为我在盲目的直觉影响下巧妙地卖出了联合太平洋铁路公司的股票，从而赚到了25万美元。他甚至说这是上帝的旨意，是上帝让我在他看多的时候做空股票。他也能理解我在萨拉托加进行的第二笔联合太平洋股票的交易，因为他知道在任何涉及个股的交易里，内部消息必然事先决定了股价的波动，无论这种波动是上涨还是下跌。但我对大盘注定下跌的预测令他十分恼火。这种消息对谁有好处呢？一个人又怎么可能知道该做出什么样的反应呢？

我想起老帕特里奇最爱说的一句话："你知道的，现在是牛市啊。"仿佛对聪明人来说，这样的一句话便足够了，事实的确如此。我很好奇，为什么人们在股市下跌15点或20点时蒙受了重大损失，在这之后，他们依然选择坚持下去，并且因为3个点的上涨而感到高兴，甚至确信股价已经触底，即将开始反弹。

一天，我的朋友来找我，并向我询问："你平仓了吗？"

"我为什么要平仓？"我说。

"理由还不够充分吗？"

"什么理由？"

"为了赚钱啊。股价已经触底，有下跌就必然会有反弹，不是吗？"

"是啊。"我回答，"股价先是触底，然后再反弹，但不会立即反弹。股价一定会在低位保持一两天。还不到市场恢复的时候呢，股价还不够低。"

一位老前辈听到了我说的话。他是个联想力很丰富的人。他说威廉·R.特拉弗斯（William R. Travers）曾经在看空时遇见一位看多的朋友，他们交流了关于股市的看法。那位朋友说："特拉弗斯先生，你怎么能如此固执地看空呢？"特拉弗斯结结巴巴地反驳道："没错！我就是固、固、固执得要死！"特拉弗斯前往一家公司，要求查看公司的账簿。员工问他："您对我司感兴趣吗？"特拉弗斯回答："我应、应该是感兴趣！我做、做空了两、两万股！"

股价回升的势头越来越弱，我拼尽了所有运气放手一搏。每次在我卖出几百股大北方铁路公司的优先股之后，它的股价都会下跌几个点。我在其他股票上也发现了弱点并做空了少量股票。这些交易都带来了盈利，只有一只股票例外，那就是雷丁公司的股票。

当其他股票像坐上平底雪橇般急速下跌时，雷丁公司的股票却像直布罗陀山一般岿然不动。所有人都说这只股票被操纵了，情况看起来确实如此。人们对我说做空雷丁公司的股票无异于自杀。交易厅里有一些人和我一样看空整个市场，可是一旦有人暗示要卖掉雷丁的股票时，他们便高声反对。我已经卖空了一部分股票，并且坚持自己的立场。与此同时，我当然更愿意寻找弱点加以攻击，而不是对那些更坚挺的股票下手。通过对纸带价格的解读，我轻松地从其他股票上赚到了利润。

我听说了不少有关雷丁公司多头集团的传闻。它是一个很强大的集团。朋友们告诉我，这个集团一开始便持有大量的低价股票，所以他们持有的股票均价比市价更低。此外，这个集团的主要成员与银行保持着密切而友好的关系，他们可以从银行获得用来运作股票的大笔资金。只要股价保持在高位，他们与这些银行家的关系便牢不可破。一名集团成员的账面利润超过了300万美元。在如此庞大的资金支持下，即使价格有所下跌，也不至于造成重大损失。难怪它的股价在熊市中依然能保持稳定。场内交易者不时查看它的价格，他们咂了咂嘴，试探性地下单一两千股。但他们根本无法令这只股票的价格发生动摇，于是只能平仓，去其他地方寻找容易下手的目标。每当我看到这只股票时，我也会做空一点儿股票，这么做只是为了证明我在严格地遵守新的交易体系，没有按照个人喜好任意妄为。

过去，雷丁公司股票的强劲势头也许蒙蔽了我的判断。纸带上的报价不断暗示我："别管它了！"但理性则告诉我不是这样。我预测到了整体市场会下跌，其中没有任何股票可以幸免，无论这只股票背后是否存在着一个多头集团。

我一直独立地进行交易，在投机商号里便是这样，此后也保持着这种习惯。我的头脑正是这样运转的。我必须自己进行观察和思考。但我可以告诉你，在市场开始按照我的预测发展时，我生平第一次感觉自己拥有了全世界最强大和最忠诚的盟友——潜在的市场条件。市场条件在竭尽所能地帮助我。也许这位盟友偶尔动作有些迟缓，但只要我保持耐心，它便十分可靠。我不是在利用解读纸带的能力与直觉去碰运气。市场活动背后固有的逻辑正在帮助我赚钱。

投机交易的关键在于知道什么是正确的选择以及采取正确的行动。市场条件是我忠实的盟友，它说"下跌！"但雷丁公司的股票却无视了这个命令。这是对我们双方的侮辱。我开始对雷丁公司股票的坚韧表现感到愤慨，它表现得仿佛一切都风平浪静。它本应成为整个股市里最抢手的空头股，因为它还没有下跌，在银根进一步收紧之后，多头集团便没有能力持有那么多股票了。总有一天，银行家的朋友们会变得像没有人脉的大众一样，这只股票一定也会变得像其他股票一样。如果雷丁公司的股票没有下跌，那便证明我的理论错了。如果我错了，那么事实和逻辑同样错了。

我认为，它的价格之所以保持在高位，是因为华尔街的交易者们不敢卖空它。于是，有一天，我向两家券商同时下达了卖出4000股的交易指令。真希望你能看到这只被操纵的股票的表现，这只据说做空无异于自杀的股票在卖出指令执行后竟然一头栽倒。我让券商继续卖出几千股。股价在我开始卖出时是111美元。几分钟后，我以92美元平仓。

在这之后，一切都很顺利。我在1907年2月彻底清仓。大北方铁路公司的优先股下跌了60～70个点，其他股票也各有不同程度的下跌。我狠赚了一笔，但清仓的理由是，我发现行情下跌的趋势在不久的将来即将减缓。我期待股价有一定程度反弹，但这种反弹的程度还不足以让我转手做多。我不准备彻底扭转立场。对我来说，近期的市场不适合进行交易。我之所以损失掉第一次在投机商号赚到的10000美元，是因为我每天都在进行交易，没有注意市场条件是否成熟。我不会再犯同样的错误。并且，别忘了不久之前我破产是因为过早地预见了市场下跌，在时机到来之前我便开始卖空。现在我获得了一大笔利润，只想将利润兑现，这样才能感受到我是正确的。股价的回升曾经令我破产。我可不想因为价格反弹而再一次破产。清仓后我没有待在原地，而是去了佛罗里达。我喜欢钓鱼，也需要好好休息。在佛罗里达，我可以一边钓鱼，一边放松。此外，华尔街和棕榈滩①之间也有直通的电报线。

---

① 棕榈滩：美国佛罗里达州东南部的旅游城镇。

第9章 金融恐慌

我行舟漫游于佛罗里达海岸，钓鱼令我很愉快。我不再为股市而操劳，心情很放松，享受着美好的假日时光。一天，我的几位朋友坐着摩托艇来到棕榈滩。其中一人带着一份报纸。我已经很多天没看过报纸了，也没有想看的欲望。我对报纸上的任何新闻都不感兴趣，但还是扫了一眼朋友带来的那份报纸。我看到股市大幅回升的消息，股价上涨超过了10个点。

我告诉朋友们，我想和他们一起上岸。中等程度的股价反弹不时发生，这是合理的。但熊市仍未完结，无论是华尔街的专家、愚蠢的大众还是绝望的多头，有人无视货币市场的条件，不合理标高股价，或者示意别人这样做。我受不了这种行为，必须观察一下市场的状况。我不知道自己可能做什么，或者不会做什么，但我迫切需要看到报价板。

我所在的经纪行是哈丁兄弟公司，他们在棕榈滩设立了分部。我一走进那家公司，便发现了许多熟悉的面孔。大部分人都在讨论做多，他们是喜欢根据纸带上的报价速战速决的类型。这种交易者不关注未来的趋势，因为他们习惯做短线交易，没有必要在意很久之后的情况。我说过纽约交易所的人称我为"赌鬼小子"。当然，人们总是喜欢夸大别人的盈利水平和交易规模。这个交易大厅的人们听说我在纽约通过做空赚到了一大笔钱，现在，他们期待我再一次选择做空。他们认为，股价仍将持续上涨，但他们以为对抗多头已经变成了我的责任。

我是来佛罗里达度假的。一直以来，我承受着巨大的压力，需要给自己放一个假。然而，当看到价格回弹程度的那一刻，我便不再需要假期。刚上岸时我还没有想好要怎么做，如今则知道必须做空股票。我是对的，必须用老办法来证明自己，这也是唯一的方法——用真金白银进行交易。做空整个大盘是恰当而审慎的做法，也是有利可图的，甚至可以说是一种爱国的表现。

我在报价板上看到的第一只股票是阿纳康达（Anaconda）公司，它的股价已经超过了300美元。这只股票的价格一路飙升，显然，它的背后有一股强劲的多头势力。我有一套古老的交易理论，当一只股票的价格第一次超过100美元、200美元或300美元等整数限额时，它的股价不会就此止步，而是会继续上涨到高位。这样一来，假如你在股价刚越过整数线时便买进，就一定会有盈利。胆小鬼们不喜欢在一只股票打破新的价格纪录时买进，我却从不担心，因为成功的历史案例在指引着我的行动。

阿纳康达公司股票的面值只有普通股票的$\frac{1}{4}$，也就是说，它的票面价值只有25美元。400股阿纳康达公司股票的价值等同于100股面值为100美元的其他股票。我估计它在股价超过300美元后会继续保持涨势，甚至可能会迅速涨到340美元。

别忘了，我是看空整体市场的，但我同时也是一个擅长解读纸带报价的交易者。我了解阿纳康达公司的股票，根据构想，它的价格波动会非常迅速。快速变化的事物总是令我着迷。我已经有了耐心，学会了静观其变，但我还是更喜欢迅疾的运动。阿纳康达公司的股票当然不是慢性子。我之所以在它的股价超过300美元时买进，正是出于内心这股强烈的冲动，我要证明自己的观察是准确的。

正当此时，纸带上的报价显示多头势力超过了空头势力，因此，这股上涨的趋势可能会轻而易举地持续下去。为慎重起见，我最好耐心等待卖空的时机。在等待的过程中，我也应该给自己一点儿奖励。我可以利用阿纳康达股票迅速赚到30个点的利润。我虽然看空整个市场，却唯独看好这一只股票。于是我买进了3.2万股阿纳康达公司的股票，一共相当于8000股普通面值的股票。这样做有点儿冒险，但我对自己的设想深信不疑，估计这笔利润可以增加我的本金，从而在随后的做空交易里发挥作用。

第二天，受到北部暴风雨的影响，电报线路中断了。我在哈丁兄弟公司等候消息。交易大厅里的人们发着牢骚，谈论着各种话题，当股票作手们无法做交易时就会这样。然后，我们收到了那天唯一的报价：阿纳康达，292美元。

和我在一起的人是我在纽约认识的一名经纪商。他知道我做多了8000整股，我怀疑他自己也做多了一些股票，因为当我们收到那条报价时，他显然大吃一惊。他不确定此时此刻，阿纳康达是否已经继续下跌了10个点。根据阿纳康达的涨势来看，即使下跌20个点也不奇怪。可我对他说："约翰，别担心，明天就会好起来的。"我真的这样想。但他只是看着我摇了摇头。他是那种以为自己懂得更多的人。我只是笑了笑。我在交易大厅等候消息，也许还会收到新的报价。但我们没有收到任何消息。我们只收到了那一条报价：阿纳康达，292美元。这表示我承受了近10万美元的账面亏损。这就是我为快速行动付出的代价。

第二天，电报线路恢复了，我们可以像往常一样接收报价。阿纳康达的开盘价是298美元，随后涨到了302.75美元，但很快它开始下跌。并且，大盘里的其他股票也没有进一步上涨的趋势。我断定，如果阿纳康达的价位重新回到301美元，那么这一系列波动一定是假象。正常来说，它的股价应该不间断地上涨到310美元。如果价格反弹，意味着我根据先例得出的结论是错的。一个人犯错时，唯一能做的就是纠正自己的错误。我买进了8000整股，预计会上涨30~40个点。这不是我第一次犯错，也不会是最后一次。

阿纳康达的股价果然跌回了301美元。就在股价到达这个价位的那一刻，我便让电报员帮我接通纽约证券交易所，我对他说："卖掉我持有的全部阿纳康达股份，一共8000整股。"我不想被其他人听见我的交易，于是压低了声音。

他抬起头，几乎是用惊恐的表情看着我，但我点头说道："我的全部股票！"

"利文斯顿先生，你的意思不是按市价卖出吧？"他的表情很特别，仿佛他就是那个即将因为券商的操作失误而损失几百万美元的人。我只是对他说："卖掉就行了！别和我争论！"

交易厅里还有两个布莱克（Black）家族的年轻人，即吉姆（Jim）和奥利（Ollie），他们应该听不到我和电报员的对话。布莱克兄弟来自芝加哥，习惯做大额交易。他们在芝加哥凭借对小麦的投机交易而打下了名号，如今是纽约证券交易所的大客户。他们家财万贯，并且挥金如土。

我离开了电报员的柜台，准备回到我在报价板前的座位，这时，奥利弗·布莱克（Oliver Black）对我点了点头并露出微笑。

"拉里，你会后悔的。"他说。

我停下脚步，问他："你这是什么意思？"

"明天，你会再买回来的。"

"把什么买回来？"我说。除了那名电报员，我没有对任何人说过我的操作。

"阿纳康达，"他说，"你会以320美元的价格把它买回来。这对你来说可不是明智的操作，拉里。"他再次露出微笑。

"什么操作？"我在装傻。

"以市价卖出8000股阿纳康达，并且坚持这么做。"奥利·布莱克说。

我知道他应该是个聪明人，他总是根据内部情报进行交易。但我不知道他为什么对我的操作一清二楚。我能肯定这家公司的员工没有出卖我。

"奥利，你是怎么知道的？"我问他。

他笑了一声，然后告诉我："是查理·克拉兹（Charlie Kratzer）告诉我的。"这是那个电报员的名字。

"但他从没离开过他的位置。"我说。

"我听不见你和他在嘟囔什么，"他笑着说，"但我听见了他帮你发给纽约证券交易所的电报中的每一个字。几年前，我曾因为电报里的一处错误而跟别人大吵了一架，后来便学会了发电报。在那之后，每当我像你刚才那样通过对电报员口述指令进行交易时，我都要确认电报员发出的电报与我的指令是否一致。我知道他以我的名义发出了什么样的内容。但你会后悔卖出阿纳康达的，这只股票会涨到500美元。"

"这一次不会，奥利。"我说。

他盯着我说："你可真自大。"

"自大的不是我，是纸带。"我说。这里没有自动报价机，当然也没有纸带。但他知道我想说什么。

"我听说过你这种人。"他说，"你们在阅读纸带时看到的不是价格，而是由股票组成的列车时刻表。但这种人都是住在精神病院里的疯子。"

我什么也没有说，因为就在这时，杂工为我送来一张便签。他们以$299\frac{1}{4}$的价位为我卖出了5000股。我知道这里的报价比市价略慢一些。当我向电报员发出卖出股票的指令时，棕榈滩交易所的报价板上的价格是301美元。我十分确定，在那一刻，这只股票在纽约证券交易所的实际成交价会比这个价位更低，如果有任何人出价296美元购买我的股票，我一定会喜不自胜地接受这笔交易。这件事说明，我采用从不限价的交易方式是正确的选择。假如我将卖出价格限制在300美元，永远也不可能卖掉这些股票。当你想要离场的时候，就干脆利落地离场吧。

我以300美元的价位买进了阿纳康达公司的股票。现在，他们在$299\frac{3}{4}$美元时帮我卖掉了500股，当然，我指的是整股。接下来的1000股成交价是$299\frac{5}{8}$美元。之后的100股、200股和200股的成交价分别为$299\frac{1}{2}$美元、$299\frac{3}{8}$美元和$299\frac{1}{4}$美元。最后剩下的股票以$298\frac{3}{4}$美元的价位成交。哈丁兄弟公司最精明的场内交易员花了15分钟才帮我卖掉了最后的100股，他们不想把裂口撕得太宽。

我拿到最后一份交易报告后，便开始着手操作，以达到这次上岸的真正目的，那就是做空。我必须这么做。疯狂上涨后的市场正迫切期待着有人来做空。人们又开始讨论做多。然而，市场的发展规律告诉我，涨势已经接近尾声。我甚至不需要思考便知道做空是安全的选择。

第二天，阿纳康达的开盘价低于296美元。期待着新一轮上涨的奥利弗·布莱克一早便来到交易大厅，想要亲眼见证股价超过320美元的那一刻。我不知道他做多了多少股，甚至不知道他究竟有没有做多阿纳康达股份。但他在看到开盘价时没有发出笑声，后来阿纳康达的股价持续下跌，棕榈滩交易厅收到的报告说根本没有人愿意接手这只股票，他一整天都没有露出笑容。

当然，对任何人来说，这些情报都足以验证一个人的判断是否准确。我的账面利润每个小时都在不断增加，这也在提醒着我，我的判断是正确的。我自然卖出了更多股票。每只股票都可以做空！这可是熊市啊。所有股票的价格都在下跌。第二天是星期五，也是华盛顿诞辰纪念日。我不能继续待在佛罗里达钓鱼了，因为我已经建好了十分满意的空头头寸。有人在纽约等我，而那个人正是我自己！棕榈滩的位置过于遥远偏僻，来回发送电报的过程浪费了太多宝贵的时间。

我离开棕榈滩，动身前往纽约。星期一，我不得不在圣奥古斯丁逗留3小时，等待火车到来。那里有一家经纪行，在候车期间，我当然必须去看看市场的走势。阿纳康达比上个交易日下跌了几个点。事实上，这只股票的下跌一直持续到那年秋天的股市大崩盘。

我来到纽约，在大约4个月的时间里一直做空。市场像过去那样频繁发生反弹，我不断地重复着平仓和建仓的过程。严格地说，我并没有坚守自己的立场。还记得吗？我从旧金山地震引发的股灾中赚到的30万美元已经输得一分也不剩了。尽管判断是正确的，我依然破产了。现在我变得谨慎了，因为人在经历逆境之后会特别享受一帆风顺的感觉，即使还没有登上顶峰。赚钱的方法就是脚踏实地地努力。赚大钱的方法则是在准确的时机进行准确的判断。在这一行，一个人必须同时兼顾理论和实践。投机者不能满足于学生的角色，必须在学习的过程中从事投机交易。

现在我明白了自己的策略尚有不完善之处，不过我做得还算不错。到了夏天，股市变得疲软。我断定，在秋天之前不会有值得做的大额交易。我认识的所有交易者都离开了。有人去了欧洲，我想这是个不错的选择。于是我也平仓离场。当我坐上前往欧洲的轮船时，我的盈利刚超过75万美元。对我来说，这才算得上收支平衡。

我在艾克斯莱班[①]度假，这是我应得的假期。我带来了大笔钞票，在这里度假很舒服。我的身边有很多朋友相伴，每个人都想在这里度过一段愉快的时光，而这并不是什么难事。华尔街远在天边，我从未想起过它，如果我身处于美国的度假胜地，恐怕就很难像现在这样了。在这里，我不会听见有关股市的讨论，不需要做交易。我带来的钱足够生活一段时间，并且回到美国之后，我知道应该怎么做才能赚到更多的钱，那会比这个夏天在欧洲花掉的钱更多。

有一天，我在《巴黎先驱报》上看到了纽约的一则消息，斯梅尔特公司（Smelters）宣布将派发额外的红利。这则消息自然改变了我在艾克斯莱班的假期。它的意思很明显，多头集团仍在对抗市场环境、基本常识和公理正义，因为他们知道即将发生什么。他们依赖这种手段来炒热市场，目的就是在风暴

---

① 艾克斯莱班：法国东部城市。

击中他们之前出清手头上的股票。他们可能真的不相信股灾会像我认为的那般严重，也不相信危险近在咫尺。华尔街的大鳄与政治家和失败者一样很容易对现实抱有不切实际的期待。我当然不会犯同样的错误。对投机者来说，这样的态度是致命的弱点。或许只有证券发行商和新兴企业的孵化者，才有条件沉浸在这样的幻想之中。

无论如何，我知道在熊市里，无论多头采取什么样的手段，他们都注定面临失败的下场。我在读到这则消息的那一刻便知道，我该做的事情只有一件，那就是卖空斯梅尔特公司的股票。这些内部交易者在货币危机即将爆发时增加股息率，这种行为无异于跪在地上乞求我做空。这就像童年时玩过的试胆游戏一样令人恼火，他们在挑衅我，看我敢不敢卖空这只股票。

我用电报发出了卖空斯梅尔特股票的指令，并建议我在纽约的朋友们也做空这只股票。收到交易报告后，我看到成交价比我在《巴黎先驱报》上看到的价格低6个点。情况已经很明显了。

我的计划是在这个月底回到巴黎，然后在3个星期之后乘船返回纽约，但我在收到这份交易记录后便立即动身前往巴黎。我在抵达巴黎的同一天打电话给轮船公司，得知第二天就有前往纽约的快船，于是，我乘上了那艘船。

我几乎比原计划提前1个月回到了纽约，因为这里才是最适合做空股市的地方。我拥有超过50万美元的现金，可以作为保证金。我不是因为看空股市才回来的，之所以回到纽约，是因为我相信自己的逻辑。

我卖出了更多股票。随着银根逐渐收紧，活期贷款利率变得更高，股票价格走低。我已经预见了这一切。过去，我的"先见之明"曾令我破产。但如今我是正确的，并且我正在获得盈利。然而，真正的快乐在于我意识到作为一名交易者，我终于走上了正轨。我还有很多东西需要学习，但我已经知道该怎么做了。我不再挣扎，不再采用半吊子的交易方法。解读纸带上的报价是股市投机交易的重要组成部分，在恰当的时机进场并坚守自己的阵地同样很重要。但我最大的发现是，交易者必须研究整体市场条件，只有掌握了市场条件，才能预测未来各种事件的可能性。简言之，我学到的是必须通过自己的努力才能在股市中赚钱。我不再盲目地下赌注，也不再关心如何才能掌握炒股的技术，而是关注如何通过刻苦的钻研和清晰的思考来获得成功。我还发现没有人能彻底避免失败的交易。人可以从失败的交易里吸取教训，没有人能够逃避应该付出的代价。

我所在的交易公司赚到了很多钱。我的操作格外成功，人们开始议论我，他们的话当然是言过其实的，认为是我引起了几只股票的下跌。我叫不出名字的人也会走过来恭喜我。他们都只在意我赚到的钱。没有人提起我最初建议他们做空时，所有人都以为我疯了，他们都以为我因破产而心怀怨恨。没有人在意我预测到了货币市场的紧缩。在他们看来，我的经纪行的会计只用了一滴墨水便在我名下的账簿里记上了一笔信用额度，这才是伟大的壮举。

朋友们曾告诉我，哈丁兄弟公司的"赌鬼小子"的故事在许多交易大厅里广为流传，我被视为多头集团的眼中钉。那些多头集团总在市场注定走低的时候想方设法抬高股价。人们至今仍对我的事迹津津乐道。

从9月下旬起，货币市场一直在向全世界发出强烈的警告。但人们依然相信奇迹会发生，而不肯卖掉他们手中剩下的投机产品。一名经纪商在10月的第一个星期里告诉过我一件事，这件事几乎令我对自己的节制感到羞愧。

那时候，金融贷款可以在交易所的货币柜台进行办理。那些收到银行催款通知的经纪商大体知道他们需要重新借入多少钱。银行当然也清楚可贷资金的额度，那些有闲钱可供借出的银行便会把钱委托给交易所。银行的这笔资金由主营定期贷款的经纪商进行管理。当天的短期利率会在中午公布，这个数字通常代表着到发布时间为止的平均贷款利率。一般来说，这项交易通过公开竞标的方式进行，这样每个人都可以了解交易的细节。在正午到下午2点之间通常很少发生货币交易，到了下午2点15分的交割时间，经纪商便会清楚地知晓他们当天的现金头寸，然后他们可以在货币柜台出借多余的资金，也可以借入他们所需要的金额。这项业务也是公开进行的。

10月初，我之前提到的那位经纪商来找我，他说经纪商们虽然有盈余的现金，却不能去货币柜台出借。这是因为几家知名证券经纪公司的会员正在监视他们，随时准备争抢所有出借的现金。公开出借现金的公司当然无法拒绝把钱借给他们。这些公司有偿付能力，也有足够好的抵押物。但麻烦在于，一旦现金被这些公司借走，便没有还款的希望了。只要他们声称无力偿还，无论出借者是否情愿，都不得不为借款续期。因此，任何可以出借资金的证券交易所都不会在货币柜台办理业务，而是派人去交易厅里寻找客户，这些人会对死党们低声说："想要100块吗？"这句话的意思是，"你想借10万美元吗？"为银行工作的货币经济商现在也采用这种交易方式，以致货币柜台变得门可罗雀。你可以想象那种情形！

他还告诉我，在10月的那段时间里，借款人自己规定利率已经成为证券交易所里的不成文规定。年利率在100%～150%之间波动。我想，通过让借方规定利率，贷方或许就会感觉自己不像是在放高利贷，这是一种很微妙的心理。但我敢打赌他们得到的好处绝不比其他人少。借款者当然不会奢望可以免予支付高额利率，他们会跟其他人一样支付公平的利率。借款者需要这笔钱，只要能拿到钱，他们就会满足。

情况变得越来越糟糕。最终，审判日终于到来了，一开始害怕付出少量代价的多头、乐观主义者、心存侥幸的人和乌合之众如今将承受难以挽回的重大损失。1907年10月24日，我永远不会忘记这一天。

货币经纪商的报告早已表明无论贷方要求支付多高的利率，借方都必须偿还。货币市场的资金量难以满足流通需求。那一天，借贷货币的人比往常超出许多。到当天下午的交割时间为止，聚集在货币柜台周围的经纪商大概有上百人，每个人都希望能为自己的公司借到迫切需求的资金。如果没有资金，他们便不得不出售以保证金形式持有的股票，无论成交价有多低。因为股市里的买方和现金一样稀缺，当时的市场甚至连1美元都很罕见。

朋友的合伙人和我一样是空头，所以他的公司不需要借款。这位朋友便是我之前提到的经纪商，他刚在货币柜台目睹了一张张惨淡的面孔，现在他正朝我走过来。他知道我重仓做空了整个市场。

他说："上帝啊，拉里！我不知道接下来会发生什么。我从没见过这种情况。我不能再这样下去了，总得做些什么吧。在我看来，好像每个人都破产了。你不能继续卖空股票了，市场上绝对没有资金可以支撑空头。"

"这是什么意思？"我问。

可他却答非所问："你记得曾在课堂上做的那个实验吗？把一只老鼠放在玻璃罩里，然后抽走玻璃罩里的空气。你可以看见那只可怜的老鼠呼吸变得越来越急促，它的肚子就像一个持续工作的风箱，它在努力吸入玻璃罩里越来越少的氧气。你看着它逐渐窒息，直到它的眼球几乎从眼眶中脱落，它气喘吁吁地垂死挣扎。唉，货币柜台前的那群人让我想起了那只老鼠！到处都缺钱，你没办法清算股票，因为没有买家。要我说，就在这一刻，整个华尔街都破产了！"

他的话令我陷入沉思。我已经预见到金融危机的到来，但我承认，没想到这会是有史以来最严重的危机。这种情况如果持续下去，对任何人都没有好处。

最终，人们都明白了继续在货币柜台前等待借款也无济于事，这里根本没有钱。地狱之门已经敞开了。

那天晚些时候，我听说证券交易所的总裁R.H.托马斯（R. H. Thomas）先生知道华尔街的每一家公司都将迎来灭顶之灾，于是他四处寻求援手。他拜访了全美最富有的国民城市银行的董事长詹姆斯·斯蒂尔曼（James Stillman）。这家银行的人曾夸口说，他们的贷款利率绝不高于6%。

斯蒂尔曼听完了纽约证券交易所总裁的话，然后他说："托马斯先生，关于这件事，我们必须去拜访摩根先生。"

他们二位都想平息美国金融历史上最严重的一次恐慌，于是一同来到摩根大通集团会见摩根先生。托马斯先生向他讲述了情况。他的话音刚落，摩根先生便说："请回到证券交易所，告诉他们会有钱的。"

"钱从哪儿来？"

"银行！"

在这个紧要关头，所有人对摩根先生都抱有强烈的信任，托马斯没有等待对方给出详细的解释，便迅速返回证券交易所，向众人宣布他们的末日得以延期。

当天下午不到2点30分，摩根大通集团派出的范·恩博夫与阿特伯里公司（Van Emburgh & Atterbury）的约翰·T.阿特伯里（John T. Atterbury）来到等待借款的人群面前。众所周知，他与摩根大通集团的关系很密切。我的朋友说，这位资深经纪商快步走到货币柜台前，他像主持布道会的牧师般举起了手。刚才被托马斯总裁带来的消息所安抚的人群开始担心救济计划将会流产，他们担心最坏的情况即将发生。然而，当看到阿特伯里先生的表情和他举起的那只手时，他们当场呆住了。

在一片死寂之中，阿特伯里先生开口说道："我被授权借出1000万美元。别担心，每个人都有份！"

然后他开始工作。他没有告知每位借款人这笔钱来自何人，只是草草记下了借款人的名字和借款金额，并告诉借款人："之后会通知你去哪里取款。"他指的是借款人可以去哪家银行取钱。

过了一两天，我听说摩根先生只是跟那些吓坏了的纽约银行家打了个招呼，要求他们必须为纽约证券交易所提供所需资金。

"可我们一分钱也没有了，我们的贷款已经超额了。"银行家们抗议道。

"你们还有准备金。"摩根反驳道。

"可是准备金已经低于法定额度了。"银行家们吼道。

"那也要用！准备金就是用来救急的！"银行家们只得听从他的话，用掉了大约2000万美元的准备金。这笔钱拯救了股市。银行的资金恐慌直至下个星期才到来。J. P. 摩根是个了不起的人，没有比他更了不起的人了。

这是我在交易生涯中最记忆犹新的一天。就在这一天，我的盈利超过了100万美元。这一天标志着我第一场精心策划的交易活动大功告成。我所预见的情况已经实现了。但比这一切更重要的是，我的梦想成了现实。在这一天，我就是王者！

当然，我会做出解释的。我在纽约生活了几年之后，经常苦思冥想，为什么我15岁时便在波士顿的投机商号战无不胜，而如今却在纽约证券交易所屡战屡败。我知道总有一天会明白自己究竟错在哪里，然后便不会再犯错。那时，我不仅拥有想要获得成功的意志，还掌握了确保成功的知识。知识就是力量。

请不要误会，这不是我痴心妄想，也不是我的虚荣心在作怪。这更像是一种感觉，我在富勒顿公司和哈丁兄弟公司吃尽了苦头，但这样的股市总有一天会被我征服。我只是预感这一天终将到来。1907年10月24日，我的预感变成现实。

我这样说是有理由的。那天早晨，一名和我的经纪行有许多业务往来的经纪商与华尔街首屈一指的银行合伙人同乘一辆车，这位经纪商知道我一直在做空。我的经纪商朋友告诉那位银行家我的交易量很大，我确实投入了全部身家。如果不能获得最大限度的利益，即使判断准确，又有什么好处呢？

也许这位经纪商为了让故事听起来更吸引人而添油加醋，也许我的支持者比我以为的更多，也许那名银行家比我更清楚情况的严重性，无论如何，我的朋友告诉我："他对我的话很感兴趣，我告诉他，你说过市场再经历一两轮上涨就会进入真正的熊市。听我说完后，他说今天晚些时候也许有事情交代我去做。"

当证券经纪公司发现无论他们给出的报价多么低，依然找不到买家时，我便知道时机已经成熟了。我让券商们去不同的人群里打探消息。一时间，竟然没有一个人出价购买联合太平洋公司的股票。无论报价是多少，都没有人愿意买！你能想象吗？其他股票也是同样的情况。没有可供持股的资金，自然也没有人愿意买股票。

我赚到了极高的账面利润，而且我能肯定，只要我发出几条指令，分别卖出1万股联合太平洋和其他六七只高股息的股票，便能把股价压得更低，接下来股市将成为地狱。在我看来，即将到来的恐慌无比剧烈，理事会甚至会考虑关闭证券交易所，就像1914年8月世界大战爆发时那样。

这表示账面利润会大幅增加，同时意味着这些利润不可能被兑换成现金。但还有其他需要考虑的事情，其中包括股市进一步下跌将推迟我正在估算的复苏时间，股市在大出血之后需要得到补偿。这种程度的股灾会令整个国家元气大伤。

我暗下决心，既然继续积极做空并非明智的选择，并且这么做会让大家都不自在，那么继续做空便是不符合逻辑的举动。因此，我转手开始做多。

我的经纪商开始为我买进股票，顺便一提，我是以最低价位买进这些股票的。不久之后，那位银行家便派人来请我的朋友。

"我来请你，"他说，"是因为我希望你立刻去找你的朋友利文斯顿，告诉他我们希望他今天不要再卖出任何股票。股市已经承受不住更大的压力了。以目前的情况来看，要避免一场毁灭性的股灾已经是十分艰巨的任务了。唤醒你朋友的爱国精神吧。在这个时候，个人必须为所有人的利益着想。请尽快向我转告他的答复。"

我的朋友立即找到我，并向我转告了这些话。他表述得很委婉。他大概以为既然我已经计划摧毁股市，他的计划在我看来无异于放弃赚1000万美元的机会。他知道我看不上一些金融大鳄，因为他们和我一样清楚即将发生什么，却仍在向大众兜售大量股票。

事实上，大人物们也承受着很大的损失，我抄底买到的许多股票都来自著名的金融巨头。当时我并不清楚这一点，但这不重要。我已经平掉了几乎所有空头，如果没有人进一步打击市场，我便有机会在买进廉价股票的同时帮助股价回升。

因此，我对朋友说："请回去告诉那位先生，我接受他们的建议。在他们派你过来之前，我已经完全意识到情况的严重性。我不仅今天不会卖出任何股票，还会尽我所能买进。"我履行了承诺。那一天，我在多头账户买进了10万股。在接下来的9个月里，我一直没有卖出股票。

所以，我告诉朋友们，我的梦想已经实现了，在那一瞬间我就是王者。在那一天，股市一度笼罩在想要打击它的人的阴影之下。这不是我痴心妄想，实际上，你们知道当我被指控扰乱市场以及华尔街对我的交易添油加醋时心中的感受。

我最终全身而退。报纸上记载着"赌鬼小子"拉里·利文斯顿赚到了上百万美元。呵，我在那天闭市之后的确身价超过百万。但我最大的收获不是金钱，而是无形资产：我是对的，我预见了未来的情况并执行了明确的计划。我掌握了想赚大钱的人必不可少的能力，彻底脱离了赌博的层次，终于学会如何明智地进行大规模交易。这是我职业生涯中最难忘的一天。

第10章 战胜市场不如战胜自己

　　认识到自己的错误并不比研究自身成功的经验更能令我们获益，但每个人都有趋利避害的本能倾向。如果一些错误伴随着痛苦，你便不会希望再犯同样的错误。当然，你在股市里犯下的所有错误都会刺激你的两个痛处，一是钱包，二是自尊。我告诉你们一件有趣的事情吧。有时候，股票投机者明知道自己错了，却仍不悔改。他明知故犯之后，会自问为什么要犯这种错误。在痛苦的惩罚过去很久以后，他才会冷静地进行自我反省，回顾自己犯下这些错误的经过，以及这些错误发生在交易的哪个具体阶段，但他仍不清楚自己为什么会犯错。这时，他只好骂自己几句，然后便不再理会这件事了。

　　当然，如果一个人既聪明又幸运，他便不会再犯同样的错误，但仍会犯与之相似的无数种错误。错误的家族如此庞大，当你想在逆境中翻身时，总有一个陷阱在等着你。

　　为了向你们讲述我第一次犯付出上百万美元代价的错误，我必须从第一次成为百万富翁时讲起，那是1907年10月股灾发生不久后的事情。对于我来说，拥有100万美元只是意味着交易的储备金更多了。金钱不会给交易者带来更大的安慰，因为无论是贫穷还是富有，他都会犯错，而犯错绝不是一件舒服的事情。当一个百万富翁做出正确的判断时，金钱不过是在为他提供服务。金钱的损失是我最不担心的事情。我从不为已经发生的损失而饱受煎熬，第二天便会将它忘得一干二净。给钱包和自身造成伤害的不是金钱的损失，而是错误的判断。不知你们是否还记得迪克森·G.沃茨（Dickson G. Watts）讲过的那个故事，一个人非常紧张，他的朋友问他怎么了。

"我睡不着。"紧张的人回答。

"为什么呢？"朋友问。

"我持有的棉花期货太多了，一想到它们我就睡不着。我受不了了。我该怎么办呢？"

"卖掉一部分，直到你能睡着为止。"朋友回答。

通常，一个人适应环境的速度很快，以至于看不到全局。他感觉不到自己身上发生的变化，甚至记不清成为百万富翁之前的生活是什么感觉。他只知道现在他可以做过去做不到的事情。普通的年轻人不需要用很长时间便会忘记贫穷时养成的习惯，但如果他想放弃富裕时养成的习惯，则需要更久的时间。我想，这大概是因为金钱可以创造需求，也可以刺激欲望扩张。我的意思是，当一个人在股市赚到钱之后，他很快便会丢掉省吃俭用的习惯。如果把钱都输光了，他却需要很长时间才能改掉花钱大手大脚的习惯。

我在1907年10月平掉了空头，转而做多之后，决定暂时放松一下。我买了一艘游艇，准备乘船游览南方水域。我对钓鱼很痴迷，正想借此机会好好享受生活。我很期待这次旅行，随时都可以出发，但没能如愿以偿。股市不允许我放松。

除了股票交易，我也一直在做期货交易。我从年轻时在投机商号里便开始关注期货交易。这些年来，我一直在研究期货市场，尽管也许不像研究股市那般勤勉。事实上，比起股票，我更喜欢期货交易。期货交易比股票投机更合乎法度，这是毋庸置疑的。比起炒股，期货交易更富有商业经营的色彩。你可以像真正经营生意一样来做期货交易。在商品市场里，虽然可以用捏造的证据来支持或反对市场趋势，但这种成功只是暂时的，事实最终必然胜出，因此，期货交易者必须通过观察和研究来获得股利，这与经营普通公司是一样的。交易者可以观察并衡量市场条件，对情况的掌握与其他人一样多，不需要防备内部派系。在棉花、小麦和玉米的期货市场上，不会有人突然宣布增发股息或不发股息。从长远来看，支配期货价格的只有一条法则，那就是供给和需求的经济法则。期货交易者的工作只是了解有关当下和未来供需关系的事实，不需要像股票交易那样对许多琐事进行猜测。期货市场的交易对我来说一直很有吸引力。

当然，所有投机市场的情况都很相似。纸带所传递的价格信息是同样的。任何愿意努力思考的人对此都一清二楚。如果一个人不断向自己提出问题并考虑到市场条件的影响，便会发现答案是显而易见的。然而，人们一向不愿意花费精力向自己提问，更别说寻找答案了。一般的美国人在所有事情上都很精明，从不会轻易上当，却唯独在走进证券交易大厅查看报价时犯糊涂，无论他们交易的产品是股票还是期货。他们没有了平日里的精明和多疑，懵懂地走进投机交易的游戏里，只有这个游戏才需要他们发挥一向的优势并预先进行研究。他们将一半的身家都投进了股市里，但他们在股市上投入的精力甚至比不上购买一辆中等价位的汽车时所花费的心思。

解读纸带上的价格这件事情并不像看起来那般复杂。当然，这需要积累经验。但比经验更重要的是铭记某些基本原则。解读纸带并不是在算命。纸带不会告诉你，下个星期四下午1点35分，你究竟能稳赚多少钱。解读纸带的目的是确认你的猜想。首先，你要确认的是如何进行交易；其次，你需要确认何时进行交易以及买进和卖出什么是更明智的选择。无论是股票还是棉花、小麦、玉米和燕麦，它们的基本交易原则都是一样的。

我们关注纸带所记录的市场价格波动只有一个目的，那就是明确价格趋势的走向。我们知道，价格在遭遇阻力时可能会上涨，也可能会下跌。为了便于解释，我们不妨认为价格与其他事物一样，会沿着阻力最小的方向发展。价格会选择一条最容易走的道路，因此，如果上涨的阻力小于下跌的阻力，那么价格便会上升，反之亦然。

市场行情一旦启动，任何人都无须对判断牛市还是熊市感到疑惑。投机交易者绝不能强行将事实置于自己的理论之上。对于思维开放、眼界开阔的人来说，行情趋势是显而易见的。这样的人应该有能力判断目前的市场处于牛市还是熊市，只要清楚这一点，就能够判断应当买进还是卖出。因此，在进入股市的最初阶段，交易者需要了解应当买进还是卖出。

譬如，在股市常有的波动期里，股价会在10个点的范围内上下浮动，最高可达130点，最低可至120点。当股价处在低位时，市场也许十分低迷；而当股价回升，一口气上涨8至10个点后，市场看起来又会无比强劲。交易者不应当在表象的驱使下进行交易，需要根据纸带上的价格来判断时机何时会成熟。实际上，许多人买进股票只是因为股价看起来很低，卖出股票只是因为股价看起来很高，这导致他们在股市里损失了上百万美元。投机交易与投资不同。投机者的目标不是让投入的本金享有安全、稳定的长期收益，而是利用投机产品价格的涨跌来赚取利润。因此，他需要判断交易当下，阻力最小的投机方向是什么，需要等待这一方向明确显现的时机，这才是他进场交易的信号。

解读纸带的能力只是让他能够看清在130美元价位上，卖方势力比买方势力更强，这将引起合乎逻辑的价格变化。到此刻为止，既然卖方势力压过了买方势力，一些盲目迷信纸带的人也许会认为价格将一路上涨至150美元，于是他们选择买进。当股价开始反弹时，他们要么继续持有，要么以少量亏损为代价卖出，要么转手做空。然而，当价格跌至120美元时，下跌的趋势将面临更强的阻力。买方势力战胜了卖方势力，股价回升，空头平仓。股民们经常陷入这种拉锯战之中，却从不吸取教训，他们冥顽不化，实在令人惊叹。

最终，在某些因素的影响下，上涨或下跌的势力得到了增强，最大阻力点的位置也随之上移或下降。也就是说，在130点，买进的力量将第一次超过卖出的力量，或者在120点，卖出的力量超过买进的力量。股价将突破原本的障碍和限制继续波动。一般来说，总有一些投资者因为市场看起来疲软而在120点做空，或者因为市场表面的繁荣而在130点做多，当市场的发展趋势不符合他们的预期时，再过一段时间，他们便不得不改变自己的观点和做法，或者平仓离场。无论是何种情况，他们的选择都有利于更明确地界定阻力最小的价格走向。因此，聪明的交易者会耐心等待，直至价格走向变得清晰可见，他们会借助基本市场条件的帮助，也会利用那些碰巧猜错的投资者在修正错误时给市场带来的驱动力。这种驱动力经常将股价进一步推向阻力最小的方向。

在这里，我要说的是，尽管我不认为这是一条数学定理，也不认为这是投机交易的公理，但从经验来看，每当根据阻力最小的方向来决定自己在股市的立场时，我所未曾预料到的情况和意想不到的事故总能为我在股市立足提供帮助。还记得我之前讲过的发生在萨拉托加的联合太平洋股份事件吗？我之所以选择做多，是因为我发现阻力最小的方向呈现出上涨的趋势。我应该坚持做多，而不是在经纪商的劝说下相信内部交易者正在卖空。联合太平洋铁路公司的董事们心里在想什么对股价的走势并没有影响。我不可能了解董事们在想什么，但我确实知道纸带上的信息意味着"上涨"，后来，那家公司出乎意料地提高了股息率，使得股价上涨了30个点。当这只股票的价格到达164美元时，它看起来已经很高了，但我说过，股票的价格永远不会高到不能买进，也不会低到不能卖出。股价本身与寻找阻力最小的价格走向之间并没有什么联系。

在实际操作中，你将发现，如果你按照我所指示的方法进行交易，在当日收盘和次日开盘之间公布的任何重要新闻都与阻力最小的价格走势相一致。价格趋势在新闻公布之前便已经确定了。在牛市里，利空的消息会被忽略，利好的新闻则被放大，反之亦然。在第一次世界大战爆发之前，市场活力处于很微弱的状态。这时，德国正式宣告实施"无限制潜艇战"政策。当时，我持有15万股空头，这不是因为我提前得知了这条新闻，而是因为我根据最小阻力的价格趋势采取了相应的行动。对于我的交易来说，接下来会发生什么是一目了然的。当然,我因看清了当时的情况,在那一天平仓获利。

这件事说起来很简单,你需要做的只是观察纸带上的报价并设定自己的阻力点,一旦决定了最小阻力的发展方向,随时准备好根据这一趋势进行交易即可。然而,在实际操作中,必须防范许多潜在的威胁,最重要的是提防自己的人性弱点。所以,我认为总能做出正确判断的人一定是得到了两股力量的支持,其中之一是基本市场条件,另一股力量便是那些判断失误的人。当牛市到来时,人们便会忽略利空的因素,这就是人性。一些人却对此感到惊讶,会说小麦市场不景气是因为某些地区的气候不好,庄稼歉收。等到所有庄稼都收割完毕,所有种植区的农民都开始将小麦运进粮仓时,多头们又会惊讶地发现原来气候造成的损失如此微不足道。他们还发现自己的操作只对空头有帮助。

在期货市场进行交易的投机者绝不能受到先入为主观念的影响,必须保持开放的思维并学会随机应变。无论你对粮食收成抱有怎样的看法,无论你认为市场需求可能会是怎样,无视纸带所传递的情报都不是明智的举动。我对市场条件十分有把握,以至于认为没有必要等待最小阻力趋势最终成形。我甚至以为自己可以加速这种趋势的形成,因为市场状况看起来只需要一点点推动力。

我十分看好棉花期货的发展。它的价格在12美分徘徊,上下波动的幅度适中。我能看出这个价位正处于中间地带。我知道自己真正应该做的是耐心等待。但我忍不住想,只要我轻轻推它一把,棉花的价格将会超越顶部的阻力点。

我买进了5万包棉花期货,它的价格果然随之上涨。不仅如此,只要我停止买进,棉花的价格也会停止上涨。随后,价格逐渐回落到我之前买进时的价位。在我平仓之后,棉花的价格便不再继续下跌。我认为,现在,进场的信号离我更近了,很快便决定重新开始操作。我又进行了一轮交易,结果与之前相同。我的操作令价格上升,当结束操作时,价格又会逐渐回落。我就这样进行了四五轮操作,直至最终对此感到厌烦。这几轮交易令我损失了约20万美元,我受够了。没过多久,棉花的价格又开始上涨,这次涨势没有中途停止,而是一路涨到高位。如果我没有急着进场，本可以在这个价位大赚一笔。

许多交易者都有过很多次类似这样的经历，我甚至从中总结出一个规律：在波动范围较小的市场里，价格不会有太大的跳跃，而是在较小范围之内上下波动。在这种情况下，交易者没必要尝试预测下一次大幅波动会上涨还是下跌，需要做的事情就是观察市场，通过解读纸带来确定小幅波动的价格边界，并且下定决心，除非任意方向的价格突破了这条边界，否则绝不采取行动。投机者应当关注的是如何从市场获取利润，而不是固执地用纸带上的信息来附会自己的观点。永远不要与纸带争辩，也不要期望纸带会提供解释。在股市，"马后炮"不会带来任何利润。

不久之前，我去参加朋友们的聚会。他们在谈论小麦期货，其中一部分人看多，另一部分人看空。最后，他们询问了我的看法。我在这段时间里一直研究小麦期货市场。我知道他们对统计数字不感兴趣，也不想听我分析市场条件，于是我说："如果你们想在小麦期货市场里赚到钱，我可以告诉你们应该怎么操作。"

他们都表示很感兴趣。我告诉他们："如果你们真的想用小麦赚到钱，就仔细观察它的价格，并耐心等待。等它的价格一超过1.20美元就立刻买进，很快你们就能赚到一笔不错的利润了！"

"现在的价位是1.14美元，为什么不能现在买进呢？"其中一人问道。

"因为我还不确定接下来它的价格是否会上涨。"

"那为什么要在1.20美元买进？这个价位听起来太高了。"

"你是想抱着大赚一笔的美梦盲目下赌注，还是想聪明地进行投机交易？后者赚到的钱虽然没有那么多，但比盲目下注更有保障。"

他们都说宁可少赚一点儿，也要选择更稳妥的做法，于是我说："那就照我说的去做，在价格超过1.20美元时买进。"

正如我所说的，我在长期观察小麦期货市场。几个月以来，小麦的售价在1.10至1.20美元之间，并没有特别偏向哪一边。直到有一天，它的收盘价超过了1.19美元。当时我便做好了随时交易的准备。果然，第二天它的开盘价是1.20$\frac{1}{2}$美元，于是我买进了小麦期货。它的价格涨到了1.21美元，接下来是1.22美元、1.23美元，直至涨到1.25美元，我一直在加仓。

那时候，我还不清楚究竟发生了什么。我不知道小麦期货的价格为什么在有限的幅度内波动，也不知道价格究竟会向上突破1.20美元还是向下跌破1.10美元，尽管我感觉价格会上涨，因为全世界的小麦产量还没有高到能令价格暴跌的程度。

事实上，欧洲的交易者似乎一直在买进小麦期货，许多交易者在1.19美元左右的价位做空。由于欧洲交易者的采购和其他一些因素，期货市场上的小麦数量大幅减少，最终导致大的价格运动开始。小麦期货的价格超越了1.20美元的界线。这就是我所了解的情况，我需要知道的就只有这些。我知道小麦价格之所以超过1.20美元，是因为上涨的趋势终于累积了足够的力量，使得价格突破上限，这一定会引发连锁反应。换句话说，当价格突破1.20美元时，小麦价格的最低阻力线便由此确立。一切就此发生了改变。

我记得有一天是公休日，美国的所有交易市场都休市了。温尼伯①的小麦期货开盘价是6美分/蒲式耳②。第二天，美国市场开盘后，小麦的价格也是6美分/蒲式耳。价格正是沿着阻力最低的方向在上涨。

我向你讲述的就是我的交易体系的精华，这套体系建立在解读纸带的成果之上。我只是在研究最有可能的价格走向，并通过额外的测试来验证自己所做的交易，从而判断最恰当的交易时机。我的做法就是在建立仓位后观察价格的走向。

我说过，我在做多股票时喜欢高价买进，在做空股票时一定要低价卖出，否则情愿不做任何操作。令我惊讶的是，许多有经验的交易者在听到我的话时都深表怀疑。如果交易者永远坚持自己的投机策略，等待阻力最小的趋势慢慢

---

① 温尼伯：加拿大西部城市。

② 蒲式耳：英美制容量单位。在美国，1蒲式耳相当于35.238升。

显现，只在纸带暗示价格即将上涨时买进，并在纸带暗示价格即将下跌时卖出，那么在股市赚钱便不太困难了。交易者应该在股价呈现上升趋势时累积头寸。第一批仓位可以保持在$\frac{1}{5}$的位置。如果这些股票没有带来盈利，那么绝不能继续补仓，因为很显然他最初的判断是错误的；他犯了一个暂时的错误，在任何时候犯错都不会带来利润。尽管纸带现在给出的答案是"按兵不动"，这并不代表当初暗示价格即将"上涨"的纸带是在撒谎。

我在棉花期货市场所做的交易很长一段时间都保持着成功的纪录。我建立了有关棉花期货交易的理论，并严格按照这套理论进行操作。例如，我决定将仓位控制在4万～5万包，在满仓之后，如果棉花的市场价格比最初购买时的成交价上涨了10个点，我便会继续买进1万包，以此类推。并且，如果我能赚到20个点的盈利，或者每包盈利为1美元，则继续买进2万包。这便是我所构建的仓位，也是我的交易基础。如果在一开始买进1万～2万包之后出现了亏损，我便会退出交易。这说明我的判断出现了失误。也许这种失误只是暂时性的。但我说过，无论是哪一种交易，只要一开始出现失误，便没有获得盈利的机会了。

由于我一直坚持遵循自己建立的交易体系，每当发生重大价格波动时，我总是持有一批棉花期货。在逐渐积累仓位的过程中，我可能会进行许多试探性的操作，这些操作可能令我少赚五六万美元。试探性操作看起来伴随着很大的代价，实际上却并非如此。在真正的价格波动到来时，我需要多长时间才能赚回为了确保我在准确的时机进场而投入的5万美元呢？这个目标在转瞬之间便可实现！只要掌握了准确的时机，就一定会有收获。

我还说过，这也是我选择下注的体系。统计学已经证明，只在有把握获胜时投入高额赌注才是明智的选择，这样一来，即使你输了，也只是输掉了小额的试探性赌注。如果某人按照我所描述的方式进行交易，他将永远立足于不败之地，并通过高额的赌注获取丰厚的利润。

职业作手总是有自己的一套交易体系，有的是建立在自身经验的基础上，有的是以他们对投机交易的态度为指引，有的受到自身欲望的驱使。记得我在棕榈滩遇到过一位老绅士，我没有记住他的名字。我知道他在华尔街打拼过许多年，他的交易生涯可以追溯到美国南北战争时期。有人告诉我，他是一个十分睿智的怪老头，他经历过太多的风雨和灾难，所以他总是说太阳底下没有新鲜事，股市尤其如此。

这位老绅士向我提出了许多问题。我向他描述了自己通常的交易操作后，他点着头说道："对啊！对啊！你做得对。你建仓的方式和思维模式为你打造了一套优秀的交易体系。落实这套交易体系对你来说是很简单的事情，因为你最不在意的就是用来下注的资金。我想起了派特·霍恩（Pat Hearne）。你听说过这个人吗？他是我们的客户，以冒险精神著称。他是个既聪明又有勇气的家伙。他在股市赚到了钱，于是便有人向他取经。他从不肯透露任何招数。如果人们直截了当地向他请教炒股的经验，他便搬出最喜欢的一句有关赛马的格言：'只有下注才会知道输赢。'他在我们公司做交易。他会挑选一只活跃股票，先买进100股。如果这只股票的价格涨了1%，他便会再买进100股。以此类推，这只股票的价格每上涨1%，他便会追加100股。他曾说，他炒股不是为了给别人挣钱，所以他会在比自己最后一次买进价格低1个点的价位上设置止损指令。每当股价上涨时，他的止损点也会随之上涨。如果价格回落的程度达到1%，他便会及时止损。他声称超过1个点的亏损就是不必要的损失，无论这种亏损是来自他的初始保证金还是他的账面利润。

"你知道吗？一个职业赌徒寻找的不是长期获得盈利的机会，而是确定能带来利润的机会。如果能遇到做长线的机会，自然很好。派特在炒股时不会迷信小道消息，他追求的也不是在一个星期之内赚到20个点的暴利，只要能稳妥地赚到足够过上体面生活的钱，他便满足了。我在华尔街遇见过无数外行投机客，派特·霍恩是其中唯一一把股票投机仅仅当作游戏的人，就像法罗牌①或轮盘赌②之类的游戏，即使如此，他仍然保持着清醒的头脑，知道应该坚持一种相对稳妥的下注方式。

"我们公司有一名客户一直追随着霍恩并按照他的体系进行交易。在霍恩去世以后，这名客户用拉克瓦纳公司的股票赚到了超过10万美元的利润。然后他改做其他股票，由于已经赚到了巨额本金，他以为自己不需要继续遵循霍恩的体系了。当股价发生反弹时，他没有及时止损，而是继续加码，仿佛他正在获得盈利一样。他当然赔得一分也不剩。当他最终离场时，还欠我们几千美元。

"他在股市里坚持了两三年。在输光所有现金之后，他依然保持着对交易的热情。只要他遵守我们的规矩，我们并不会拒绝和他做生意。我还记得，他曾经坦然承认，没有坚持遵守霍恩的交易体系是他的错。有一天，他兴冲冲地来找我，他想在我们公司做空某只股票。他待人友善，以前也是我们的优质客户，于是我告诉他我愿意以个人名义为他的账户提供100股担保。"

"他做空了100股莱克·肖尔公司的股票。1875年，比尔·特拉弗斯（Bill Travers）正在打压股市。我的朋友罗伯茨在恰到好处的时机做空了莱克·肖尔的股票，并随着股价下跌继续加码，就像他在过去那段辉煌岁月里习惯做的那样，那时他还没有受到欲望的引诱而抛弃派特·霍恩的交易体系。"

"没错，先生，经过连续4天的交易，罗伯茨成功利用金字塔式交易法获得了1.5万美元的收益。我发现他没有设置止损指令，于是便提醒他，他告诉我股市还没有真正开始暴跌，不打算在遭遇1个点的价格反弹时收手。那时正值8月。到9月中旬之前，他已经落魄到连用10美元为第四个孩子购买婴儿车都需要找我借钱。他没有坚持遵守自己亲自验证过的交易体系。这是大部分外行交易者共有的问题。"老先生朝我摇了摇头。

---

① 法罗牌：以纸牌赌大小的一种古老的纸牌游戏。

② 轮盘赌：以轮盘作为赌具的一种赌场赌博方式。

他说得对。有时候，我认为投机交易一定是一种违背人性的交易，因为我发现一般的投机者总是在与自己的本能做斗争。人类共有的弱点对投机交易有着致命的影响，通常，正是这些弱点使交易者深受同伴们喜爱。他们在从事其他事业时也会特别警惕这些弱点，但这些弱点对其他事业的危害远远没有对股票或期货投机交易所产生的危害那么严重。

投机者最大的敌人总是来自他的内部。希望和恐惧都与人类的本性密不可分。在进行投机交易时，如果市场的走向与自己的预期相反，你每天都会希望今天是最后一天，假如不抱有这种期待，你原本不会损失这么多钱，而这种希望正是令大大小小的帝国开拓者和先驱们成就丰功伟业的动力。当市场趋势符合你的预期时，你又会害怕今天获得的盈利将在明天化为泡影，于是你过早地平仓离场。恐惧令你无法赚到原本可以赚到的利润。成功的交易者必须与这两种根深蒂固的本能做斗争，必须彻底转变自己的本能冲动。他应该在抱有希望的时候感到恐惧，在心存恐惧的时候看到希望。他必须担心眼前的损失有可能变得更加惨重，必须希望眼下的利益变得更丰厚。像普通人一样炒股是大错特错的举动。

我从14岁起便参与了投机交易的游戏。这是我唯一的事业。我自认为对这一行十分了解。经过近30年不间断的交易，其中包括小额交易，也包括上百万美元的大额交易，我得出的结论是：一个人也许可以在特定的时间掌握某一只股票的规律或者战胜某一群人，但没有人能战胜整个股市！一个人可以在棉花或玉米期货交易中获得盈利，但没有人能征服整个棉花期货市场或玉米期货市场。这和赛马很像，一个人可以猜对一匹赛马的名次，但不可能战胜整个赛马场。

我已经竭尽全力地强调了这个结论的重要性。无论谁对此抱有相反的观点，我都不会动摇。我知道我的观点是正确的，这些陈述是毋庸置疑的。

第11章 抓住机遇

现在，我想谈谈发生在1907年10月的事情。我买了一艘游艇，并做好了充分的准备，打算离开纽约，乘船游览美国南方的水域。我对钓鱼十分痴迷，这一次，我准备乘坐自己的游艇尽情钓鱼，想去哪里就去哪里，想什么时候出发就什么时候出发。我在股市赚到了一笔巨款，最后一刻，我却在玉米期货市场栽了个跟头。

我必须解释一下，在利用货币市场的恐慌赚到第一笔百万美元之前，我一直在芝加哥期货交易所从事粮食期货的交易。我做空了1000万蒲式耳小麦和1000万蒲式耳玉米。长期以来，我一直在研究粮食期货市场，如同一直看空股市那样，我也看空玉米和小麦期货。

这两种期货的价格都开始下跌，然而在小麦持续下跌的过程中，芝加哥名气最大的交易商——我们姑且称他为斯特莱顿（Stratton）——不知为何决定轧空玉米期货。我已经把持有的股票出清，正准备乘坐游艇前往南方时，我发现小麦期货可以带来一笔丰厚的利润，但玉米期货的价格被斯特莱顿抬高了，这令我损失了不少钱。

我知道虽然玉米期货的价格正处在高位，但美国的玉米储备量远远高于期货价格所代表的数量。供求法则仍在发挥作用。但对玉米期货的需求主要来自斯特莱顿，而供给却因道路不畅而中断。我还记得我曾祈祷初春的低温可以冻结泥泞的公路，这样一来，农民就能把玉米运送到市场上。可惜我没有这样的运气。

就这样，我期待不已的垂钓旅行泡汤了，玉米期货带来的亏损让我放弃了出行。我不能在这种市场条件下去旅行。当然，斯特莱顿一直在密切关注空头的动向。他知道我已经上钩了，对此我和他一样清楚。我说过，我希望老天能帮助我扭转局势。当我意识到天气不会有任何变化，奇迹也不会发生时，我便开始研究如何通过自己的力量来摆脱困境。

我轧平了手中持有的小麦期货头寸，赚到了一笔不错的利润。但玉米期货的问题比这困难得多。如果我能按现价轧平持有的1000万蒲式耳，一定会心甘情愿地立刻采取行动，即使这样做依然会造成巨大的损失。然而，从我开始买进玉米期货的那一刻起，斯特莱顿便会集中力量对我进行倾轧。如此一来，自己的订单反而会把价格抬高，这种做法无异于用自己的刀割破自己的喉咙。

尽管玉米期货市场表现强劲，我对垂钓旅行的渴望却更加强烈，因此，我需要立刻找到一条出路。我必须进行战略性撤退。我必须买回之前做空的1000万蒲式耳，从而尽可能地减少亏损。

碰巧斯特莱顿那时也在做燕麦期货的交易，并且几乎控制了整个燕麦市场。我一直在通过新闻和八卦追踪粮食市场的动向，听说实力雄厚的阿穆尔集团（Armour）在商业来往上与斯特莱顿不和。我当然知道斯特莱顿不会让我如愿以偿，他只会迫使我按照他制定的价格购买玉米期货。然而，在听到阿穆尔集团与斯特莱顿不和的消息时，我突然想到可以向芝加哥的交易者们寻求帮助。他们能为我提供的帮助只有一个，那就是代替斯特莱顿，把他们持有的玉米期货卖给我，其余的事情便很好办了。

首先，我发起了订单，价格每降低$\frac{1}{8}$美分时，便买进50万蒲式耳玉米期货。提交了这些订单之后，我向四家交易所分别发出一份指令，要求他们照市价同时卖出5万蒲式耳燕麦期货。我估计这么做应该可以让燕麦价格迅速下跌。我了解交易者的思维模式，他们一定会立刻认为阿穆尔集团正在针对斯特莱顿。他们看见燕麦价格受到打压，便会合理地判断下一个受到冲击的将是玉米，于是他们会开始卖空玉米。如果斯特莱顿垄断玉米的计划最终破产，我便能从中获得丰厚的利润。

我对芝加哥交易者的心理活动掌握得一清二楚。当看到燕麦的价格因为分散的卖出订单而下跌时，他们迅速转向了玉米期货，急不可耐地抛售自己的持仓。我在接下来的10分钟内买进了600万蒲式耳玉米期货。我发现他们不再卖出玉米时，便以市价买进了剩下的400万蒲式耳。当然，这笔交易使得价格再次回升，但从整体来看，这一系列操作使我成功轧平了整整1000万蒲式耳玉米期货的空头头寸，并且成交价只比最初买进其他交易者卖单时的价格贵半美分。我为了诱使其他交易者抛售玉米而卖出了2000万蒲式耳燕麦，在补回仓位后，我的损失只有3000美元，作为空头诱饵来说这是很少的。我从小麦期货市场赚到的利润在很大程度上弥补了我在玉米期货市场的亏损，以至这一次我在粮食期货交易中的全部亏损只有2.5万美元。后来，玉米期货的价格上涨到每包25美分。假如我没有仔细考虑交易价格便开始买进1000万蒲式耳玉米，毫无疑问，我会落入斯特莱顿的陷阱，将付出难以估计的代价。

如果一个人在某个领域辛勤耕耘数年，便一定会形成与一般新手不同的习惯和态度。这是区分专业人士与业余爱好者的标准。在投机市场上，专业的态度指的是一个人如何看待可能为他带来利润或亏损的各种因素。公众对他付出的努力只是一知半解。他们自我意识过剩，对市场的思考既不深刻也不全面。职业作手比起赚钱，更在意如何做出正确的判断。因为他们知道，只要判断准确，自然会获得丰厚的报酬。专业交易者应当像职业台球选手那样对待自己的工作，他的目光需要放得更加长远，不能只看到眼前的球。专业交易者必须养成根据头寸制定策略的本能。

我听说过一个关于艾迪生·柯马克（Addison Cammack）的故事，这个故事生动地阐述了我的观点。从我听到的情况来判断，柯马克是华尔街有史以来最有能力的股票交易者之一。他并不像许多人以为的那样长期看空股市，但他发现做空对他的吸引力更大，因为他可以充分利用人性当中最显著的两大因素——希望和恐惧，来为自己谋取利益。他留下了一个著名的警句："别在蠢货害怕的时候做空！"老前辈们告诉我，他赚得最多的一笔交易是多头交易，所以他显然没有受到个人喜好的左右，而是在权衡市场条件的基础上进行交易。无论如何，他都是一个完美的交易者。似乎有一次，在牛市快要结束的时候，柯马克做了空头，能言善辩的金融专栏作家J. 阿瑟·约瑟夫（J. Arthur Joseph）听说了这件事。然而，当时的市场不仅表现强势，而且仍然在上涨，这种情况刚好迎合了多头主导者和报纸上的乐观评论。约瑟夫知道像柯马克这样的交易者对利空消息很敏感，于是有一天，他带着好消息兴冲冲地来到柯马克的办公室。

"柯马克先生，我有一个要好的朋友，他是圣保罗营业所的交易员。他刚告诉我一些消息，我觉得你也应该知道。"

"什么消息？"柯马克淡淡地问。

"你已经改变立场了，对吗？你现在看好空头吧？"约瑟夫向他求证。如果柯马克不感兴趣，他也不想浪费宝贵的情报。

"是啊，你所说的好消息是？"

"今天我去了一趟圣保罗营业厅，为了采集情报，我每个星期都会去那里两三次。我在那里遇见一个朋友，他对我说：'老先生在卖空股票。'他指的是威廉·洛克菲勒（William Rockefeller）。'吉米，这是真的吗？'我问他。他回答：'是真的，股价每上涨$\frac{3}{8}$个点，他便卖出1500股。这两三天里我一直在帮他过户股票。'于是我一刻也不敢耽搁，马上赶来告诉你这个消息。"

柯马克不是个容易情绪激动的人，并且，他早已习惯了五花八门的人冲进他的办公室，为他带来各种新闻、八卦、流言、消息和谎言。他已经不再相信任何人了。这时他只是说："约瑟夫，你确定你没听错吗？"

"我确定吗？我当然确定！你以为我聋了吗？"约瑟夫说。

"你相信那个朋友说的话吗？"

"当然！"约瑟夫大声说，"我认识他许多年了。他从没有对我说过谎。他不会说谎的！毫无疑问！我知道他绝对可靠，我愿意用我的性命担保他告诉我的事情。我对他的了解比任何人都更深，比你这么多年来对我的了解要深得多。"

"你相信他，是吗？"柯马克又一次看着约瑟夫说。随后他说："好吧，你应该知道自己在做什么。"他叫来他的经纪商 W. B. 惠勒（W. B. Wheeler）。约瑟夫本以为他会让经纪商卖掉至少5万股圣保罗公司的股票。威廉·洛克菲勒正在借助市场的力量抛售他所持有的圣保罗公司股票。至于他所抛售的究竟是投资股还是投机股则并不重要。唯一重要的事实是只有标准石油集团最杰出的股票交易商正在抛售圣保罗公司的股票。假如一个普通人从可靠的来源得知这一消息，他会怎么做呢？这个问题的答案显而易见。

柯马克是那个年代最有能力的空头，当时他正看空股市，然而他却对经纪商说："比利，帮我盯着报价板，圣保罗的股价每上涨$\frac{3}{8}$，就买进1500股。"当时这只股票的价位在90多美元。

"你说的应该是卖出吧？"约瑟夫急忙打断道。他可不是华尔街的新手，但他是站在新闻记者的角度看待股市的，顺便一提，这也是大众看待股市的角度。内线抛售的消息公布之后，股价当然应该下跌。威廉·洛克菲勒先生正在抛售圣保罗股票，没有比这更劲爆的消息了。标准石油集团正在抛售，柯马克却在吸进！这怎么可能？！

"不，"柯马克说，"我说的是买进！"

"你不相信我吗？"

"我相信你！"

"你不相信我的情报吗？"

"相信。"

"你不是看空股市吗？"

"是啊。"

"那为什么？"

"这正是我买进的原因。现在，你听我说。你要和那位可靠的朋友保持联系，只要一听到大批卖出停止的消息就马上来告诉我。马上！你明白了吗？"

"明白。"约瑟夫说完便离开了，他还是不能理解柯马克为什么要买进威廉·洛克菲勒卖出的股票。柯马克的操作之所以很难被解释清楚，是因为人们知道他看空整个市场。尽管如此，约瑟夫还是联系了他的交易员朋友，让这位朋友在老先生终止卖出时通知自己。约瑟夫每天都会给朋友打两次电话询问此事。

有一天，那名交易员朋友告诉他："老先生没有再发来卖出指令。"约瑟夫向朋友道谢后急忙赶到柯马克的办公室来传达这个消息。

柯马克仔细地听完了他的话，然后转向惠勒问道："比利，我们买了多少股圣保罗？"惠勒在确认了份额之后报告说他们已经积攒了大约6万股。

柯马克原本就看空股市，在开始买进圣保罗公司股票之前，他已经持有了其他铁路公司股票和各行业股票的空头。如今他是股市的大空头。他立即示意惠勒从他所持有的圣保罗多头中卖出6万股，并且继续做空。他将自己持有的圣保罗多头作为杠杆，打压整个市场，通过这一系列操作在股价下跌时赚取了巨额利润。

圣保罗公司的股价一路下跌到44美元，柯马克从中狠狠捞了一笔。他利用娴熟的交易技巧获得了与他的能力相匹配的收入。我想强调的是他对交易的一贯态度。他不需要费力思考，便能一眼看出比起一只股票带来的利润，什么对他来说才是更重要的。他抓住了上天赐予的机会——上天不仅赐予他恰当的做空时机，还赐予他合适的原始推动力。有关圣保罗股票的情报之所以促使他决定买进而非卖出，是因为他立刻认识到这将给他的空头行动提供最充足的弹药。

让我们把话题转回我身上。我在轧平了小麦和玉米期货的头寸之后，便乘坐自己的游艇前往南方度假。我沿着佛罗里达水域行驶，尽情享受着美好的假日。钓鱼令我无比放松。一切都很美好。我没有任何后顾之忧，也不想自寻烦恼。

有一天，我在棕榈滩靠岸。我遇见了许多在华尔街认识的朋友。他们在谈论当时声名最为显赫的一位棉花期货投机客。我们从来自纽约的一份报告中得知帕西·托马斯（Percy Thomas）破产了。这并不是正式的商业破产声明，只是有传言说这位世界著名的投机商在棉花市场遭遇了第二次滑铁卢。

我一直对他抱有很深的敬意。我最早是从报纸上得知了他的事迹，在谢尔顿-托马斯股票经纪公司破产时期，托马斯曾试图轧空棉花期货市场。谢尔顿不如他的合伙人有眼界，也缺乏勇气，他在即将大功告成之际临阵退缩。至少，华尔街当时流传着这样的说法。无论如何，他们没能趁机大赚一笔，反而犯下了多年以来最严重的错误。我不记得他们究竟输掉了几百万。他们的公司倒闭了，托马斯出来单干。他一心扑在棉花市场上，不久之后，便重新振作起来。他不仅全额偿还了债务，还付给债主们法律义务之外的利息，之后他还剩下100万美元的资产。他在棉花期货市场的复出在某种程度上与执事S. V. 怀特的故事一样精彩，后者仅用1年时间便通过股市交易还清了100万美元的债务。托马斯的胆识与头脑令我无比钦佩。

棕榈滩的每个人都在谈论托马斯在3月棉花交易中的惨败。你也知道这样的消息会越传越夸张，最终，你听到的是经过夸张和美化后有许多错误的版本。我曾目睹关于自己的谣言在不到一天的时间里经过反复传播之后变成连最早编造谣言的人都认不出的程度，其中塞满了各种稀奇古怪的细节。

关于帕西·托马斯最近一次失手的新闻将我的思绪从钓鱼转移到棉花期货市场上。我找来了交易报告的相关文件，并从中分析市场条件。回到纽约后，我全身心地投入对市场的研究之中。每个人都在看空，每个人都在卖出7月的棉花期货。你知道，人们总是这样。我想这是从众心理在作祟，每个人都在模仿周围人的行动。也许这是某种群居本能的周期性表现。无论如何，上百名交易者一致认为，卖空7月的棉花期货是明智而适宜的举动，并且这种做法毫无风险！用鲁莽来形容这种大范围的卖空操作依然太过保守。这些交易者只看到了市场的一个侧面和其中蕴含的高额利润，他们当然在期待期货价格暴跌。

我自然将这一切都看在眼里，突然意识到做空的家伙们已经没有足够的时间来平仓了。我对局势的研究越深入，对全局看得就越清楚，最后，我终于决定买进7月的棉花期货。我立即采取行动，迅速买进了10万包。我轻而易举地便成交了，因为市场上有太多人在卖出棉花。在我看来，即使我悬赏100万美元寻找一个没有卖出7月棉花期货的交易者，无论是死是活都可以，也没有人能领走这笔赏金。

那时正值5月下旬。我不断买进，他们则不断卖出，最终，我网罗了所有零散的卖单，积累了12万包棉花。在我买完最后一批棉花后又过了几天，棉花期货的价格开始上涨。涨势一旦开始，市场行情便会推波助澜。棉花期货的价格每天可以上涨40～50个点。

到了星期六，大概是我开始行动的10天之后，价格上升的趋势开始减缓。我不知道市场上还有没有7月棉花期货的卖单，只能靠自己来找到答案，于是一直等到最后的10分钟。我知道那些交易者通常会在这段时间做空，如果当天的收盘价保持在高位，他们一定会被套牢。因此，我发起了4份不同的订单，在同一时间分别按市价买进5000包棉花。这笔操作将价格抬高了30点，空头们竭尽全力想要脱身。市场最终在高位收盘。别忘了，我所做的只不过是买进了最后的2万包棉花。

第二天是星期天。到了星期一，利物浦期货交易所应该以高出20个点的价位开盘，这样才能与纽约期货交易所的涨幅持平。结果，利物浦的开盘价高出50点。这表示利物浦的棉花期货涨幅是纽约的两倍之多。利物浦期货价格的上涨完全与我的操作无关。这证明了我的推论是正确的，我在沿着阻力最小的趋势进行交易。与此同时，我没有忽略一个事实：我还有巨额的棉花期货需要脱手。无论市场行情大幅上涨还是缓慢上涨，这样的市场对空头的吸纳能力都是有限的。

当然，利物浦期货市场的消息让美国的期货市场也陷入了疯狂状态。但我注意到，棉花期货的价格越高，7月的棉花卖单就越少。我不准备卖掉任何份额。总之，这个星期一对空头而言是充满了惊险和刺激的一天，尽管如此，我依然看不到即将发生空头恐慌的迹象。交易者没有盲目地开始平仓。我必须为手中的14万包棉花寻找买家。

星期二早晨，我在公司门口遇见了一位朋友。

"今天早晨的《世界报》上有一条大新闻。"他微笑着说道。

"什么新闻？"我问。

"什么？你是说你还没看到这条消息吗？"

"我从不看《世界报》。"我说，"是什么新闻？"

"这可是关于你的新闻。报纸上说你轧空了7月的棉花市场。"

"我没见过这种新闻。"说完，我便走开了。我不知道他是否相信我的话。他很可能以为我没有向他澄清消息的真假是很不妥当的做法。

到达办公室之后，我请人帮我买了一份《世界报》。这条消息确实刊登在报纸的头版，醒目地写着"拉里·利文斯顿轧空7月棉花期货"。

我当然立刻明白了这篇文章会在期货市场掀起什么样的波澜。即使我绞尽脑汁地钻研如何在卖出14万包棉花时获得最大的利益，也不会想到比这更好的妙计了，要找到比现在更好的机会是不可能的。此时此刻，全美的交易者都在通过《世界报》或其他报纸的转载阅读这篇文章。从利物浦的期货价格来看，这篇文章还通过电报发送到了欧洲。这样一篇新闻无疑会令市场陷入疯狂状态。

我当然知道纽约期货市场会有什么反应，也知道自己应该怎么做。纽约期货交易所在10点开盘。开盘10分钟后，我手中的棉花期货便全卖光了。我把14万包棉花期货一包不剩地脱手了，其中大部分都是以当日的最高价成交。其他交易者为我创造了市场。我所做的只是看准天赐的良机及时抛出而已。之所以能抓住这个机会，完全是出自本能反应，不然我还能怎么做呢？

我本以为会耗费大量心力的问题在偶然的情况下得到了解决。假如《世界报》没有发表那篇文章，我绝不可能在不牺牲一大部分账面利润的前提下轧平头寸。在卖出14万包7月棉花期货的同时不使价格下跌，这是超出我能力范围的事情。但《世界报》的新闻替我创造了这个奇迹。

我一直都不知道《世界报》为什么要发表这篇文章。我猜作者也许从朋友那里听到了棉花期货的内部消息，他以为自己挖到了独家新闻。我没有见过这篇新闻的作者，也不认识《世界报》的任何员工。直到那天早晨9点之后我才知道这篇新闻的存在，假如没有来自朋友的通知，我甚至直到那时仍然一无所知。

如果没有这条新闻，我便找不到可以吸纳我的全部库存的市场。这就是大宗交易的麻烦之处。大宗交易不可能像小额交易那样随时脱手。你不能永远在合适的时机或自己期望的时机顺利卖出，只能在条件允许时平仓离场，即在市场可以吸纳你的全部头寸时出手。一旦错失离场的时机，可能导致上百万美元的损失。你不能犹豫，一旦犹豫便会承受亏损。你也不能试图耍花招，比如通过抢购来抬高空头的价位，因为这么做有可能降低市场的吸纳能力。我想告诉你的是，准确地掌握时机并不像听起来那么简单。你必须时刻保持警觉，当机会降临时，必须牢牢地抓住它。

当然，不是每个人都知道我经历了一场幸运的意外。就此而言，在华尔街，任何为个人带来巨额财富的意外都将受到人们的怀疑。当意外事件没有制造利润时，人们绝不会将它视为意外，而是认为这是贪婪和自负所必然导致的恶果。一旦意外产生盈利，人们便会说这是不义之财，并感叹世风日下，人心不古。

心狠手辣的空头们因为自己的鲁莽而得到了教训，但指责我故意策划了这次突然袭击的人不仅仅是他们，其他人也抱有同样的想法。

过了一两天后，一位享誉世界的棉花大亨在见到我时说："利文斯顿，这是你做过的最狡猾的一次交易。我看到你手上的头寸时，还在好奇这次你会亏损多少钱。你知道，在不以低价抛售的前提下，市场没有能力吸纳高于5万包或6万包的棉花。我有些好奇，你是怎么做到既能出清剩下的存货，又不损失所有账面利润的。我没想到你还有这么一招。你果然很厉害。"

"这件事跟我没有关系。"我无比真诚地向他保证。

但他只是不断重复着："很厉害啊，小伙子。很厉害！你用不着这么谦虚啊！"

正是在这次交易之后，一些报纸开始称我为"棉花大王"。然而，我说过，这个头衔我真的不敢当。相信我不说你也知道，把美国所有的现金加起来也不可能买下《世界报》的专栏，我也没有足够的个人影响力可以左右这样一篇新闻的发表。这件事当时为我带来了很高的名誉，实在令我受之有愧。

但我讲述这个故事，不是为了对名不副实的交易者做道德规训，也不是为了强调抓住时机的重要性，无论时机以何种形式降临，或者在何时降临。我的目的只是为了澄清我在7月的棉花交易之后背负无数骂名的原因。如果没有这些报纸的大肆渲染，我永远不会有机会遇见那位了不起的人物——帕西·托马斯。

第12章 动摇意味着失败

7月的棉花期货交易为我带来了意料之外的成功，不久后，我收到了一封信，对方想要与我会面。信的署名是帕西·托马斯。我立即回信说很乐意与他见面，我随时在办公室里恭候他的到来。第二天他便来了。

我一直都很仰慕他。在棉花种植业和棉花期货市场里，他的名字几乎家喻户晓。无论是在欧洲还是美国，我都能听见人们不断引用帕西·托马斯的名言。我还记得有一次，我在瑞士的一个度假村和来自开罗的一名银行家聊天，他曾和已故的欧内斯特·卡塞尔爵士（Sir Ernest Cassel）合作在埃及种植棉花。他听说我来自纽约时，立刻向我打听帕西·托马斯的近况。他一直在定期搜集和阅读托马斯的交易报告，这个习惯雷打不动。

我一直认为，托马斯做交易的方式很科学。他是个真正的投机商，拥有梦想家的视野和战士的勇气；他是个思想家，也是消息异常灵通的人，对棉花交易的理论和实践都了如指掌。他善于倾听，也喜欢阐述观点、理论和抽象概念。同时，关于棉花市场的现实层面和棉花交易者的心理活动，几乎没有什么是他不知道的，因为他拥有多年的交易经验，也经历过几次大起大落。

在他合伙创办的谢尔顿-托马斯证券经纪公司经营失败后，他开始自立门户。他仅用了两年时间便东山再起，着实引人注目。我还记得在《太阳报》上读到他东山再起之后做的第一件事情就是全额偿还了过去的债务，第二件事情便是雇用了一位专家帮助他做决策，他在研究如何投资100万美元才能获得最高的收益。这位专家考察了几家公司的资产并分析了它们的财报，最终推荐他购买特拉华－哈德森（Delaware & Hudson）公司的股票。

经历了上百万美元的失而复得后，托马斯在3月的棉花交易中再次一败涂地。见到我之后，他没有浪费时间，直接提议我们二人联手。无论他收到什么消息，都会首先通知我，然后再向其他人公开。我的任务是进行实际操作，他认为我拥有他所没有的交易天赋。

出于许多原因，我并没有被他的提议所打动。我坦白地告诉他，我觉得自己不擅长与他人合作，也没什么兴趣学习如何与他人合作。但他坚持认为，我们二人会组成理想的搭档，我不得不直白地告诉他，我不想影响他人的交易。

"假如我犯了错，"我告诉他，"只有自己会立即付出代价，不存在延期偿还的代价，也没有意料之外的麻烦事。我之所以独来独往，除了因为这是我的选择之外，也因为这种交易方式是最聪明和最划算的。与其他交易者斗智斗勇可以令我得到满足感，我从未见过他们，从没跟他们讲过话，也从不建议他们如何买进或卖出，我希望可以保持这种状态。我所赚到的利润会证明我的观点是正确的。我不想贩卖观点，也不想把我的观点变成资本。假如我用其他方式来赚钱，我会觉得自己不配拥有这些钱。我对你的提议不感兴趣，因为我只对交易本身感兴趣，只想以自己的方式为自己做交易。"

他说很遗憾我会这样想，并试图说服我拒绝他的方案是错误的选择。但我坚持自己的观点，除此之外，我们进行了一场愉快的对谈。我告诉他我知道他会"卷土重来"，如果他愿意接受我在金钱上的帮助，我会感到很荣幸。但他说他不能向我借钱。随后他向我询问我在7月做过的棉花期货交易，我向他详细讲述了事情经过，包括我是怎样开始交易、当时买进了多少棉花期货，以及价格和其他细节。我们接着聊了一会儿后，他便告辞了。

不久之前我说过，投机交易者拥有许多敌人，其中有很多障碍来自自身，我一直铭记着我犯过的许多错误。我知道，即使一个人拥有独到的见解并终生保持独立思考的习惯，他依然有可能在他人的劝说下放弃自己的立场。我对投机者常犯的错误具有很强的免疫力，如贪婪、恐惧和希望。但我也是个普通人，我发现自己总是很容易犯错。

在这个节骨眼上，我本应当提高警惕，因为不久之前我曾亲身经历一个人有多么容易受到他人的影响而做出违反自己判断，甚至是违背自身意愿的事情。这件事发生在哈丁兄弟的办公室。我在他们的公司里有一间私人办公室，那是哈丁兄弟为我准备的。在交易时段之内，没有我的允许，任何人都不能擅自闯进来。我不想受到干扰，同时由于我的交易规模很大，账面利润也很高，我受到了良好的保护。

一天，刚闭市后，我听见有人说："利文斯顿先生，下午好。"

我转过身，看到一张完全陌生的面孔，对方是个中年人，年纪在30岁到35岁之间。我不明白他是怎么进来的，但他就站在我的办公室里。我想他大概有要紧事找我。但我没有开口说话，只是看着他。接着，他便说道："我来见你是为了聊聊关于沃尔特·司各特①的事情。"然后他开始了长篇大论。

他是一个图书代理商，但言谈举止并没有多么优雅。他的外表看起来也不出众，但他确实很有个性。我以为自己在认真听他讲话，但并不知道他在说什么，直到现在我仍不清楚他当时说了什么。他说完这段长篇独白后，先是递给我一支钢笔，然后递过来一张空白的表格，我在上面签了字。那是一份费用为500美元的《沃尔特·司各特全集》订书单。

我直到签名的那一刻才回过神来，但他已经把合约妥善地收好了。我不想买那些书，没有可以摆放书籍的地方，它们对我来说也没有什么用。我想不到可以把书送给谁，但还是买下了价值500美元的书籍。

---

① 沃尔特·司各特（Walter Scott，1771—1832）：英国著名历史小说家和诗人，代表作有《艾凡赫》《昆丁·达沃德》等。

我已经习惯了承受金钱上的损失，以至于我在犯错时最先考虑到的从不是损失了多少钱。我关注的永远是交易本身，我为什么会失败。最重要的是，我想知道自身的局限性和思维习惯。另一个原因则是我不想再犯同样的错误。人只有从错误中吸取教训，并在之后的交易中获利，才能原谅自己的错误。

我已经犯下了价值500美元的错误，但还不太清楚问题出在哪里，于是只好看着那个家伙，仔细地打量他。我敢用性命担保，他竟然向我露出了一种意味深长的微笑！他仿佛能看穿我的想法。不知为何，我知道自己不必向他解释什么，即使我不说，他也会知道。于是我省略了解释和前提，直截了当地问他："这笔500美元的订单能让你赚到多少佣金？"

他立刻摇头说："我不能那么做！抱歉！"

"你能赚到多少钱？"我坚持问道。

"$\frac{1}{3}$。但我不能那么做！"他说。

"500美元的$\frac{1}{3}$是166.66美元。我可以给你200美元现金，只要你把那张签了字的合同还给我！"为了证明我是认真的，我从口袋里拿出了钱。

"我说过我不能这么做。"他说。

"你的所有顾客都会提出这种交易吗？"我问。

"不会。"他回答。

"那么你为什么如此确定我会提出这个交易？"

"像你这样的人就会这么做。你是第一流的输家，因此也会是第一流的商人。我很感激你，但我不能这么做。"

"告诉我，为什么你不想赚比佣金更多的钱？"

"其实，不是这么回事，"他说，"我工作不仅是为了赚佣金。"

"那么你为什么而工作呢？"

"我工作不仅是为了佣金，也为了创造纪录。"他回答。

"什么纪录？"

"我的纪录。"

"你这是什么意思？"

"你工作仅仅是为了赚钱吗？"他问我。

"是啊。"我回答。

"不，"他摇了摇头，"不，你不是这样的人。如果只是为了赚钱，你不会从工作中得到足够的乐趣。很显然，你工作不仅是为了给你的银行账户增加几美元，你在华尔街打拼也不是因为你喜欢轻轻松松地赚到钱。你是从其他事情上得到快乐的。我也是一样。"

我没有反驳，只是问他："你是怎么得到乐趣的？"

"唉，"他向我坦白道，"每个人都有弱点。"

"你的弱点是什么？"

"自负。"他说。

"那好吧，"我告诉他，"你已经成功地让我签下了订单。现在我想取消订单，我愿意付给你200美元，你只花10分钟的时间就赚到了这笔钱。这还不够令你感到骄傲吗？"

"不。"他回答，"你瞧，其他代理商已经在华尔街跑了几个月，他们甚至入不敷出。他们把失败的原因归咎于产品定位和目标群体。所以，公司派我出马，让我证明有问题的是他们的销售能力，而不是产品定位和目标群体。他们的佣金是25%。我当初在克利夫兰用了两周时间卖出82套书。我来到这里，不仅是为了把书卖给拒绝了其他代理商的顾客，也是为了把书卖给他们连见都没见到的顾客。所以，公司才付给我33%的佣金。"

"我还是不明白你是怎么把那套书推销给我的。"

"哈，"他安慰似的说，"我还卖给J. P.摩根一套。"

"这不可能。"我说。

他没有生气，只是说："真的，我做到了。"

"把一套《沃尔特·司各特全集》卖给 J. P. 摩根？你知道吗，他不仅已经收藏了一套很好的版本，还很可能拥有其中几篇小说的原始手稿。"

"你看，这是他的亲笔签名。"他立即拿出一份由 J. P. 摩根本人签字的合约，在我面前晃了晃。也许那不是摩根先生的签名，但当时我根本没有怀疑。

他的口袋里不是也有我的签名合约吗？我感到无比好奇，于是我问他："你是怎么过图书管理员这一关的？"

"我没有见到图书管理员。我见的是老先生本人，就在他的办公室里。"

"这太夸张了！"我说。每个人都知道，赤手空拳走进摩根先生的私人办公室比带着定时炸弹闯进白宫还要困难。

但他宣称："是真的。"

"可是，你是怎么进入他的办公室的？"

"我是怎么进入你的办公室的？"他反驳道。

"我不知道啊，你来告诉我。"我说。

"我进入摩根办公室的方法和进入你办公室的方法是一样的。我只是跟站在门口的家伙聊了一聊，虽然他的职责就是阻止我进来。我让摩根签字的方法和让你签字的方法也是一样的。你不是为了买一套书才签字的。你只是接过了我递给你的钢笔，然后照我说的去做了而已。摩根和你一样，没有区别。"

"那真的是摩根的签名吗？"我问他，我的怀疑晚了3分钟。

"当然啦！他从小就会写自己的名字。"

"就是这么回事吗？"

"就是这么回事。"他回答，"我很清楚自己在做什么。这就是全部的秘密。我很感激你。祝你度过愉快的一天，利文斯顿先生。"他开始往外走。

"等等，"我说，"我一定要让你从我这里赚到200美元。"我递给他35美元。

他摇了摇头，然后说："不用了，我不可以那么做。但我可以这样做！"他从口袋里拿出那份合约，把它撕成两半，然后把碎片交给我。

我点出了200美元递给他，但他再一次摇头。

"这不是你想要的吗？"我说。

"不是。"

"那你为什么要撕毁合同？"

"因为你没有抱怨，而是自己承担了后果。假如我是你，我也会这么做的。"

"但我自愿付给你200美元。"我说。

"我知道，但金钱不能代表一切。"

他的声音仿佛有一种魔力，我不由得说："你说得对，钱不是万能的。现在，你真正想让我为你做的是什么呢？"

"你的反应真快啊。"他说，"你真的想为我做些什么吗？"

"是的，"我告诉他，"我真心这么想。但我究竟能不能帮到你取决于你想要的是什么。"

"带我去艾德·哈丁的办公室，请他给我3分钟的时间，然后让我单独和他聊聊。"

我摇了摇头，说："他是我的好朋友。"

"他已经50岁了，而且他是一名股票经纪商。"这名图书代理商说。他说得没错，于是我带他来到艾德的办公室。我没有听到他说了什么，也没有再听说有关这个人的消息。过了几个星期后，一天晚上，我前往上城区时，在第六大道的高架列车上碰见了他。他彬彬有礼地向我脱帽致意，我也点头回礼。他走过来，向我问道："利文斯顿先生，你最近好吗？哈丁先生也好吗？"

"他很好。为什么这么问呢？"我觉得他似乎有所隐瞒。

"那天你带我去见他时，我卖给他一套价值2000美元的书。"

"他一个字也没有向我提起过。"我说。

"像他那样的人不会说出来的。"

"什么样的人不会说出来？"

"从不犯错的人，因为他们觉得犯错是可耻的。像他这样的人一向清楚自己想要什么，没有人可以改变他的想法。像他这样的人可以作为教育孩子的典型，也能逗我的妻子一笑。利文斯顿先生，你帮了我一个大忙。我拒绝你迫切希望我接受的200美元时，便预料到这个结果了。"

"假如哈丁先生没有买你的书，你会怎么办呢？"

"哦，但我知道他会买的。我已经清楚他是怎样的人了。他一定会上钩的。"

"是吗？可是如果他真的一本也不买，你会怎么办？"我坚持问道。

"那么我会回头再卖给你。再见，利文斯顿先生。我要去见市长了。"列车抵达公园站时，他站起来。

"祝你成功卖出10套书。"我说。市长阁下是坦慕尼派[①]。

"我也是共和党人。"他说完便走下列车，他的脚步并不匆忙，仿佛确信列车会等他下车后再启动，事实确实如此。

我之所以详细描述这个故事的每个细节，是因为故事中这位非凡的主角让我买下了本不想买的东西。他是第一个做到这件事的人。本来不应该有第二个人，但这个人竟然出现了。你总不能指望世界上只有一位如此优秀的推销员，也不能指望他人的人格魅力对你完全没有任何影响。

我友好而坚定地拒绝与帕西·托马斯合作后，他离开了我的办公室，我本以为我们二人的商业道路永远不会相交。我甚至不知道还会不会再见到他。然而，在第二天，他便寄来一封信，感谢我愿意提供帮助，并邀请我再次见面。我回信说会登门拜访。随后他又寄来一封信。我给他打了电话。

后来，我们得以经常见面。我总是很乐意听他讲话，他的知识十分渊博，

[①] 坦慕尼派：1789年5月12日建立，最初是美国一个全国性爱国慈善团体，后来成为民主党的政治机器；19世纪曾卷入操控选举的丑闻；1934年垮台。

并且他能生动形象地表达自己的观点。我想他是我见过的最有魅力的人。

我们聊到了许多话题。他博览群书，对很多话题都有深刻的见解，并且他天生擅长做有趣的总结。他的语言中蕴含的智慧令人钦佩不已，没有人像他一样能言善辩。我听到过许多人对帕西·托马斯的各种指责，其中包括缺乏诚意，但我有时候会想，如果他那惊人的口才无法首先彻底说服自己，又怎么能获得其他人的认同呢？

我们当然就市场状况进行过许多次长谈。我不看好棉花期货，但他的观点与我恰恰相反。他举出了许多事实和数据，我本应被他驳倒，但我没有。我无法否定这些事实和数据的权威性，因而无法反驳他，但他的话没有动摇我的信念，我相信自己从纸带中解读到的信息。他坚持不懈地反驳我，直到我最终对我从交易报告和报纸上搜集到的情报产生了一丝怀疑。这表示我无法透过自己的观察来分析市场。一个人不会因为他人的劝说而改变自己的信仰，但他会陷入一种怀疑和犹豫的状态，而这比改变信仰更糟糕，因为这表示他不能充满自信地坦然进行交易。

我不能说自己已经完全陷入混乱，但确实乱了阵脚，或者说，我停止了独立思考。我无法详细描述如何一步一步陷入这种令我付出巨大代价的心理状态。我猜大概是因为他所列举出的数字如此精确，这是独属于他的论据，而我的观点却很不可靠，但这不是独属于我的观点，而是公开的信息。他喋喋不休地讲述着极其可靠的事实，这些情报来自他在南方的上万名联络员，并且经过了多次验证。最终，我开始像他那样去理解市场条件，因为我们都在浏览同样的信息，那就是他展现在我眼前的证据。他的逻辑思维很缜密。一旦我接受了他的事实，那么我从他的情报中得出的结论必然会与他的结论相同。

他最开始与我讨论棉花期货市场的行情时，我不仅看空市场前景，也持有期货市场的空头。后来，我接受了他的事实和数据，开始担心自己根据错误的情报建立了头寸。既然有了这种感觉，我便不可能不采取补救措施。我已经在托马斯的影响下平了仓,在这之后,我不得不转手做多。我的思考方式就是这样的。你知道,我这一生唯一的事业便是股票和期货交易。我自然认为如果做空是错误的选择,那么正确的选择一定是做多。既然做多是正确的选择,那么我必须买进。就像在棕榈滩时我的老朋友曾告诉我,派特·霍恩的口头禅是"只有下注才会知道输赢!"我必须证明我对市场的判断是否准确,而唯一能给出证明的只有经纪商在月底发给我的交易报告。

我开始买进棉花期货,很快便建好了与往常类似的头寸,我持有大约6万包棉花期货。这是我职业生涯中最愚蠢的一次操作。我不是出于自己的判断而承担成功或失败的后果,只是在按照别人的规则进行交易。这场愚蠢的交易显然不会到此为止。我不仅在不应该做多的时候买进了期货,而且没有根据多年累积的经验逐步建立仓位,我的交易方式错了,我由于轻信他人而一败涂地。

市场走向没有按照我期望的方式发展。我对市场抱有信心时,从不会感到害怕,也不会失去耐心。然而,市场的发展并不符合托马斯的预期。在踏出错误的第一步之后,我又朝着错误的方向迈出了第二步和第三步,当然,我错得越来越离谱。在别人的劝说下,我不仅没有及时止损,反而与市场走向背道而驰。这种交易风格不符合我的个性,也违背了我的交易准则和交易理论。即使是年轻时的我在投机商号里做过的交易,也比我现在的选择更加明智。但我已经不再是自己了,变成了托马斯的复制品。

我不仅持有棉花期货的多头,还重仓持有一批小麦期货。小麦期货的表现不俗,并为我带来一笔丰厚的利润。我为了弥补棉花期货的损失进行了一系列无谓的努力,这令我的仓位增长到15万包。我可以告诉你,这时候我感觉有些不对劲,这么说不是为了粉饰我的过错,只是在陈述相关的事实。我记得我还去贝肖尔海岸休养了一段时间。

在休养期间,我开始反思。我感觉自己持有的仓位过高。一般来说,我不会胆怯,但那时开始有些紧张,这令我决定缩减持仓。为了实现这个目标,我必须选择出清棉花还是小麦。

我对投机市场的规则了如指掌，并且拥有12年到14年的股票和期货投机交易经验，像我这样的人依然做出了错误的选择，这真是不可思议。棉花期货给我造成了损失，我选择了继续持有。小麦期货为我带来利润，我却出清了它。这个操作简直愚蠢透顶，但我只能这样为自己辩护：这不是我的交易，而是托马斯的交易。在投机者犯下的所有错误当中，很少有比试图挽救已经失败的交易更严重的错误。不久之后，我的棉花期货交易出现了惨不忍睹的结果，由此证明了这一点。你必须永远记住：卖出亏损的产品，保留盈利的产品，才是正确的做法。这个道理如此明显，我也一直都很清楚应该这么做。直到现在，我依然对自己当初竟采取了相反的做法感到诧异。

于是，我卖出了小麦期货，刻意切断了自己的利润来源。在我平仓之后，它的价格一路上涨到每包20美分。假如我没有卖掉它，也许已经赚到了800万美元的利润。我已经下定决心继续持有导致亏损的头寸，甚至买进了更多的棉花期货！

我记得很清楚，每一天，我都在买进更多棉花。我为什么要这样做呢？这是为了避免棉花价格下跌！还有比这更烂的操作吗？我只是不断地投入越来越多的资金，这些钱最终赔得一干二净。我的经纪商和关系亲密的友人至今都不能理解我当初的做法。当然，如果这些交易最终产生不同的结果，我便创造了奇迹。许多人多次警告我，不要过于依赖帕西·托马斯精彩的分析。我完全没有留意他们的警告，反而继续买进更多棉花来阻止价格下跌。我甚至还从利物浦期货交易所补仓。当意识到自己的错误时，我已经积累了44万包棉花头寸。那时，一切都太晚了。我只能轧平头寸。

我赔光了从股市和期货市场赚到的所有利润。我还没有被洗劫一空，因为我在遇见我的好朋友帕西·托马斯之前曾拥有上百万资产，如今，我的账户里只剩下寥寥几十万美元。像我这样的交易者竟然为了眼前的利益而违背了自己从经验中学到的一切法则，这简直荒谬至极。

不管怎样，我仍得到了宝贵的教训：人可以无缘无故地犯下愚蠢的错误。交易者还面临着一个危险的敌人，那就是自身意志的动摇。如果一个很有人格魅力的聪明人用巧妙的话语对你进行规劝，你很可能会改变自己的立场，这个教训令我付出了几百万美元的代价。然而，我一直认为，即使代价只有100万美元，我也同样可以得到教训。但命运女神并不总是允许你缴纳特定的学费。你会得到什么样的教训以及付出多大的代价都是由她来决定的，她知道无论是多么巨大的代价，你都不得不为自己的错误埋单。在明白自己究竟能犯下多么愚蠢的错误后，我终于可以了结这次事件。帕西·托马斯彻底从我的生活中消失了。

这时候，我刚失去了超过$\frac{9}{10}$的本金，就像吉姆·菲斯克说过的，失去的东西是无可挽回的。我只体验了不到1年的百万富翁生活。我运用自己的才智，在运气的帮助下赚到了上百万资产。倒行逆施的做法又令我失去了这笔财富。我卖掉了两艘游艇，断然改掉了奢侈的作风。

但这样的打击还不够。我走了背运，先是生了一场病，然后又急需20万美元现金。如果是几个月前，这笔数目根本不成问题，可是如今，它几乎代表着我的全部积蓄。我必须弄到这笔钱，问题是，我可以从哪里弄到这笔钱呢？我不想从经纪商那里取出我的保证金，因为如果这么做，我就没有足够的本金进行交易了。如果我想迅速赚回失去的数百万美元，交易的本金是必不可少的。剩下的选择就只有一个，那就是在股市里把这笔钱赚回来！

想想看！如果你了解普通经纪行里的一般顾客，就会同意我的看法，在华尔街，希望从股市赚取生活费的想法是导致亏损最主要的原因之一。如果坚持抱有这种期望，你会赔光最后一分钱。

有一年冬天，在哈丁兄弟公司里，有一群成功人士花了三四万美元买了一件大衣，但最终没有一个人能在有生之年穿上这件大衣。事情是这样的：当时，有一位优秀的场内交易者因为只领取象征性薪俸而享誉世界，他穿着一件海獭皮大衣来到交易所。那时的皮草价格还没有那么昂贵，那件皮大衣的价格仅有1万美元。在哈丁兄弟公司，有一个名叫鲍勃·基文（Bob Keown）的家伙决定买一件俄罗斯黑貂皮大衣。他在上城区打听了价格，这样一件大衣的价钱也是1万美元左右。

"那可是一大笔钱啊。"他的一个朋友表示反对。

"哦，还行！还行！"鲍勃·基文亲切地承认，"这笔钱大约相当于我一个星期的薪水。除非你们愿意把它当作礼物送给我，就算是对这家公司最善良的人表示一点儿真诚的敬意。有人想要发表什么意见吗？没有？那好吧，我可以让股市为我埋单！"

"你为什么想要一件黑貂皮大衣呢？"艾德·哈丁问。

"它很适合我的身材。"鲍勃回答，并站了起来。

"你刚才说你准备怎么买它？"吉姆·墨菲（Jim Murphy）问道，他是这里的万事通。

"詹姆斯，我要通过合理的短线投资来为它埋单，就是这么回事。"鲍勃回答，他知道墨菲一心只想打探消息。

吉姆当然继续追问："你准备买哪只股票？"

"朋友，你又错了。现在可不是买股票的时机。我准备卖出5000股钢铁股票。它至少会下跌10个点。我会赚到2.5个点的净利润。这只是保守估计，没错吧？"

"你听到什么消息了吗？"墨菲迫切地问。他个子很高，一头黑发，身材消瘦，面露饥色，因为他害怕错过纸带上的报价，所以从不出去吃午餐。

"我听说那件皮大衣是最适合我的一件。"他转身对哈丁说道，"艾德，帮我按市价卖出5000股美国钢铁的普通股。就是今天！"

鲍勃是个冲动的人，并且很喜欢讲笑话。这是他向全世界展现自己拥有坚强意志的方式。他卖出5000股钢铁股票后，股价立即上涨。鲍勃并不像他在开玩笑时表现得那么强硬，他在1.5个点时止损，然后对公司里的所有人承认，纽约的气候太温和，不适合穿皮大衣。皮大衣穿起来并不利于健康，而且过于招摇。其他人趁机取笑了他一番。可是，不久之后，其中一人便为了买这件皮大衣买进了联合太平洋公司的股票。结果这个人损失了1800美元。他说黑貂皮只适合用来做女性佩戴的披肩，不适合做谦谦君子大衣的内衬。

在那之后，不断有人试图利用股市来为这件皮大衣埋单。有一天，我说，为了避免公司破产，我要买下它。但他们都说这样做不公平，如果我想要这件皮大衣，应该让股市来埋单。艾德·哈丁强烈支持我的做法，当天下午，我便去毛皮商那里想买下它，但我发现一个来自芝加哥的人在一周前已经买走了这件衣服。

这只是一个例子。在华尔街，只要有人企图利用股市来购买一辆汽车、一只手镯、一艘摩托艇或者一幅画，他们一定会亏损。吝啬的股市欠我的生日礼物加起来的价钱都可以建造一座大型医院了。实际上，我猜在华尔街的所有禁忌事项里，下决心把股市变成实现愿望的仙女教母是最频繁发生也是最经久不衰的禁忌。

正如所有经受过检验的禁忌一样，这件事自然有其形成的原因。当一个人下定决心让股市为自己突发奇想的欲望埋单时，他会怎么做？其实他只是妄想而已。他在赌博。因此，他需要承担比理性投机更大的风险，他本应该心平气和地研究潜在市场条件，然后得出相应的观点和符合逻辑的结论。从一开始，他追求的就是唾手可得的利润。他没有办法耐心等待。市场不仅要给他回报，还必须立刻给他回报。他太不自量力了，他所要求的不过是一种概率均等的赌博。因为他随时准备好脱身，如果他只想赚到2个点的利润，会在股价下跌2个点时止损，他执迷不悟地以为自己有一半的机会可以赚到钱。我知道有人曾在这种交易里损失了上千美元，特别是一些人在牛市高位买进后不久，股价便发生了较大的反弹，这种情况比比皆是。这绝不是正确的交易方式。我在投机交易生涯中所犯下的最愚蠢的错误成了压垮我的最后一根稻草。我一败涂地，失去了在棉花交易中赚到的所剩无几的本金。它甚至给我造成了更深的伤害，此后，我的交易不断失败。我坚持认为，股票市场最终会为我带来利润。然而，我唯一能看到的结局只有走投无路的下场。我负债累累，我的债主不仅有一些大型经纪商，还包括一些不需要缴纳保证金便可以进行交易的经纪行。我开始负债，并从此一直背负着债务。

第13章 惨痛的代价

我又一次破产了,这种感觉很糟糕。我的交易又一次以惨败收场,这种感觉更加糟糕。我生了病,变得情绪紧张,心神不宁,无法冷静地进行推理。也就是说,我当时正处于完全不适合进行交易的心理状态,身心饱受折磨,甚至开始怀疑自己将永远无法找回过去曾拥有的判断力。我已经习惯了超过10万股的大宗交易,我担心如果改做小额交易,可能会判断失误。当你只持有100股的头寸时,即使判断准确,也没有太大的价值。在养成了利用重仓赚取高额利润的习惯后,我不确定自己是否能从小额交易中赚到钱。我很难形容当时多么束手无策。

我不但破产,还没有能力重整旗鼓。我负债累累,饱尝失败的悔恨。多年来,我不断取得成功,偶尔犯下的错误也成了通往更大成功的基石,如今,我却沦落到比在投机商号白手起家时更悲惨的境地。我对股市投机的规则已经有了深刻的理解,但我对人性弱点的了解却没有那么深。没有谁的头脑能够像机器一样精确,你不能指望人的大脑能像机器一样随时高效运转。如今,我知道不能完全信赖自己,有时候我也会受到他人和逆境的影响。

我从不会因金钱上的损失而感到烦恼,但其他问题确实会令我不安。我详细研究了自己失败的原因,当然,我毫不费力地发现了自己究竟错在哪里。我找出了犯下错误的准确时间和交易阶段。如果一个人想在投机交易中取得成功,必须首先彻底了解自己。我需要知道自己可能愚蠢到什么地步，这是一个漫长的学习过程。有时候，我认为投机者为了学习如何避免骄傲自大，无论付出多大的代价都不为过。许多杰出的交易者所造成的重大失误都是由自负直接引起的，无论在哪里，骄傲对任何人来说都是重疾，而对于华尔街的交易者来说，它的危害尤甚。

陷入低谷之后，我在纽约生活得很不愉快。我不想做交易，因为我并不擅长小额交易。我决定离开纽约，去其他地方寻找赚回本金的机会。也许，改换一下环境有助于找回自我。于是，我在投机交易失败后再一次离开了纽约。我的情况比破产更糟糕，因为我在许多家经纪行欠下了十几万美元的债务。

我来到芝加哥，并在这里找到了赚钱的机会。我赚到的资金并不多，这只是意味着我需要更多时间来赚回属于我的财富。与我做过生意的一家经纪行对我的交易能力有信心，他们愿意让我在他们的公司进行小额交易，以证明他们没有看错我。

一开始，我的做法十分保守。我不知道如果自己一直留在那里，会变成什么样子。然而，后来发生的事情大大缩短了我在芝加哥度过的时间，那是我职业生涯中最奇妙的经历之一。这个故事说起来简直不可思议。

一天，我收到了卢修斯·塔克（Lucius Tucker）发来的一封电报。在我刚认识他时，他还在一家证券经纪公司做经理。我和那家公司做过几次生意，但后来我们便失去了联系。这封电报上写着"速回纽约。L. 塔克"。

我知道他从我们共同的友人那里得知了我的近况，他一定有事找我。与此同时，我也没有闲钱浪费在不必要的长途旅行上，所以我没按照电报上的要求立即返回纽约，而是给他打了一通长途电话。

"我收到你的电报了，"我说，"你有什么事吗？"

"纽约的一位大银行家想见你。"他回答。

"是谁想见我？"我问。我想不出那个人会是谁。

"等你回纽约我再告诉你,否则你知道也没有用。"

"你说对方想见我?"

"是啊。"

"为了什么事?"

"如果你愿意见他,他会亲口告诉你的。"卢修斯说。

"你就不能给我写封信解释一下吗?"

"不行。"

"那就说得再清楚一些。"我说。

"我不想解释。"

"卢修斯,你听着,"我说,"至少告诉我一件事:你不是在耍我吧?"

"当然不是。回纽约对你有好处。"

"你能给我一点儿线索吗?"

"不行,"他说,"这样做对他不公平。并且,我也不知道他想帮你到什么程度。但是你听我一句劝,回来吧,赶快回来。"

"你确定他想见的人是我吗?"

"他想见的只有你一个人。我说,你快点儿回来吧。记得发电报通知我你乘坐的是哪一班火车,我会去车站接你。"

"好吧。"说完,我挂断了电话。

我不喜欢这种神秘兮兮的感觉,但我知道卢修斯抱有善意,他之所以言辞闪烁,一定有充分的理由。我在芝加哥的生活并没有舒服到令我舍不得离开的程度。以我目前的交易状况来看,我还需要很长时间才能积攒足够多的本金,从而恢复以往的交易规模。

我对即将发生的事情一无所知,但依然返回了纽约。实际上,途中我不止一次担心此行不会有任何收获,只是浪费我的交通费和时间而已。令我意想不到的是,我即将拥有一生中最奇特的一段经历。

卢修斯在车站等我，见面后，他开门见山地告诉我丹尼尔·威廉姆森（Daniel Williamson）先生有急事找我，这位先生为著名的威廉姆森－布朗证券经纪公司工作。威廉姆森先生请卢修斯转告我，他有一个商业计划想与我合作，他相信我一定会接受他的邀请，因为这个提议对我十分有利。卢修斯信誓旦旦地说他不清楚威廉姆森的提议究竟是什么。他用这家公司的信誉向我担保，对方的要求绝不会对我不利。

埃格伯特·威廉姆森（Egbert Williamson）在19世纪70年代创建了这家公司，丹尼尔·威廉姆森是公司的元老。合伙人布朗在公司创立很多年之后才加入。在丹尼尔的父亲经营期间，这家公司正值全盛时期，丹尼尔继承了数量相当庞大的财产，他并没有开展很多外部业务。他们拥有一位重要的客户，这位客户的身价相当于100个普通客户，那就是阿尔文·马昆德（Alvin Marquand），他也是威廉姆森的姐夫。马昆德不仅担任十几家银行和信托公司的董事，还是切萨皮克－大西洋铁路公司（Chesapeake & Atlantic）的总裁。他是继詹姆斯·J.希尔（James J. Hill）之后在铁路领域最引人注目的人物，也是人称"福特·道森帮（Fort Dawson gang）"的一个银行集团的代言人和主要成员。他的身价估计在5000万至5亿美元之间，具体数字取决于他当时的健康状况。在他去世后，人们得知他留下了价值2.5亿美元的遗产，这笔钱全都是从华尔街赚到的。由此可见，他是一位多么重要的客户。

卢修斯告诉我，他刚接受了威廉姆斯－布朗证券经纪公司为他量身打造的职位。他的工作主要是拓展一般流通业务。这家公司想要开展一般委托贸易，卢修斯说服威廉姆斯先生开设了两家分支机构，其中一处设在纽约上城区一家大型酒店里，另一处设在芝加哥。我猜他们更有可能在芝加哥分部为我提供一个职位，也许他们会让我做分部经理，但我不能接受这样的安排。我没有立即埋怨卢修斯，我想最好等对方先提出邀请后再拒绝。

卢修斯带我进入了威廉姆斯先生的私人办公室，将我引荐给他的老板，然后便快步走出房间，他似乎不想在与双方都认识的情况下成为见证人。我准备先听听对方的话，然后再拒绝。

威廉姆斯先生为人很友善。他是个表里如一的绅士，举止中透露出良好的修养，脸上总是带着微笑。我能看出他很容易交到朋友，并且对朋友很忠诚。为什么不呢？他很健康，因此，总是心情愉快。他拥有巨额财富，所以没有人怀疑他动机不良。这一切，再加上他所接受的教育和训练，让他很容易做到保持礼貌，并且待人友善，甚至乐于助人。

我什么也没有说。我并没有什么话想说，并且，在开口讲话之前，我总是先让对方把话说完。有人告诉我已故的国民城市银行总裁（同时也是威廉姆斯的密友）詹姆斯·斯蒂尔曼面对任何为他带来建议的人总是会面无表情地听对方把话说完，在此过程中他一言不发。在对方说完之后，斯蒂尔曼先生仍会看着他，仿佛对方还有话要说似的。对方感受到了这种压迫感后，便真的会继续开口说话。斯蒂尔曼仅通过观察和倾听便经常让对方提出对银行更有利的条件，这种做法的效果比自己先开口说话要好得多。

我之所以保持沉默，并不是为了诱导对方提出更好的条件，而是因为我想知道这件事的所有详情。在对方把话说完之后，你就可以立即做出决定。这是十分节省时间的做法，避免了无益的辩论和漫长的讨论。只要是我参与的商业提案，几乎每一件都可以通过我的接受或拒绝来一锤定音。然而，只有在全面了解情况之后，我才能立即给出肯定或否定的答复。

丹尼尔·威廉姆森一直在讲话，我则一直在倾听。他告诉我他对我在股市进行过的交易耳熟能详，他为我在棉花期货市场所遭受的打击感到十分遗憾。尽管如此，如果我没有陷入这种不幸的境地，他也不会有幸与我会面。他认为股市交易是我的强项，我拥有与生俱来的交易天赋，不该荒废这样的能力。

"利文斯顿先生，这就是我们想与你合作的原因。"他愉快地总结道。

"怎么合作？"我问他。

"让我们成为你的经纪商，"他说，"我的公司想承接你的股票生意。"

"我很想接受你的提议，"我说，"但我不能这么做。"

"为什么不行呢？"他问。

"我没有资金。"我回答。

"这个好说。"他露出善意的微笑，"我可以提供资金。"他从口袋里掏出支票簿，为我开了一张2.5万美元的支票，然后把它递给我。

"这是什么意思？"我问。

"你可以把这笔钱存入自己的银行账户，然后随意取用它。我希望你能在我们公司做交易。我不在乎你是获得盈利还是亏损。如果钱花光了，我可以再给你开一张私人支票。所以，你不需要小心翼翼地运用这笔资金。你明白了吗？"

我知道以这家公司的实力，他并不需要向任何人妥协，更不需要为了挽留某人而给对方一笔钱作为保证金，况且他的态度如此亲切。他没有让我赊账，而是直接给了我一笔现金，这样一来，只有他知道这笔钱的来源，他唯一的要求就是让我在他的公司做交易。并且，他还承诺给我更多现金！无论如何，他这么做一定是有原因的。

"你想要什么？"我问他。

"我想要的是为这家公司找到一位业界知名的做大宗交易的活跃交易者。大家都知道你喜欢持有高额的空头头寸，这也是你令我尤其欣赏的特质。你一向以豪赌著称。"

"我还是不明白。"我说。

"利文斯顿先生，我坦白地告诉你吧。我们拥有两三位大客户，他们在做股票交易时出手很豪迈。我不希望他们每次卖出1万股或2万股时都被华尔街的交易者们怀疑是他们在卖出多头股票。如果华尔街的人知道你在我们公司做交易，那么他们便分不清究竟是你在做空股票，还是其他客户在卖出多头头寸。"

我立刻理解了他的用意。他想利用我的"豪赌客"名声来掩盖他姐夫的交易！我刚好在一年半之前通过做空赚到了职业生涯最大的一笔利润，当然，华尔街那些爱传八卦的人和愚蠢的情报贩子已经习惯将每一次股价下跌都怪罪在我身上。直到今天，每当市场表现出疲软的态势，他们便说是我在背后搞鬼。

我甚至不需要思考，一眼便看出丹尼尔·威廉姆森正在为我提供一个机——可以让我迅速东山再起的机会。我收下了那张支票，把钱存进自己的账户，然后在他的公司开户，重新开始做交易。当时正值市场活跃之际，交易者不需要坚守自己熟悉的一两只股票，他们可以从大盘中广泛地挑选目标。我已经说过了，我之前还有些担心自己可能从此失去精准的判断力，但这种担心似乎是多余的。三个星期之后，我已经用丹尼尔·威廉姆森借给我的2.5万美元赚到了11.2万美元。

我找到他后，对他说："我是来归还你借给我的2.5万美元的。"

"不，不！"他一边说，一边挥手拒绝我，仿佛我不是来还钱，而是要递给他一杯难喝的鸡尾酒，"不用，不用，小伙子。等你的账户积累到更大的金额再说吧。现在，先别考虑这些事情，你只是刚赚到一点儿蝇头小利而已。"

就在那时，我犯了职业生涯中最严重的错误，这是我在华尔街犯的所有错误当中最令我后悔的一个。它令我在很多年里一直沉浸在痛苦之中。我应该坚持让他把钱收下。我正在不断积累更多的财富，赚到的利润即将超越之前的损失，这一切进展得很快。连续三周以来，每个星期，我的平均盈利都达到了150%。我本该从此稳步扩大交易的规模，但我没有强迫他收下那2.5万美元，没有趁此机会解除所有的义务，而是听从他的安排。当然，既然他没有收回借给我的2.5万美元，我自然不好意思将我的账面利润套现。我非常感激他，但我天生不喜欢欠别人的钱，也不喜欢亏欠人情。欠下的钱可以归还，欠下的人情和善意只能同样用人情和善意来偿还。有时候，这些道德义务会让我们付出很高的代价。此外，它们不受时间的限制，无论事情过去多久，我们都必须偿还。

我没有动用这笔资产，继续进行自己的交易。我的状态很好，正在恢复往日的沉着，我相信不久之后，便能回到1907年大步迈进的状态。实现这个目标之后，只要市场走势继续保持一段时间，我的盈利不仅能弥补之前的损失，而且绰绰有余。我并不太担心是否能赚到钱。让我高兴的是，我在逐渐摆脱判断失误的习惯，慢慢找回了平时的状态。我曾陷入长达几个月的低谷，现在已经吸取教训了。

大约在那时，我转手做空，开始卖出几只铁路股，其中也包括切萨皮克－大西洋铁路公司的股票。我建立了大约8000股的空头头寸。

一天早晨我进城之后，丹尼尔·威廉姆森在开市前把我叫到了他的私人办公室，并对我说："拉里，现在别动切萨皮克－大西洋的股票。你卖空了8000股，对吧？这笔操作不合适。今天早晨我在伦敦交易所替你平仓了，还替你转做了多头。"

我确定切萨皮克－大西洋正在下跌。纸带上显示的行情一清二楚，此外，我还看空整个市场，我不是在不顾一切地做空，而是持有合理的空头仓位。我对威廉姆森说："你为什么要这么做？我看空整个股市，所有股票都在下跌。"

但他只是摇了摇头说："我之所以这么做，是因为碰巧知道一些你不清楚的情报。我建议你不要卖空这只股票，直到我说可以时再做空。"

我还能做什么呢？这不是荒唐的小道消息，而是来自切萨皮克－大西洋铁路公司董事长妹夫的建议。丹尼尔不仅是阿尔文·马昆德最亲密的朋友，也对我非常友善和慷慨。他对我的能力有信心，也相信我是个言出必行的人。我不能不感念他的恩情。于是，我的情感再一次战胜了理智，我又一次放弃了自己的判断。我为了满足他的愿望而做出妥协，这是导致我失败的原因。一个体面的人不能不懂得感恩，但也不应该让自己被感激之情彻底束缚。不久后，我不仅失去了所有盈利，还欠了这家公司15万美元的债。我感觉很糟糕，但丹尼尔让我不必担心。

"我会帮你摆脱困境，"他承诺道，"我向你保证。但只有你配合，我才能帮到你。你不能再自作主张地做交易了。如果在我帮助你之后，你又采取完全相反的做法，那我们就前功尽弃了。所以你先别参与交易，让我来帮你赚钱。怎么样，拉里？"

我再次感到无可奈何：我还能怎么做呢？想起他的善意，我便不能做出任何可能被理解成忘恩负义的举动。我越来越喜欢他，毕竟他待人十分诚恳友善。我从他那里得到的一向只有鼓励。他不断向我保证一切都会好起来。大约半年之后，有一天，他来找我，并微笑着递给我几张存单。

"我说过会帮你摆脱困境的，"他说，"我这不是做到了吗？"这时我发现，他不仅替我抹平了欠款，还为我留下了一小笔余额。

由于市场行情不错，我自认为可以毫不费力地让资产增值，但他对我说："我替你买进了1万股南大西洋公司的股票。"南大西洋铁路也是他的姐夫阿尔文·马昆德旗下的铁路，他的姐夫同时掌握着这只股票的命脉。

如果有人像丹尼尔·威廉姆森这样对我百般照顾，无论我对市场抱有怎样的看法，除了"谢谢"之外，我什么也说不出口。也许你能肯定自己的判断是正确的，但派特·霍恩说过："只有下注才会知道输赢！"丹尼尔·威廉姆森用自己的钱替我下了注。

结果，南大西洋公司的股票从此一路下跌，并长期保持在低位，在丹尼尔为我平仓之前，我还持有1万股，我忘记自己因此损失了多少钱。我欠他的钱变得更多了，但绝对找不出比他更友善也更烦人的债权人了。他从没有一句抱怨。相反，他不断地安慰我，并告诫我不要为此担心。最终，我的损失像上次一样得到了慷慨而又神秘的补偿。

他不肯透露任何细节，只给我看账户余额。丹尼尔·威廉姆森只会对我说："我们用其他交易的利润弥补了你在南大西洋股票上的损失。"然后，他会告诉我他是如何卖出7500股其他股票并从中得到一笔可观收入的。我可以确定地说，直到他告诉我所有债务已经一笔勾销时，我仍不知道他用我的账户做了哪些交易。

这种情况重复发生了几次之后，我陷入沉思，并从另一个角度来审视自身的处境。最终，我恍然大悟。很显然，我被丹尼尔·威廉姆森利用了。这个想法令我感到愤怒，但更令我愤怒的是我没能更早醒悟过来。我在脑海中将前因后果全部重演一遍之后，便去找到丹尼尔·威廉姆森，告诉他我要离开这家公司。从此，我告别了威廉姆森－布朗证券经纪公司。我没有对他和他的合伙人们说什么。就算说了，那对我又有什么好处呢？但我承认，我对自己的恼火不亚于对威廉姆森－布朗公司的痛恨。

我在乎的不是金钱上的损失。我把股市交易的每一次亏损都视为教训，即使损失了金钱，仍获得了经验，所以这笔钱对我来说只是学费。人必须增长经验，也必须为此付出代价。然而，在丹尼尔·威廉姆森公司的经历令我承受了很大的痛苦，那是丧失一次宝贵机会的痛苦。损失了多少钱并不重要，我可以再赚回来，但宝贵的机会不是每天都能遇到的。

市场正处于很适合交易的状态。我的判断是准确的，我正确地解读了纸带所传递的行情信息。赚到上百万美元的机会就摆在我眼前，但我被感恩之情影响了正常的交易。我束缚了自己的手脚，只能听命于看似好心的丹尼尔·威廉姆森。总的来说，这比和亲戚做生意更令人不愉快。这真是一场糟糕的生意！

但这还不是最糟糕的部分。最糟糕的是，在那之后，我几乎找不到任何赚大钱的机会。市场进入了淡季，我的状况变得更糟。我不仅输光了一切，还再次背负了比以往更加沉重的债务。从1911年至1914年这段时间是漫长的股荒期，股市上赚不到钱。我根本找不到机会，于是，我的处境变得比过去更加悲惨。

失败不算什么，我知道原本可以得到什么之后，才开始感到痛苦。我不由自主地一直沉浸在这些思绪里，这进一步加深了我的不安。我发现，投机交易者几乎拥有数不清的弱点。如果我是一个普通人，那么我在丹尼尔·威廉姆森的公司表现还算得体，但作为一名投机交易者，我的理性判断受到情绪左右，这既不合适，也不明智。高贵的人应当保持高尚的情操，但这一套大道理在股市里可行不通，因为纸带没有骑士精神，忠诚也得不到任何奖励。即使如此，我意识到自己没有其他选择。我不能仅为了在股市做交易而改变自己。但生意终究是生意，作为一名投机者，我的工作就是永远忠于自己的判断。

这是一段十分奇特的经历。我只能告诉你们我的看法。丹尼尔·威廉姆森在与我初次见面时所说的话完全是出自真心。每当他的公司里发生任何一笔几千美元的交易，华尔街便武断地认为，阿尔文·马昆德正在买进或卖出股票。当然，他是这家公司的大客户，他所有的交易都是在这家公司内进行的，他也是华尔街有史以来最杰出、最阔绰的交易者之一。而我被利用了，他们把我当成一枚烟幕弹，用来掩盖马昆德的卖空交易。

在我加入这家公司不久之后，阿尔文·马昆德便生病了。马昆德很早就被诊断出不治之症，丹尼尔·威廉姆森当然比马昆德本人更早得知这一事实。因此，丹尼尔轧平了我的切萨皮克-大西洋铁路公司股票头寸。他开始清算他姐夫的部分投机产品，其中包括这只股票。

当然，在马昆德去世后，他的投机和半投机产品必须进行清算。那时候，股市已经进入熊市。丹尼尔对我的控制实际上帮了遗产清算者一个大忙。我说过自己在交易时一向出手阔绰，并且能对市场做出精准的判断，这并不是自吹自擂。我知道威廉姆森记得我在1907年熊市的精彩操作，他不能冒险让我独立行动。如果我按照原本的计划进行交易，就会赚到很高的利润，那么，当他开始清算阿尔文·马昆德的部分遗产时，我应该已经在做数十万股的交易了。作为一名活跃的空头，我会给马昆德的继承人造成上百万美元的损失，况且阿尔文留下的遗产只有2.5亿美元。

于是，他们决定先让我陷入负债，然后替我补上欠款，这么做比放任我在其他公司做空头更划算。如果不是为了报答丹尼尔·威廉姆森，我早就按照计划做空了。

我一直将这段经历视为股票交易生涯中最有趣也最不幸的一段经历，它所带来的教训令我付出了过于高昂的代价。它将我东山再起的时间推迟了许多年。我还很年轻，可以耐心等待亏损的几百万美元失而复得。但是，5年的贫困生活对我来说过于漫长。无论一个人年轻还是年长，贫穷的生活都不是愉快的经历。我可以忍受失去游艇，但不能忍受没有可供交易的市场条件。我一生中最大的机会曾经就摆在我的眼前，我却白白错过了这个机会，没能伸出手抓住它。丹尼尔·威廉姆森是个非常精明的年轻人，他像大家所说的那样狡猾，并且富有远见、独具匠心、勇于冒险。他擅长思考，也善于想象，可以发现任何人身上的弱点，并且能冷酷无情地直击对方的弱点。他在一番算计之后很快想出了对付我的方法，彻底令我丧失了交易的能力。他这样对我并不是为了骗取钱财。恰恰相反，他从表面上看起来十分慷慨。他很爱他的姐姐马昆德夫人，以自己的方式对她尽到了责任。

第14章 否极泰来

我一直难以释怀的是,在我离开威廉姆森－布朗证券经纪公司之后,市场便进入了淡季。在整整4年的时间里,交易者们陷入了无钱可赚的窘境。市场上连一分钱的机会也找不到。正如比利·恩利克斯(Billy Henriquez)所说:"这是连臭鼬的屁味都闻不到的市场。"

在我看来,我命中注定会陷入这种困境。也许,这是上天对我的惩罚,可是说真的,我从来没有狂妄自大到必须接受这种惩罚的地步。交易者一旦违反某些投机交易的禁忌,便会背负债务,但我并没有触犯过任何一条。我所犯的错误不是典型的交易失误。我所做的或者说我选择不做的事情如果发生在华尔街之外,是理应受到褒奖而非责罚的。在华尔街,我的选择却被视为荒唐的举动,令我付出了惨痛的代价。但目前为止,这件事情最糟糕的地方在于,它让人在进行投机交易时无法继续保持符合人性的感情。

在离开威廉姆森的公司后,我尝试在其他经纪行做交易。无论我选择哪一家公司,都会亏损。这是理所应当的,因为我企图强迫市场给予我赚钱的机会,而市场并没有义务满足我的需求。我毫不费力地得到了赊账的许可,因为认识我的人都对我有信心。我可以告诉你们,当我终于不再靠赊账进行交易时,我欠下的债款已经超过了100万美元,可见他们对我的信心有多么强烈。

问题并不出在我身上,问题是在那悲惨的4年里,市场上根本不存在任何赚钱的机会。我为了谋生而拼命工作，努力积累本金，结果却是债台高筑。我不想欠朋友们更多钱了，于是不再做投机交易，转而替别人管理账户，借以维持生计。我的客户们相信以我对股市的了解，即使在萧条期我也能为他们赚到钱。我从客户的盈利中抽取一定比例作为佣金，这就是我的谋生手段。我不过是在勉强维持生活而已。

当然，我并不是总在亏损，但赚到的钱一直不足以偿还大笔债务。最终，随着行情变得越来越差，我生平第一次开始感到灰心丧气。

一切都在与我作对。我从拥有百万身价和两艘游艇的富豪沦落为负债累累的普通人，我没有逢人抱怨这种生活剧变是多么不幸。虽然我并不喜欢现在的处境，但没有沉浸在自怨自艾之中。我不会指望时间的流逝和上苍的垂怜结束我的苦难。于是，我开始研究问题出在哪里。很明显，唯一能让我摆脱困境的方法便是赚钱。要想赚到钱，我只要在交易中取得成功即可。过去，我就是这样做的，我必须再次做出成功的交易。以前，我曾不止一次通过小额交易积少成多，累积了巨大的财富。很快，市场便会为我提供机会。

我说服自己，无论如何，错的都是我而不是市场。所以，我的问题究竟是什么呢？我像过去钻研各种交易问题时那样扪心自问，冷静地进行了自我反省，最终我得出结论，我的问题主要来自对债务的担忧。欠债的阴影一直笼罩在我的身上。我必须解释一下，我的焦虑不仅仅来自负债。每一个商人在日常的商业活动中都会形成债务契约。我的大部分债务都是在商业活动中产生的，这种状态是由对我不利的商业环境造成的，就像商人因异常漫长的反季节气候而遭受损失一样。

当然，随着时间的流逝，我依然无力偿还债务，于是，我对负债的态度变得没有那么豁达了。我来解释一下：我的负债超过了100万美元，别忘了，这笔债务全部来自股票造成的亏损。我的债主们大多十分通情达理，他们没有向我催债，但有两个债主确实令我很苦恼。他们曾经跟踪过我。每当我获得一点儿盈利，这二人必定在场，他们想要了解全部细节，还坚持让我还钱。我欠了其中一人800美元，他威胁要将我告上法庭，冻结我的资产，诸如此类。我不明白他为什么会以为我在隐瞒财务状况，也许是因为我看起来并不像个即将死于贫困的流浪汉吧！

随着我对自身处境的审视，我发现解决这一问题需要的不是解读纸带的能力，而是理解自身的能力。我十分冷静地得出了结论：只要还处于这种忧心忡忡的状态，我将永远一事无成，而只要我还背负着债务，便会永远忧心忡忡，这个结论同样是一目了然的。我的意思是，只要我的债主们还有能力令我烦恼不安，或者坚持要求我在积累到足够本金之前还债，我将永远无法东山再起。这一切再清楚不过了，我只能告诉自己：我必须申请破产保护。除此之外，还有什么方法可以减轻我的忧虑呢？

这听起来很简单也很合理，不是吗？但我可以告诉你们，这令我十分痛苦。我讨厌这么做。我讨厌把自己置于受人误解或承受冤屈的地步。我本人从不在意金钱的得失，从不认为金钱是值得为之撒谎的东西。但我知道不是所有人都抱有同样的看法。我当然也知道如果能东山再起，我一定会偿还所有债务，因为这仍是我的义务。可是，除非我能像过去那样进行高额交易，否则永远不可能还清欠下的上百万债务。

我鼓起勇气去见我的债权人们。这对我来说是一件十分艰难的事情，因为这些债主大部分都是我的朋友和老熟人。

我毫无保留地向他们解释了我的处境。我说："我之所以选择申请破产保护，不是因为不想还钱，而是因为我必须进入可以赚钱的状态，这样对我们双方才算公平。这件事我已经断断续续考虑了两年，只是没有勇气直截了当地向你们坦白而已。如果我早点儿说出来，我们所有人都会受益无穷。归根结底，情况是这样的：只要我还为这些债务而忧心烦恼，便不可能回到过去的状态。我本该在1年前就下定决心的，现在终于醒悟了。除了刚才说过的理由，我并没有其他借口。"

第一个开口的人实际上代表了所有人的态度。他表达了他所属公司的意见。"利文斯顿,"他说,"我们可以理解。我们很清楚你的处境。我告诉你我们会怎么做吧,我们会放过你的。让你的律师准备好法律文件吧,无论你提出什么条件,我们都会签字的。"

基本上,所有大债主都是同样的态度。这就是华尔街鲜为人知的一面。这不只是单纯的好心,也不只是宽宏大量,而是经过理智思考后的决定,因为显然这样做生意更加有利可图。我对他们的好意和气概十分感激。

这些债权人为我豁免了超过100万美元的债务,但还有两个小债主不愿意签字。一个便是我之前提到的800美元的债主。我还欠一家经纪行6000美元,这家公司现在已经破产了,于是那些根本不认识我的破产受益人总是对我纠缠不休。即使他们愿意追随大债权人的做法,我想法官也不会让他们签字。无论如何,尽管我的实际债务超过100万美元,但我的破产清单上只剩下大约10万美元的债务。

当看到报纸上的新闻时,我感到十分难过。过去,我一向有债必偿,这种新的经历令我羞愧万分。我知道只要熬过眼下的难关,总有一天我会还清所有债务,然而,不是所有看过这篇报道的人都清楚我的个性。看到报纸上的新闻之后,我甚至惭愧得不敢出门。好在现在一切都过去了,这让我感到说不出的轻松。我再也不需要忍受别人的骚扰了,他们并不理解如果一个人想在股市投机交易中取得胜利,就必须全身心地投入工作中。

我的精神终于得到了解放,我可以不受债务的侵扰而自由地投入交易当中。我终于看到了成功的希望,我的下一步做法就是获取一笔本金。纽约证券交易所在1914年7月31日闭市,并将持续关闭到12月中旬,华尔街也是一片萧条。股市在很长时间里一直没有生意可做。我已经欠了所有朋友的钱,尽管他们一直对我很好,我却不能再次请求他们的帮助,因为我知道没有人有义务帮助任何其他人。

赚到足够的本金是一项极其艰巨的任务，随着证券交易所的关闭，我找不到任何可以为我提供帮助的经纪商。我去过几处经纪行，全都无功而返。

最后，我去见了丹尼尔·威廉姆森，那时正值1915年2月。我告诉他我已经摆脱了债务带来的心理压力，能够像过去那样做交易了。也许你还记得，在他需要我的时候，他曾主动借给我2.5万美元。

现在，我需要他的帮助，他说："如果你发现了好的机会，想做500股，就尽管放手去做吧。"

我向他道谢后便离开了。他曾经令我失去了一次赚钱的大好机会，这家公司也从我身上赚到了高额的佣金。我承认，威廉姆森-布朗证券经纪公司没有借给我足够的本金这件事令我感到一丝不快。我计划一开始先做一些保守的交易。如果我拥有比500美元更多的资本，便可以更轻松、更迅速地改善自己的财政状况。即便如此，我依然意识到这就是东山再起的机会。

离开丹尼尔·威廉姆森的办公室后，我开始研究整体市场状况，尤其是自身的处境。现在正值牛市，成千上万的交易者都像我一样明白这一点。但我的本金只有威廉姆森对我承诺的500股。也就是说，在这种限制下，我没有犯错的余地。我甚至不能在一开始承受一点儿微小的挫折，必须在第一笔交易中便打下成功的基础。我必须从最初的500股操作中获得盈利，一定要赚到实实在在的利润。我知道，除非我拥有充足的交易资本，否则无法进行准确判断。没有足够的保证金，我不可能冷静客观地看待这场游戏，因为沉着的态度来自有能力承担小额损失的交易，所以我在进行大额交易之前经常用小笔资金测试市场的状况。

我想，现在我正处于投机者职业生涯中最关键的时刻，如果这一次失败了，那么我便无法保证何时何地才能获得另一笔本金和另一次机会，甚至不知道是否还有第二次机会。很显然，我必须耐心等待心理上的最佳时刻。

我没有接近威廉姆森-布朗证券经纪公司。事实上，我有意避开了他们，在长达6个星期的时间里一心一意地研究着纸带。我担心如果走进那家公司，并且知道自己可以做500股交易，那么我有可能会抵挡不住诱惑而在错误的时间进场，或者选择错误的股票。交易者除了研究基础行情、记住股市先例、掌握大众心理、了解券商限制之外，还必须认识自己，并且要防备自身的弱点，没有必要为自己身上的普遍人性而感到愤怒。我逐渐认识到，理解自己和理解纸带上的数据同样重要。我已经研究过自己在经历某些心理冲动时的反应，以及活跃市场对我产生的难以抗拒的诱惑，我像研究庄稼收成或分析收入报告那样来审视自己。

于是，我日复一日地坐在另一家经纪行的报价板前，迫切想要恢复交易，但我身无分文，连1股交易也做不成，只能努力研究市场行情，不错过纸带上的每一次报价，等待在最佳心理状态进行全速冲刺。

出于众所周知的原因，在1915年年初那段关键的日子里，我最看好的是伯利恒钢铁公司的股票。我确信它即将大涨，但为了确保在第一笔交易中获利，我决定等待它的股价突破标准线后再进场，我必须这样做。

我想我已经说过，根据经验，每当一只股票的价格第一次突破100美元、200美元或300美元时，它几乎会继续上涨30~50个点；在突破300美元后，股价上涨的速度会超过突破100美元或200美元时的速度。我早期做成的一笔大交易是对阿纳康达公司股票进行的操作，我在它的股价突破200美元时买进，一天后以260美元的价格卖出。我在一只股票的价格超过标准线后立即买进，这种做法可以追溯到我的投机商号时代。这是一种古老的交易准则。

你应该可以想象我是多么渴望再次以过去的规模进行交易。我过于迫不及待，甚至到了心无旁骛的程度，但我及时控制住自己。我看到伯利恒钢铁公司的股票每天都在上涨，它的股价不断攀高，就像我所预料的那样，但我依然克制了自己的冲动，没有立即跑到威廉姆森-布朗公司买进500股伯利恒的股票。

我知道必须竭尽所能地让我的第一笔交易大获成功。

这只股票每上涨1个点，便意味着我少赚了500美元。最初上涨的10个点意味着我本可以采用金字塔式投资法，也许我应该先买进100股，而不是一次性买进500股，这100股可以为我带来每个点100美元的利润。但我选择按兵不动，没有听从内心强烈的希望和信念，而是冷静地遵守经验和常识。只要积累到足够的本金，我就有了放手一搏的资本。如果没有本金，即使只是承担最小的风险，对我而言也是一种超出能力的奢侈行为。经过6个星期的耐心等待，最终，我的常识战胜了贪婪和欲望！

当股价涨到90美元时，我才真正开始产生动摇，我的心在流血。我是如此看好这只股票，却没有在更早的时机买进，一想到因此少赚的利润，我便感到焦虑不安。当股价涨到98美元时，我对自己说："伯利恒的股价即将突破100美元大关，在那之后，所有障碍都会被一扫而光！"纸带上的数据无比清楚地向我证明了这一点。实际上，这就像用扩音喇叭进行报价一样清楚。我可以告诉你，当自动报价机刚打印出98美元的价格时，我已经预见到它将涨到100美元。并且，我知道那不是内心的渴望在作怪，也不是贪婪所导致的幻觉，而是我基于解读纸带的本能做出的断言。因此，我对自己说："我不能等到股价突破100美元，必须立即采取行动，反正现在的情况和突破标准线差不多。"

我冲进了威廉姆森－布朗证券经纪公司，提交了买进500股伯利恒钢铁公司股票的指令。这时的市价是98美元。我以98~99美元的价位买进了500股。在那之后，股价迅速飙升，我想，那天晚上的成交价大概是114或115美元。我继续追加了500股。

第二天，伯利恒钢铁公司的股价涨到了145美元，我赚到了本金。这是我应得的。那长达6个星期的等待是我所经历的最疲倦和最辛苦的一段时间。但我的辛苦没有白费，现在，我有了足够的资本，可以进行像样的交易了。仅凭500股的资本，我将很难东山再起。

无论从事哪一行，好的开始都是成功的一半。在伯利恒钢铁公司股票交易获得成功之后，我的投机事业开展得十分顺利，实际上，你甚至很难相信现在的我与之前的我是同一个人。我确实有所改变。过去的我疲惫不堪，频频出错；现在的我悠然自得，准确无误。我已经摆脱了债权人的骚扰，也没有资金不足的困扰，可以心无旁骛地运筹帷幄，聆听经验的忠告，因此，我一直在获得盈利。

转眼之间，正在我走上康庄大道时，我们遭遇了"卢西塔尼亚"号事件①。像这样正中要害的打击不时便会发生，也许是为了提醒人们注意一个悲哀的事实，没有人能永远在股市交易中保持正确，没有人能免予意外事件的影响。一些人说，职业投机交易者不需要过于担心卢西塔尼亚号被击沉的消息，还声称在华尔街收到这个消息之前，他们已经知道这件事了。我不像他们那么聪明，可以利用事先得到的情报避开一劫。我只能告诉你们，根据我因卢西塔尼亚号事件遭受的损失来看，并且从我没能准确预测到其他一两次行情逆转来看，我没有聪明到能预测未来的程度。1915年年底，我在经纪行账户里的余额约有14万美元。尽管我在这一年的大部分时间里都准确判断了市场趋势，我实际赚到的钱却只有这些。

在接下来的一年里，我的交易变得更加顺利。我的运气很好。我在疯狂的牛市里拼命做多。行情显然对我十分有利，我能做的就只有赚钱而已。这令我想起标准石油集团已故的H. H. 罗杰斯的一句名言：有时候，财运来了，你挡都挡不住，这就像在下雨天出门不带伞就一定会被淋湿一样。那是我们经历过的最明显的牛市。每个人都知道，正是来自协约国的各种采购订单令美国成了世界上最富有的国家。我们拥有在其他国家买不到的一切补给品，全世界的财富很快便源源不断地涌入美国。我的意思是，全世界的黄金都被倾注到这个国

---

① 卢西塔尼亚号事件：第一次世界大战期间，德国潜水艇击沉英国邮轮"卢西塔尼亚"号，1198名乘客遇难。

家。于是，通货膨胀不可避免地发生了，当然，这意味着所有商品的价格都在上涨。

这一切从一开始便一清二楚，完全没有人为操纵物价的必要。这就是为什么这一轮行情上涨比其他牛市的准备工作要少得多。在第一次世界大战时期，与战争相关的产业自然比其他产业更加繁荣，不仅如此，这场战争也为普罗大众带来了史无前例的盈利空间。也就是说，在1915年的牛市中，财富分配的范围之广堪称史无前例。然而，大众没能将账面利润兑换成硬通货，也没能让实际获得的利润保持太久，同样的历史反复在华尔街上演。没有任何地方像华尔街一样如此频繁而有规律地上演着重复的历史。当你阅读有关繁荣时期和萧条时期的当代记录时，对你产生最大冲击的一定是当今的股票投机交易和股票投机者与过去相比几乎别无二致。这场游戏没有改变，人性也没有改变。

我在1916年赶上了大涨的行情。我和其他人一样看好股市，但我当然保持着敏锐的观察力。我和其他人一样清楚股市不会永远上涨，我一直在留意着警报信号。我不知道信号会来自哪个领域，也没兴趣猜测，于是没有一直盯着某一个方向。我从不认为自己会局限于某一个市场层面。即使牛市令我大发横财，熊市对我无比慷慨，在收到离场信号后，我依然没有理由执着于牛市或熊市。交易者没有必要永远困守在牛市或者熊市里，应该关注的是如何做出准确的判断。

我必须记住的事情还有一件，那就是市场不会因为一个重大的利好消息而升到顶峰，也不会因为一次突然的逆转而跌至谷底。牛市可能在大盘开始下跌之前便早已结束了，这种情况时常发生。如果我发现那些引领市场的龙头股一个接一个地从最高点下跌几个点，并且这种情况几个月以来第一次发生，这就是我等待已久的危险信号。显然，这些股票的涨势已经结束了，我必须改变交易策略。

这个道理很简单。在牛市里，价格趋势当然一定会上行。因此，只要有一只股票的走向与一般趋势相反，我们便有理由假定这只股票出了什么问题。一名有经验的交易者凭借这些信息足以判断出情况有变。他不能指望纸带像个讲师一样主动告诉他一切。他的工作是听见纸带发出的"离场"信号，而不是等待它提交一份正式申请。

我已经说过，我注意到一些引领牛市行情的龙头股不再保持上涨。它们的股价在下跌六七个点之后便保持不动。与此同时，市场上的其他股票在新的"领头羊"的带领下继续上涨。由于这些公司本身并没有出问题，我们必须从其他角度寻找答案。那些股票已经连续几个月跟随牛市行情一起上涨。当它们的涨势停止时，尽管整体市场依然趋向于牛市，但对这几只股票来说，牛市已经结束了；对其他股票来说，上涨的趋势仍未停止。

没有必要因此而踟蹰不前，因为实际情况其实并不复杂。我之所以没有在那时转手做空，是因为纸带并没有向我传达做空的信号。虽然牛市已经接近尾声，但它还没有彻底结束。在等待熊市降临的这段时间里，我仍可以从牛市获取利润。既然如此，我便只做空那几只停止上涨的股票，由于其他股票还在上涨，我既持有多头头寸又持有空头头寸。

我卖出了不再引领牛市的那些股票，其中每只股票分别持有5000股空头，然后我做多了新的龙头股。我做空的那些股票没有带来多少收益，但做多的股票仍在上涨。在这些新的龙头股最终停止上涨后，我将它们平仓，然后每只股票各做空5000股。这时候，我持有的空头仓位已经超过了多头仓位，因为很明显，接下来空头将产生巨大的收益。尽管我确信在牛市正式结束之前，真正的熊市已经开始了，但仍然清楚大量做空的机会尚未到来。现在时机尚早，不需要做无谓的担心。纸带显示，熊市的大军只是刚派出了侦查团。我需要做好准备。

我一直在同时进行买进和卖出的交易，大约1个月之后，持有十几只不同的股票，每只股票各有6万股空头头寸。这些股票在今年早些时候曾是大众最爱的牛市龙头股。我的持仓不算很多，但别忘了，这时的市场还没有完全进入熊市。

直到有一天，整体市场变得相当疲软，所有股票的价格都开始下跌。我做空的12只股票每只都带来至少4个点的利润，这时，我知道我的判断是准确的。纸带告诉我现在可以做空了，于是我立即补了1倍的空头头寸。

我建好了仓位。我在一个明显是熊市的时机做空股票，不需要进行任何推波助澜的操作。市场一定会朝对我有利的方向发展，既然我对此心知肚明，便有了耐心等待的底气。在加码之后，我在很长一段时间里没有进行任何操作。在我建好仓位之后又过了7个星期，我们经历了著名的"泄密事件"，股市暴跌。据说有人提前从华盛顿收到消息，威尔逊总统将要发表声明，这个消息可以令欧洲迅速恢复和平。当然，战争相关产业的繁荣是由世界大战引发的，它的维系也仰赖于战争的持续，和平的消息便是熊市的信号。一位最精明的场内交易者被指责利用提前泄露的消息牟取不正当利益，但他只是辩解之所以卖出股票，不是因为听见了什么消息，而是因为他认为牛市已经快结束了。我自己早在7个礼拜之前补了1倍的空头头寸。

听到股市暴跌的消息后，我自然进行了平仓操作。这是唯一合理的操作。当意料之外的情况发生时，如果这是命运的馈赠，你当然应该抓住这个大好机会。一方面，在暴跌的行情里，可供选择的股票很多，交易者享有很大的操作空间，这正是把账面利润兑换为现金的大好机会。即使在熊市里，交易者也很难在不抬高股价的前提下轧平12万股头寸。你必须等待市场放行，这样才能在买进大额股票的同时不损害自己的账面利润。

我想指出，我并没有指望在那个特别的时机，市场会因为特殊的原因而出现罕见的暴跌。然而，正如我所说的，从30年的交易经验来看，这样的意外通常符合最小阻力的趋势，而这个理论正是我立足于股市的基础。别忘了，永远不要指望在最高点卖出股票，那并非明智之举。如果股价在反弹后并没有重新上涨,这时再卖出股票也不迟。

在1916年,我在牛市期间一直持续做多;当熊市开始时,我又转手做空。就这样,我赚到了大约300万美元。我说过,一个人没有必要困守在牛市或者熊市里,不见棺材不落泪。

那年冬天,我在南方的棕榈滩过冬。我经常去那里度假,因为我非常喜欢在海上钓鱼。

我做空了一些股票和小麦期货,它们都为我带来了丰厚的利润。我没有任何烦心事,只要享受假期即可。当然,除非我动身前往欧洲,否则不可能彻底与股票市场和期货市场失去联系。即使在阿迪朗达克山区的家中,我依然可以与我的经纪行保持电报联系。

在棕榈滩度假期间,我会定期前往我的经纪行在本地开设的分公司。我注意到之前我不太关注的棉花期货正呈现出很强的涨势。当时正值1917年,我听说威尔逊总统正在努力终结战争。这些消息来自华盛顿,除了新闻公告,也包括首府的朋友们对棕榈滩同行们的私人建议。正因如此,有一天我恍然大悟,股票和期货市场的发展趋势反映了人们对威尔逊总统的和平政策抱有信心。既然和平即将恢复,股票和小麦的价格应该下跌,棉花的价格应当上涨。我对股票和小麦下跌已经做好了准备,但我已经很长时间没有涉足棉花期货的领域了。

那天下午2点20分,我的手头上连一包棉花也没有,但到了2点25分,在和平即将到来的信念的驱使下,我买进了1.5万包棉花作为初始头寸。我准备遵循一直以来的交易体系,也就是之前描述过的逐渐补足仓位的方法。

就在当天下午闭市之后,我们收到了德国的"无限制战争"通牒。除了等待第二天开盘之外,我们什么也做不了。我还记得那天晚上在格里德利俱乐部,一名美国首屈一指的工业巨头提出要以低于当天下午成交价5个点的价格卖出任意份额的美国钢铁股票。有几个来自匹兹堡的百万富翁听到了他的话,但没有人接受他的交易。他们知道，第二天开盘后，股市行情必然大跌。

第二天，股票和期货市场果然一片哗然，你可以想象那种情景。一些股票的开盘价比昨天晚上的收盘价低了8个点。在我看来，这是天赐良机，我可以轧平所有头寸并从中获利。正如我所说的，在熊市里，如果突然发生令人措手不及的打击，那么及时平仓永远是明智的选择。

如果你的交易量很大，这是唯一能将巨额账面利润转换成真金白银的方法。这个方法不仅快捷，而且不会造成令人遗憾的损失。例如，我仅在美国钢铁这一只股票上便持有5万股空头。我当然还做空了其他股票，当看到市场走向对我有利时，我便抓住了机会。我的收益达到了150万美元左右。这是一个不容错过的机会。

我做多了1.5万包棉花期货，那是我在前一天下午最后半小时里建立的头寸，棉花的开盘价跌了500点。这对我而言是致命的打击！这意味着我在一夜之间损失了37.5万美元。很显然，对于我手上的股票和小麦期货，唯一明智的操作就是利用暴跌的机会平仓获利，但我不太确定应该如何处理棉花期货。需要考虑的因素很多，尽管我总是在察觉到错误的那一刻就立即止损，那天早晨我却不想这么做。随后，我想起自己来到南方是为了钓鱼和度假，不是为了被复杂的棉花市场搞得焦头烂额。此外，我已经在股市和小麦期货市场赚到了巨额利润。因此，我决定坦然接受棉花期货造成的损失，可以当作只赚到了100多万美元，而不是150多万美元。如果你向推销员问了太多问题，他们便会说这只是记账方式的问题，二者是同样的道理。

如果我没有在前一天闭市前买进那一批棉花期货，本可以省下40万美元。由此可见，即使只进行中等规模的交易，也有可能在很短的时间内遭受重大损失。我的大部分交易判断是准确无误的，我因一场意外而获利，这场意外从本质上与我对股票和小麦期货的考虑恰恰相反。请注意，最小阻力的投机趋势再一次展现了它在交易中的价值。尽管德国的战争通牒对交易市场产生了意料之外的影响，但价格走向依然符合我的预期。如果情况像我预料的那样发展，我在三个市场上的判断都将准确无误，因为一旦和平降临，股票和小麦期货的价格都将下跌，棉花期货的价格将上涨。我可以在三个市场都平仓获利。无论我们即将迎来和平还是战争，我对股市和小麦期货的判断都是准确的，因此，这个意料之外的发展依然为我带来了好处。我在棉花期货市场的交易是建立在市场之外的因素上，我赌威尔逊总统的和平谈判将会取得成功。令我输掉棉花交易的是德国军方的战争通牒。

我在1917年年初回到了纽约，还清了所有欠债，我的债务金额超过100万美元。还清欠款后，我感到一身轻松。我本可以在几个月前就还清这笔债款，但没有这样做。原因很简单，当时我正在进行活跃的交易并取得了很好的成绩，我需要尽可能多的本钱。我和我的债权人们都有义务充分利用1915年至1916年间市场提供的每一次机会。我知道自己可以赚到许多钱，并且并不担心，因为我的债权人们只需要多等待几个月而已，况且他们之中的许多人并不指望我会还钱。我不想一点儿一点儿地还债，也不想逐个偿还我的债主们，我想一次性还清所有债务。因此，只要市场仍在为我提供一切便利条件，我便会继续尽己所能进行大规模交易。

我还想支付利息，但所有签下豁免协议的债权人都拒绝接受利息。最后一个接受我的还款的债权人就是借给我800美元的那个人。他给我的生活带来了负担，让我焦虑到无法进行交易的程度。我让他等到最后，直到他听说我已经还清了其他所有人的债后，他才收到了还款。我想给他一个教训，下一次有人欠他几百美元时，希望他能变得体贴一点儿。

这就是我东山再起的过程。

我全额偿还了所有债务之后，存了一笔金额相当可观的年金。我下定决心再也不要沦落到身无分文的窘境，巧妇难为无米之炊。当然，在结婚之后，我还为妻子存了一笔信托基金。在我的儿子诞生后，我也为他存了一笔钱。

我之所以这么做，不仅因为担心股市会让我再次失去财富，也因为我知道男人可能会将财产挥霍殆尽，这么做可以保障妻儿的生活不受我的影响。

在我认识的人里，不止一个人做过同样的安排，但当他们需要用钱时，又会哄骗妻子签字放弃信托，最终这笔钱仍会被男人花光。我填补了这个漏洞，无论我或我的妻子想做什么，信托基金都是不可撼动的。这笔钱不会因为我们夫妻双方的失误而受损，也不会因为我的交易需求而被挪用，即使我的妻子出于对我的爱而主动放弃自己的权益，我依然无法擅自取用这些钱。我绝不会冒任何风险！

第15章　意外风险

在投机交易的各种风险之中，意料之外的情况（甚至是无法预料的情况）所造成的风险排在榜首。有时候，即使是最谨慎的人也不得不承担一定的风险，只要他不愿做交易场上的缩头乌龟。一般的商业风险与一个人在日常生活中可能遭遇的交通风险别无二致。当我因为没有人能够预料的原因而遭遇损失时，我不会因此怀恨在心，就像不会怨恨突如其来的暴风雨一样。从出生到死亡，人的一生就是一场赌局，我可以坦然承受因为自己缺乏先见之明而发生在身上的一切。但是，在我的投机生涯里，我多次遭遇这种情况：尽管我判断准确，也进行了公平的交易，但依然被狡猾的对手通过不公平的手段骗走了应得的利润。

思维敏锐、目光长远的商人可以保护自己免受恶棍、懦夫和暴民的伤害。除了在一两家投机商号的经历之外，我从未遭遇过彻头彻尾的欺诈，因为即使在投机商号里，诚实做交易也是最好的策略。赖账不会让人成为富翁，只有诚实的人才能赚到大钱。如果庄家喜欢在无人注意时耍诈，那么交易者们必须随时防备庄家的诡计，我认为在这样的经纪行里不会有好的交易。然而，正直的人往往没有能力戳穿骗子的伪装。公平交易就是公平交易。我可以举出亲身经历的十几次事件，我曾因相信他人的承诺和君子协议而上当受骗。但我不会这样做，因为多说无益。

小说家、牧师和女性喜欢将证券交易所暗讽为财迷的战场，将华尔街的日常交易比作打仗。这种说法很夸张,并带有很深的误导性。我相信我的工作并非充满冲突和竞争。我从不与个人或投机集团作对,只是持有不同的观点,也就是说,我对基础行情的解读与他们不同。剧作家笔下的商战并非人与人之间的斗争,那只是对商业构想的检验。我尽量只关注事实本身,并依据事实来采取行动。这正是伯纳德·M.巴洛奇(Bernard M. Baruch)获得财富的成功秘诀。有时我没能及时看清所有事实,有时我没能做出合乎逻辑的推理。每当发生上述情况时,我便会亏损,因为我犯了错误。只要我犯了错误,我一定会遭受金钱的损失。

任何一个有理智的人都不会反对为自己的错误付出代价。在对待错误的问题上,不存在"优先债权人",也不存在例外和豁免。可是在我做出正确的决定时,我拒绝为此遭受损失。我所指的并不包括在某些特定的交易里,因突然发生的变动而遭受损失的情况。我牢记着偶尔经历的一些投机风险,它们提醒着我,只有当利润被存进银行账户才是真正安全的。

第一次世界大战在欧洲爆发后,商品期货的价格开始上涨,这是意料之中的事情。预见这个结果就像预见战争将引发通货膨胀一样简单。当然,随着战争的延长,普遍的价格上涨也在持续。也许你还记得,我在1915年一直忙于东山再起。股市的繁荣近在眼前,我该做的便是抓住这个机会。我做过的最安全、最简单也最迅速的一场大交易正是发生在股市,你们知道我有多幸运!

到了1917年7月,我不仅还清了所有债务,还有了一大笔积蓄。这意味着现在我有了时间、金钱和意愿,可以同时考虑在股票市场和期货市场进行交易。多年以来,我一直在研究所有交易市场。商品期货价格的涨幅比战前提高了100%~400%。有一种商品期货是唯一的例外,那就是咖啡。这当然是有原因的。战争的爆发意味着欧洲市场的关闭,大宗货物被送往美国,这里是最大的市场。一段时间后,这导致了咖啡原豆大量过剩,因此,咖啡的价格一直保持在较低水平。当我第一次开始考虑咖啡投机交易的可能性时,咖啡的价格已经变得比战前更低。既然这种反常现象的理由是显而易见的，那么德国和奥地利潜水艇频繁出动一定会导致商业用船的数量急剧下降，这个道理同样是不言而喻的。最终，这将导致进口咖啡豆的数量减少。当进口额减少而消费量保持不变时，过剩的存货必将被吸收，在那之后，咖啡的价格一定会和其他商品的价格一样，呈现上升趋势。

即使没有夏洛克·福尔摩斯的头脑，也不难理解现状。我不明白为什么大家没有买进咖啡期货。当我决心做多咖啡时，我并没有把这次交易视为一种投机行为。这更像是一种投资。我知道这笔交易在一段时间以后才会兑现，也知道我一定能从中获得不错的利润。所以，这更像是保守的投资行为——银行家的选择，而不是赌徒的游戏。

我在1917年冬天开始分批买进。我持有了大量咖啡期货。然而，市场并没有什么值得一提的变化。咖啡期货市场一直不太活跃，它的价格也没有像我所期待的那样上涨。这一切的结果是，我在9个月的时间里一直持有这些期货，它们却没有为我带来任何收益。在合约到期后，我卖出了所有持仓。这笔交易令我承受了巨大的损失，但我依然相信自己的观点是合理的。我对时间的判断显然有误，但我相信咖啡一定会像所有期货那样涨价，对此我很有信心，因此，我刚卖出所有咖啡期货后，便重新开始买进。我买进了相当于过去3倍的份额，只是上一回，它们在长达9个月的时间里一直令我失望。当然，这一次我买的是可延期期权，那是我能买到的最长期限。

这一回我错得没有那么离谱。我刚买进3倍的持仓，咖啡期货的价格便开始上涨。所有人都突然意识到咖啡市场的未来。看起来，我的投资即将为我带来相当可观的收益率。

我所持有的合同的卖方是咖啡烘焙商，他们大部分都有德语名字，或者与德国有关系。他们信心满满地从巴西购入这些咖啡，准备将它们引进美国。然而，他们找不到货船来运送咖啡，现在，他们发现自己正处于一种不利的境地，大批咖啡堆积在巴西,来自美国的订单却得不到供应。请记住,早在咖啡价格与战前持平时,我已经开始做空了,也不要忘记在我买进咖啡期货后,我耐心持有了大半年,最终为此承担了巨额损失。判断失误的代价就是损失金钱。判断正确的奖励则是收获财富。既然我的判断显然是正确的,我也持有大量期权,我理应期待获得高额利润。咖啡的价格不需要涨得很高,我便能获得足以令自己满意的利润,因为我持有的是几十万包咖啡期货。我不喜欢用数字来谈论我的操作,因为有时候这些数字听起来很可怕,人们也许以为我在说大话。实际上,我按照自己的方式进行交易,并且总是留有余地。这一回,我足够保守。我之所以毫无顾虑地买进期权,是因为看不到任何失败的可能性。市场条件对我有利。我已经被迫等待了1年,如今,我的耐心等待和准确判断都将得到奖赏。我能看到利润正滚滚而来,其中并没有什么困难之处。我只是看到了显而易见的机会。

上百万美元的利润很快就能到手了!然而,我并没有得到这笔钱。不,这并不是因为市场条件突然改变。市场并没有遭遇突然的形势逆转。咖啡没有大量涌入美国。究竟发生了什么呢?那是所有人都无法预料的事情!从没有任何人经历过这种情况,所以,我没有理由考虑到预防措施。我把这次教训加进了长长的投机风险清单里,作为对自己永远的提醒。这件事很简单,卖给我咖啡期货的那些空头知道他们即将面临的情况,为了摆脱自作自受的处境,他们想到了一个新的赖账方法。他们拥进华盛顿乞求援手,并如愿以偿得到了帮助。

也许你还记得,政府曾制订各种计划以预防商人进一步倒卖生活必需品。你们知道,这些计划大部分取得了成效。那些假装仁慈的咖啡空头出现在战时工业理事会的价格管制委员会(我想这应该就是这个组织的官方名称)面前,他们向委员会提出充满爱国精神的请愿,要求保护美国人民的早餐。他们宣称有个名叫劳伦斯·利文斯顿的职业投机者垄断了(或者即将垄断)咖啡期货市场。如果我们不阻止他实现这个计划,他会利用战争造成的时局为自己牟利,到时候，美国人民将被迫为每日的咖啡支付过高的价格。这些爱国者认为，让1亿美国人向不知廉耻的投机者致敬是无法想象的事情，但将大批无法运达的咖啡卖给我的人正是他们。他们代表的是咖啡贸易行业的利益，不是咖啡期货投机者的利益，他们愿意协助政府打击现存和潜在的倒卖活动。

现在，我的周围充斥着一片哀怨之声，我不想暗示价格管制委员会没有竭尽全力控制投机交易和浪费行为。但是，我仍要表达自己的观点，价格管制委员会根本没有深入研究咖啡市场的特殊问题。他们为咖啡原豆限定了最高价格，还为所有现行合约制定了时间限制。这些政策意味着咖啡期货交易市场将没有生意可做。我只有一个选择，那就是卖掉所有期权，我确实这样做了。我以为注定会得手的上百万美元利润彻底化为乌有。我一向和所有人一样反对将日常生活用品囤积居奇，然而，在价格管制委员会制定咖啡管控政策时，其他所有生活用品的价格都比战前涨了250%~400%，只有咖啡原豆的价格低于战前几年的平均水平。我认为，无论谁持有咖啡期货，都不会令市场产生本质的差异。咖啡的价格注定会上涨，原因并不是不知廉耻的投机交易，而是原本过剩的咖啡在逐渐减少。这是由进口量减少导致的，而进口量减少的唯一原因是德国潜水艇对世界各国船只的惊人破坏。委员会没有等待咖啡价格开始自然上涨便踩下了刹车。

从政策和权宜的角度来看，在那时候强制关闭咖啡期货交易是错误的决定。如果委员会没有管制咖啡价格，那么出于我前面所讲的理由，咖啡价格一定会上涨，这与任何囤积行为都毫无关系。但咖啡的价格不一定会贵得离谱，而且这种涨价可以成为吸引供应商的动力。我曾听伯纳德·M.巴洛奇先生说，战时工业理事会曾经衡量过规定物价对保证供给的影响，因此，有人提出抗议。他们认为，对某些商品进行严格的限价是不公平的。后来，在咖啡期货交易恢复之后，咖啡的价格是23美分。由于供给不足，美国消费者不得不支付如此高昂的价格，而之所以产生供给不足的情况，是因为在假装好心的空头们的建议下，咖啡原豆的价格曾被限制得过低，这样他们才有能力支付高昂的海运运费，从而保障持续进口。

我一直认为，这笔咖啡交易是我所有期货交易中最合理的一笔交易。比起投机行为，这笔交易更像一种投资。我持有这些期货超过1年时间。即使其中含有任何赌博的成分，真正在赌博的人也是那些德裔"爱国"烘焙商。他们从巴西购入咖啡豆，卖给在纽约的我。价格管制委员会规定了唯一没有涨价的商品的价格。他们将投机倒卖的行为扼杀在摇篮里，却没能阻止咖啡价格之后涨得更高，这是不可避免的。不仅如此，当咖啡原豆的价格还是每磅9美分时，烘焙后的咖啡豆已经和其他商品一样涨价了。得到好处的只有咖啡烘焙商。如果每磅咖啡原豆的价格上涨两三美分，我便能赚到几百万美元，美国的消费者们也不需要承担像后来那样高昂的物价。

对投机交易进行事后分析只是浪费时间而已，你无法从中获得任何好处。但这次交易对我而言具有某种教育意义。这次交易和我做过的所有交易一样精彩。咖啡期货的涨势如此明确，如此合理，我以为这一次必定能赚到几百万美元。但我错了。

我还有过两次相似的经历，交易所委员会在毫无预警的情况下更改了交易规则。在这两次经历当中，尽管我在技术上是正确的，但从商业上讲，却不像这次咖啡交易一样可靠。在进行投机交易时，你很难对任何判断抱有十足的信心。正是上述经历让我在投机风险清单中添上了一笔意料之外的纪录。

在咖啡交易失败后，我在其他商品期货交易和股票空头交易中都取得了很大的成功，以至于我开始遭受流言蜚语的骚扰。华尔街的职业交易者和报纸专栏作家养成了一个习惯，他们将所有不可避免的价格下跌全都怪罪在我身上。有时候，无论我是否在做空，我的每笔卖出交易都被指责为缺乏爱国精神。我想，他们之所以夸大我的交易所产生的影响，是因为他们需要满足公众贪得无厌的要求，并为每一次价格波动提供理由。

我已经重复过无数次，没有任何人为操纵可以让股票的价格一直下跌。这其中没有什么奥秘。理由很明显，只要愿意花一点儿时间进行思考，每个人都会明白这个道理。假如有一个操盘手打压了股价，让这只股票的价格跌至低于它实际价值的水平，那么接下来一定会发生什么事呢？这个人一定会立即面对内部交易者的疯狂买进。理解一只股票真正价值的人永远会在股价低估时买进。如果内部交易者们没有大批买进，那是因为一般市场条件令他们无法自由地运用手中的资源，这些市场条件无法形成牛市。人们谈论打压股价的行为时，总是认为这些做法是不正当的，甚至是犯罪。然而，将一只股票的价格压低到低于它实际价值其实是很危险的交易。最好记住这一点，如果一只被打压的股票没有能力上涨，这说明没有多少内部交易者在买进它，当发生打压股价的情况（不正当的卖空）时，通常伴随着内部买进，然后股价便会回升。我认为，所谓的打压股价现象十有八九是出自合理的下跌，有时候，职业交易者的操作可以加速这一现象，但他们的操作不是导致股价大幅下跌的主要原因，无论他们的交易额有多么庞大。

有一种理论认为，大部分突然发生的股价暴跌都是由投机者的操作引起的，这个理论很可能是人为杜撰的。为了给那些盲目下注的投机者提供借口，他们情愿相信别人告诉他们的一切，也不愿意动脑思考。倒霉的投机者经常从券商和情报贩子那里听到这些借口，它们其实是颠倒黑白的谎言。它们与真相的差别在于，熊市即将到来的消息是清晰明确的做空建议。颠倒的消息却无法提供任何解释，它们只能阻止交易者在合适的时机做空。当一只股票的价格大跌时，人们自然会倾向于做空。这么做是有理由的，即使原因不明，这依然是很好的理由，所以交易者要平仓离场。然而，如果股价暴跌是操盘手刻意打压的结果，那么平仓离场就不是明智的举动，因为在操盘手停止操作的那一刻，股价必定会反弹。这就是颠倒的情报！

第16章 成也情报，败也情报

内幕情报！人们是多么渴望获得内幕情报啊！他们不仅想得到情报，也想为别人提供情报。这种心态与贪婪的欲望有关，也与自负的人性有关。有时候，看到一群真正的聪明人到处搜集内幕情报是一件很有趣的事情。而且，情报贩子并不需要担心情报的质量，因为寻求情报的人并不太在意这些情报的真假，任何情报都能令他们满足。如果情报有用，自然很好；如果没用，他们就继续碰运气。我想到的是一般经纪行里的普通顾客。确实有一类操盘手自始至终都对内幕情报深信不疑。他们认为情报的良性流通是一种高尚的宣传工作，也是世界上最有效的推销手段，因为情报的追求者和接收者向来会成为传递情报的人，情报的传播便成了永无休止的广告。情报贩子们误以为只要传播的方式恰当，没有人能抵挡住内幕情报的诱惑。他们用心研究着传播情报的技巧。

每一天，我都会从各路人马那里收到上百条情报。我想讲一个关于婆罗洲锡业公司（Borneo Tin）的故事。你还记得这只股票刚上市的情形吗？当时正值股市最繁荣的时期。这只股票的推广集团听从了一个十分聪明的银行家的建议，决定立即让该公司的股票在公开市场上流通，而不是先交给证券包销集团。推广集团成员唯一的失误缘于经验不足。他们不知道股市在疯狂的牛市会如何表现，与此同时，他们也不是理性的自由派。他们一致认为，为了推销这只股票，有必要提高发行价格，但他们将发行价定得过高，交易者和投机客在购买时难免疑虑重重。

按理说，这些推销商应该很难将这只股票推广出去，但在火热的牛市里，他们的贪婪反而显得有些保守。只要听到足够的消息，公众就会买任何一只股票。没有人想做长线投资，大家都想轻轻松松便一夜暴富。为了购买大批战时物资，黄金不断流入美国。我听说，推销集团在制订婆罗洲锡业公司股票上市计划时，曾经三次抬高价格，然后才确立了写在正式记录里的开盘价，并宣传这是为了公众的利益。

这个推广集团曾经联系过我，希望我能加入他们。我在一番调查后拒绝了他们的邀请，因为如果要操纵市场，我情愿用自己的方式去做。我会利用自己的信息渠道以自己的方式进行交易。我知道推广集团的销售手段和推广计划，也知道大众的购买能力。因此，婆罗洲锡业公司上市后，我在交易首日的第一个小时内买进了1万股。至少到目前为止，这只股票在上市初期便取得了不错的成绩。实际上，推销商们发现它的市场需求很大，于是认为太早便释放过多股票是错误的选择。他们得知我已经买进了1万股，几乎在同一时刻，他们还发现如果股价仅提高25～30个点，仍有可能卖出所有股票。他们认为，我所购入的1万股会从他们自以为稳稳到手的上百万利润里分走一大块蛋糕。因此，他们竟然停止了抬高价格的操作，企图把我挤走。但我只是按兵不动。他们不想失去更大的市场，于是不再理会我，转而继续抬高股价，同时尽量避免损失更多股票。

他们看到其他股票的价格上涨得有多么夸张，便开始幻想获得数十亿美元的利润。当婆罗洲锡业公司的股价涨到120美元时，我把自己持有的1万股卖给了他们。这笔交易止住了涨势，集团管理者们暂缓了抬高股价的行动。在下一轮普遍上涨的行情中，他们再次试图为这只股票打造一个活跃的市场，他们释放了不少股票，但这批股票的价格仍被高估了。最终，他们把股价推高至150美元。然而，牛市的高峰期已经很难继续维系下去，推广集团不得不尽力将股票卖给那些喜欢在市场大幅反弹之后买进的交易者。这些交易者相信一种谬论：如果一只股票曾经卖到150美元，那么它在130美元时就算得上便宜，在120美元时就算非常便宜。并且，他们在场内交易者之间散布消息，因为这些交易者通常能形成短暂的活跃市场，然后他们又向证券经纪公司透露风声。即使只为了获得细微的帮助，推广集团仍使尽了浑身解数。问题是，做多股票的时机已经结束了。那些头脑简单的交易者已经将注意力转移到其他诱饵上。婆罗洲锡业公司的股票推广集团没有看清这一点，或者他们不愿承认现实。

我和妻子正在棕榈滩度假。有一天，我在格里德利俱乐部赚到了一点儿钱，回到家后，我从中拿出一张500美元钞票交给我夫人。巧合的是，当天晚上她在一场晚宴上见到了婆罗洲锡业公司的总裁维森斯坦（Wisenstein）先生，他也是这家公司的股票推广集团的主管。我们直到后来才发现，这位维森斯坦先生是刻意在宴会中坐在我夫人旁边的。

他对我夫人非常殷勤，一直在努力地逗她开心。最后，他神秘兮兮地告诉她："利文斯顿夫人，我准备做一件从未做过的事情。我很高兴这么做，因为你知道我是什么意思。"他停顿了片刻，迫切地看着我夫人，他想确认她不仅聪慧过人，也能够保守秘密。她读懂了他的表情，他的想法再明显不过。但她只是说了两个字："好的。"

"好的，利文斯顿夫人。认识你和你的丈夫是我的荣幸，我想证明我的诚意，因为我希望与你们夫妻保持来往。我相信你可以理解，接下来我说的话必须严格保密！"然后，他压低声音说，"如果你们买进婆罗洲锡业公司的股票，能赚到很多钱。"

"你真的这么想吗？"她问。

"就在我离开酒店之前，"他说，"我收到了几封电报，至少几天之内大众不会得知这些消息。我会尽已所能地买进这只股票。如果你们能在明天开盘时买进，就能以和我一样的价格购入这只股票。我向你保证，婆罗洲锡业公司的股票一定会上涨。这个消息我只告诉你一个人。你绝对是唯一知情的人。"

我的夫人向他表示感谢，然后告诉他自己完全不懂股票投机交易。但他向她保证，只要知道他刚才告诉她的消息便足够了。为了确保我的夫人没有听错，他又向她重复了一遍："你们只需要买进婆罗洲锡业公司的股票即可，买得越多越好。我向你保证，这么做不会给你们造成任何损失。我这辈子从没有告诉过任何一个人应该买哪只股票。但我万分确定这只股票能一直涨到200美元以上，我是为了你们的利益着想。你也知道，我一个人买不完所有股票，比起陌生人，我更希望你们能因此获利。我很乐意帮助你们！我之所以告诉你这个秘密，是因为我知道你不会告诉别人的。请相信我，利文斯顿夫人，买婆罗洲锡业公司的股票吧！"

他说得很诚恳，并且成功取得了我夫人的信任，她甚至开始考虑我当天下午给她的500美元也许能派上用场。那笔钱对我而言不值一提，而且也不算在她的零用钱之内。换句话说，即使她不走运，这笔钱全赔光了，对她来说也没有什么损失，况且那个人告诉她一定会有盈利。她想先凭自己的判断赚到钱，然后再给我一个惊喜。

于是，第二天早晨开市之前，她便走进哈丁兄弟公司，对经理说："哈利先生，我想买股票，但我不想用平时的账户做交易，因为我希望赚到钱之后再让我的丈夫知道这件事。你能帮我处理吗？"

经理哈利说："哦，当然。我们可以为您开一个特殊账户。您想买哪只股票，买多少份额？"

她把那张500美元钞票交给他，并说："请听我说，我不希望承受比这更高的损失。如果有亏损，我不想欠你们一分钱。请记住，我不希望利文斯顿先生知道这件事。开盘以后，请用这笔钱买进婆罗洲锡业公司的股票，能买多少就买多少。"

哈利收下了那张钞票，并表示一定会为她保密。他在开盘后为我夫人买进了100股。我想他是在108点买进的。那天，这只股票十分活跃，收盘时股价上涨了3个点。我夫人对自己大胆的尝试感到十分高兴，她好不容易才忍住了向我和盘托出的冲动。

当时我对做空的把握碰巧越来越大。婆罗洲锡业公司股票反常的表现吸引了我的注意。我认为这只股票上涨的时机并不成熟，况且是这么大的涨幅。我决定在那一天开始做空。一开始，我卖出了1万股婆罗洲锡业公司的股票。如果我没有这么做，我想它的股价大概不会仅仅上涨3个点，而是会上涨五六个点。

第二天，我以开盘价卖出了2000股，在收盘之前又卖出了2000股，它的股价跌至102点。

在那笔交易发生后的第三天上午，哈丁兄弟公司棕榈滩分部的经理哈利正在等待我夫人来访。如果我在做交易，她通常会在11点左右去那里查看情况。

哈利把她带到一旁，说："利文斯顿夫人，如果您还想让我为您代理婆罗洲锡业公司的股票，必须缴纳更多的保证金。"

"可是我没有多余的钱了。"她告诉他。

"我可以把这笔交易转入你们的普通账户。"他说。

"不，"她反对道，"如果这么做，我丈夫会知道的。"

"可是，您的特殊账户已经亏损了——"他开始说服她。

"我特别嘱咐过你，我不想让损失超过500美元。我连这500美元也不想丢掉。"她说。

"利文斯顿夫人，我知道，可是我不想在未经您同意的情况下卖出这些股票。现在，除非您授权我继续持有，否则我必须抛售。"

"但是，在我买进的那一天，这只股票表现得很好啊。"她说，"我不相信它这么快就反弹。你觉得呢？"

"我也不相信。"哈利回答道。想在经纪行工作的人，一定要会说这种外交辞令。

"哈利先生,这只股票究竟怎么了?"

哈利知道这是怎么一回事,可是如果告诉她,就一定会把我供出来,而顾客的利益高于一切。于是,他说:"我没听说过任何特别的消息,无论是利好还是利空。看啊!它的价格又下跌了!"他指向报价板。

我夫人盯着持续走低的股价,忍不住惊叫道:"噢,哈利先生!我不想失去那500美元!我该怎么做呢?"

"我不知道啊,利文斯顿夫人,如果我是您,会去问问利文斯顿先生的意见。"

"哦,不!他已经跟我说过了,他不希望我自作主张地做投机交易。如果我愿意,他会替我买进和卖出股票,我从没有背着他自己做交易。我可不敢告诉他!"

"没关系的。"哈利安慰她道,"他是个很厉害的交易者,清楚应该怎么做。"看到她猛地摇头,他残酷地补充道:"或者,您可以拿出一两千美元来弥补婆罗洲的损失。"

这个选择令她当场下定决心。她在交易厅里走来走去,随着市场变得越来越疲软,她找到正在查看报价板的我,告诉我事情的全部经过。我只是对她说:"你这个傻姑娘,别管这笔交易了。"

她答应了我,于是我把她损失的500美元还给了她,她高兴地离开了。那时,这只股票的面值刚好是100美元。

我清楚这究竟是怎么一回事。维森斯坦很狡猾,他以为我夫人一定会把他的话转告给我,然后我就会研究这只股票。他知道我一直在关注着股市行情,而我一向以大手笔著称。我猜他以为我会买进一两万股。

这是我听说过的最精心设计的一条内幕情报,它的传播方式也十分巧妙。但这条情报失效了,这是必然的结果。首先,我的夫人在那天意外得到了500

美元，因此，她的冒险冲动变得比平时更强烈。她想靠自己的力量赚一些钱，对像她这样的女性来说，这件事有着难以抵抗的吸引力。她知道我对外行人进行股票投机抱有什么态度，所以不敢把这件事告诉我。维森斯坦没能准确地掌握她的心理。

他对我是哪种类型的交易者也做出了错误的判断。我从不听信小道消息，并且我看空整个股市。他以为这个计划可以成功诱使我做多婆罗洲锡业公司股票，实际上，在我准备做空整个市场之后，正是这只股票上涨3个点的表现令我决定从它开始做空。

听完我夫人的故事后，我比之前更加迫切地想要做空婆罗洲锡业公司股票。每天早晨开盘时和每天下午收盘之前，我都会有规律地向维森斯坦卖出一部分股票，直到我最终抓住机会轧平了空头头寸，获得了一笔可观的收入。

我一直认为，根据别人放出的情报来进行交易简直愚蠢至极。我想我的秉性大概不适合成为打听情报的人。有时候，我认为这种人就像酗酒成性的人。他们之中有些人无法抵挡诱惑，总是期待着听到内幕消息的那一刻，只有这时他们才会感觉无比幸福。没有什么事情比竖起耳朵聆听情报更简单。只要遵循别人的指示就能获得幸福，这种幸福感仅次于在实现愿望的过程中迈出了艰难的第一步。与其说是贪婪使人变得盲目，不如说是无谓的希望令人放弃了思考。

盲目搜集情报的人不仅限于外行人。在纽约证券交易所的场内职业交易者当中也有许多这样的人。我当然知道他们之所以对我有很深的误解，是因为我从不为任何人提供情报。如果我告诉一个普通人"做空5000股钢铁吧"，他会立即照做。可是，如果我告诉他我看空整个市场，并详细向他讲述我的理由，他就会觉得很麻烦。等我说完后，他会不满地瞪着我，因为我没有给他提供具体的操作方法，而是向他讲解了我对普遍行情的看法，他认为这是在浪费他的时间。在华尔街，到处都是所谓的"大善人"，他们乐于帮助朋友、熟人甚至陌生人成为百万富翁。

所有人都对奇迹抱有很高的期待，这种信仰来自对希望的过度沉溺。一些人会定期迷失在希望中，我们都以为长期沉溺于希望的人是典型的乐观主义者。实际上，他们只是一群热衷于搜集情报的人。

我认识纽约证券交易所的一名会员，他和其他人一样将我视为冷酷、自私的混蛋，因为我从不泄露情报，也不告诉朋友应该如何操作。许多年前的某一天，他与一名报社记者谈话，对方从可靠的消息来源得知G.O.H股票即将上涨。我这位券商朋友立即买进了1000股，眼睁睁地看着股价迅速下跌，还没来得及止损，便已经失去了3500美元。过了一两天，他又遇见了这名记者，这时他的怒气还没有平息。

"你告诉我的消息简直烂透了。"他抱怨道。

"哪个消息？"记者问，他已经忘记了这件事。

"G.O.H上涨的消息。你说过你的情报来源很可靠。"

"我确实说过。那家公司的一名董事亲口告诉我的，他也是财务委员会的成员。"

"哪个成员？"这名经纪商问。

"如果你一定要知道，"记者回答，"他就是你的岳父韦斯特莱克（Westlake）先生。"

"你怎么不告诉我是他！"经纪商吼道，"你害我损失了3500美元！"他从不相信来自亲戚的消息。情报的来源越远，情报内容就越准确。

老韦斯特莱克是个有钱人，也是一名成功的经纪商和推销商。有一天他碰巧遇见了约翰·W.盖茨。盖茨问他是否知道些什么。"如果你愿意照做，我就告诉你一个消息。如果你不愿意，就算了。"老韦斯特莱克没好气地回答。

"我当然会照做。"盖茨高兴地承诺他。

"卖掉雷丁公司的股票！它肯定会跌25个点，可能还会跌得更惨。我保证至少下跌25个点。"韦斯特莱克抑扬顿挫地说。

"我欠你一个很大的人情。"以豪赌著称的盖茨热情地与他握手后转身前往他的经纪行。

韦斯特莱克专门研究过雷丁公司。他了解有关这家公司的一切，和内部人士也有来往，所以这家公司的股票行情在他看来一目了然，这是无人不知的。现在，他建议这位西部赌徒做空雷丁公司的股票。

雷丁公司的股票从未停止上涨。它在几周之内便涨了100点。有一天，老韦斯特莱克在华尔街撞见了约翰·W.盖茨，但他假装没看见似的继续往前走。约翰·W.盖茨追上了他，笑容满面地伸出了手。老韦斯特莱克心虚地与他握手。

"我很感谢你告诉我关于雷丁公司股票的内幕。"盖茨说。

"我没告诉过你任何内幕。"韦斯特莱克皱着眉头说。

"你当然告诉过我啊，而且你的消息棒极了。我赚到了6万美元。"

"你赚了6万美元？"

"当然啦！你不记得了吗？你让我卖出雷丁公司的股票，所以我买进了他们的股票！韦斯特莱克，每次我按照与你的情报相反的方式进行交易，总能赚到钱，"约翰·W.盖茨高兴地说，"毫无例外！"

老韦斯特莱克看着这个说大话的西部人，过了一会儿，他羡慕不已地说："盖茨，如果我像你这么聪明，会多么有钱啊！"

后来有一天，我遇见了著名的漫画家W.A.罗杰斯先生，经纪商们都十分喜爱他所创作的华尔街漫画。多年以来，《纽约先驱报》每天都会刊登他的漫画，他的作品为成千上万名读者带来了快乐。他给我讲了一个故事，发生在美国与西班牙开战之前。一天晚上，他与一名经纪商朋友闲坐在一起。离开时，他从衣架上取下一顶常礼帽，他以为那是自己的，因为这顶帽子与他的帽子形状相同，而且戴起来正合适。

当时，华尔街到处都在谈论一件事情，那就是美国与西班牙的战争。两国是否会开战？如果战争即将爆发，股价将会下跌；比起美国股民做空，更大的压力来自持有美国证券的欧洲交易者。如果两国可以维持和平，那就一定要买股票，由于报纸对战争大肆渲染，股市已经大幅度下跌。罗杰斯先生继续给我讲故事：

"我在前一天晚上拜访过那位经纪商朋友。第二天，这位朋友焦虑地来到了交易厅，他的脑海中正在进行着一场辩论，他无法决定究竟应该如何操作。他列举出这两种选择各自的优劣之处，但无法分辨究竟什么是谣言，什么才是事实。当时并没有可靠的新闻作为参考。有时候他认为战争是无法避免的，下一刻又认为战争很难发生。他的困惑令他变得更加暴躁，他摘下礼帽，擦了擦发热的额头。他不知道究竟应该买进还是卖出。

"他碰巧看了一眼自己的帽子。帽子内侧用金线绣着三个字母——WAR[①]（战争）。这时他灵光一闪——'难道这是上天利用我的帽子向我传递信息？'他卖出了大量股票，战争果然爆发了。他在股市暴跌后平仓，赚到了一大笔钱。"然后，W.A.罗杰斯一锤定音，"他一直没有把那顶帽子还给我！"

在我听到的关于小道消息的故事里，最有趣的是有关纽约证券交易所最受欢迎的会员J.T.胡德（J. T. Hood）的故事。某一天，一个名叫伯特·沃克（Bert Walker）的场内交易员告诉胡德，自己曾帮助过大西洋南方铁路公司一名重要的董事。作为回报，对方建议他买进大西洋南方铁路公司的股票，买得越多越好。公司董事们准备采取某些行动，他们计划将股价推高至少25个点。虽然不是所有董事都将参与这项行动，但大多数董事会投赞成票。

伯特·沃克认为，这只股票的股息率将会提高。他把这条消息告诉了他的朋友胡德，他们每人买进了几千股大西洋南方铁路公司的股票。这只股票在他们买进之前和之后都表现得十分疲软，但胡德认为，这种表现更加方便内部人士囤积股票，这些人当中就包括为伯特提供消息的朋友。

---

① WAR也是罗杰斯的姓名首字母缩写。

在下周的星期四闭市之后，大西洋南方铁路公司董事开会否决了分红方案。星期五开盘后的6分钟之内，这只股票的价格跌了6个点。

伯特·沃克后悔不已。他打电话联络那位董事，对方也很心痛，不断向他道歉。他说他忘记曾经建议沃克买进股票的事，所以没有打电话通知他计划有变，董事会的主要成员们改变主意了。这位董事懊悔不已，十分想弥补自己的过失，于是他告诉伯特另一个消息。他好心地解释道，他的几名同事想在价格低时买进股票，他们不顾他的反对，准备使用一些不太光彩的手段。为了争取他们的选票，他不得不妥协。如今，他们已经补足了仓位，没有什么能阻止股价上涨了。现在买进大西洋南方铁路公司的股票绝对没有任何风险。

伯特不仅原谅了这个位高权重的金融家，还热情地与他握手。当然，他急忙找到他的朋友，同时也是另一位受害者——胡德，把这个好消息分享给他。他们准备借此机会大赚一笔。他们在之前收到这只股票即将大涨的建议时已经买进了一些股票。现在，它的股价下跌了15个点，这就更好了，于是他们用联名账户买进了5000股。

接下来的发展仿佛是有人在刻意安排，这只股票因为显而易见的内部抛售而大跌。这两位股市的专家哭笑不得地发现他们的疑虑成了事实。胡德卖掉了他们共同持有的5000股。在那之后，伯特·沃克对他说："要不是那个该死的白痴前天已经去了佛罗里达，我一定要狠狠揍他一顿。我决不能放过他。你跟我来。"

"去哪儿？"胡德问。

"去电报局，我要给那个无赖发一封令他终生难忘的电报。走吧。"

胡德跟着伯特来到了电报局。那5000股造成的损失令伯特无比愤慨，他把怒火全发泄在电报里。他将写好的电报念给胡德听，然后说："这回他该清楚我对他的看法了吧。"

他刚要把电报递给发报员，胡德便制止了他，"伯特，等一下！"

"怎么了？"

"如果我是你，不会发这封电报。"胡德真诚地建议道。

"为什么？"伯特生气地问。

"这封电报会激怒他的。"

"这不正是我们想要的效果吗？"伯特惊讶地看着胡德说。

但胡德摇头表示反对，他无比严肃地说："如果你发出这封电报，他就再也不会告诉我们任何内幕消息了！"

这竟然是一个职业交易者所说的话。所以，讨论盲目无知的情报贩子还有什么用呢？我已经说过，人们不是因为愚蠢才去搜集内幕消息，而是因为他们沉湎于希望带来的快感。老巴伦·罗斯柴尔德[①]获取巨额财富的秘诀最适合应用于投机交易。有人问他在证券交易所赚钱是不是一件困难的事，他回答恰恰相反，他认为这很容易。

"那是因为您本来就很有钱。"提问的人不赞同他的意见。

"不是的。我只是找到了轻松的赚钱方法，并且一直按照这种方法来做而已。赚钱是自然而然的事情。如果你想知道，我可以告诉你我的秘诀。我从不抄底，并且我总是及时止盈。"

投资者和投机商是完全不同的两类人。大部分投资者非常重视库存清单、收入统计和各种数据资料，仿佛这些数据代表着事实和必然性。他们总是忽略人性因素。很少有人看好独资经营的企业。但我认识的最明智的投资者是来自宾夕法尼亚州的荷兰裔，后来他进入了华尔街，经常和拉舍尔·赛奇（Russell Sage）来往。

他很善于调研，并且不知疲倦。他总是用自己的双眼去发现问题，从不需要仰赖他人的观察。那是很多年前的事情了。他持有艾奇逊－托皮卡－圣菲

[①] 巴伦·罗斯柴尔德（Baron Rothschild）：著名犹太财阀。

铁路公司的大批股票。不久,他听说了很多关于这家公司和它的管理层令人不安的报告。他听说公司总裁莱因哈特先生并不像传言中那么有能力,实际上,他是一个挥霍无度的管理者,他的鲁莽令公司陷入一片混乱。如果这种情况继续下去,总有一天公司会为此付出重大的代价。

这正是来自宾夕法尼亚州的荷兰裔投资者翘首以盼的新闻。他急忙赶到波士顿面见莱因哈特先生,并向他提出了几个问题。这些问题中包括他曾反复听到的一些指控,然后他询问艾奇逊-托皮卡-圣菲铁路公司总裁,这些指控是否属实。

莱因哈特先生不仅断然否认了这些说法,还用数据证明那些指责他的人都是恶毒的骗子。来自宾夕法尼亚州的荷兰裔投资者需要的正是准确的信息,这位总裁满足了他的需要,向他展示了公司的运营情况和财务状况,没有一丝隐瞒。

来自宾夕法尼亚州的荷兰裔投资者向莱因哈特总裁表示感谢后便返回纽约,他立即卖出了他持有的艾奇逊-托皮卡-圣菲铁路公司的全部股票。一个多星期之后,他用闲置的资金买进了一大笔特拉华-拉克万纳-西部铁路公司的股票。

几年之后,我们在讨论一些幸运的交易选择时,他提到了这个例子,并解释了他为什么这样做。

"情况是这样的,"他说,"我注意到莱因哈特总裁在记录数字的时候从卷盖式桃花心木办公桌抽屉里拿出了几张信纸。那些信纸是厚实的亚麻布纸,信笺抬头是用两种颜色雕印的,十分漂亮。这种信纸的价格十分高昂,更糟糕的是,这种奢侈行为是毫无必要的。他在一张纸上写了几个数字,只为了让我了解这家公司某部门的盈利状况,或者为了证明他们是如何削减开支并减少运营成本的,然后他便把这张昂贵的信纸揉成一团,扔进了废纸篓。过了一会儿,他想向我炫耀他们正在推广的节约方案,于是又拿出几张用两种颜色印着公司抬头的漂亮信纸。他只写了几个数字，然后又把它丢进了废纸篓。他想也不想便浪费了不少钱。我突然意识到，如果公司总裁是这样的人，他不太可能坚持执行节约成本的计划。因此，我决定相信有关这家公司管理层铺张浪费的传言，而不是相信这位总裁的话，所以我卖出了全部持仓。

"过了几天，我碰巧有机会去参观特拉华－拉克万纳－西部铁路公司。这家公司的总裁是老萨姆·斯隆（Sam Sloan）。他的办公室离公司大门最近，总裁的办公室大门是一直敞开的。那时候，所有走进特拉华－拉克万纳－西部铁路公司的人都会一眼看见坐在办公桌后的公司总裁。只要有需要，任何人都可以走进他的办公室，立即与他谈生意。财经记者曾告诉过我，他们从不需要跟老萨姆·斯隆耍花腔，无论他们的问题是否涉及其他董事在股市中的利益，只要他们向老萨姆提出问题，就能获得明确的答复。

"我一走进他的办公室，便看到这位老先生正在忙。一开始，我以为他在拆邮件，走近他的办公桌后，才看清他在做什么。后来，我得知这是他的日常习惯。公司收到的邮件在分类和拆封以后，空信封不会被扔掉，而是全部收集起来送到他的办公室。他有空时，便会把信封沿着边缘裁开。这样一来，他就得到了两张纸，每张纸都有一面是空白的。他会把这些纸堆起来，然后让人把成堆的信封送到各个办公室，用来代替便笺，职员们可以在这些信封上记录数字，这与莱因哈特所使用的昂贵信纸有着相同的用途。空白的信封不会被浪费，总裁的空闲时间也没有浪费。一切都得到了充分利用。

"这令我想到，如果特拉华－拉克万纳－西部铁路公司拥有这样一位总裁，这家公司的所有部门都会高效运转。总裁一定会确保这一点！当然，我知道这家公司定期派发股息，并且拥有雄厚的资产。我用全部资金买进了大批特拉华－拉克万纳－西部铁路公司的股票。从那时起，这家公司的股本总额翻了一番又一番，已经是原始股本的4倍。我每年收到的股息和最初的投资额一样多。现在，我依然持有特拉华－拉克万纳－西部铁路公司的股票。相比之下，

我看见艾奇逊 – 托皮卡 – 圣菲铁路公司的总裁为了向我证明他不是个铺张浪费的人而将一张又一张华丽的亚麻布纸扔进垃圾桶,在这之后过了几个月,我便把这家公司的股票转手了。"

这个故事的美妙之处在于它是真实发生的,并且,在这位来自宾夕法尼亚州的荷兰裔投资者买过的所有股票里,没有一只股票比特拉华 – 拉克万纳 – 西部铁路表现得更好。

第17章 作手本能

我有一位关系最亲密的友人，他很喜欢向别人讲述有关我的直觉的故事。他一直认为，我拥有一种神奇的力量，这种力量可以超越数据分析的限制。他声称我只是盲目地遵循某种神秘的冲动，仅凭这股冲动，便能在恰当的时机轧平头寸。他最喜欢讲的一个故事是：有一回，我们在吃早餐时，一只黑猫让我卖出我的大部分持仓。收到这只黑猫的指示后，我变得神经兮兮，最后不情愿地卖光了所有多头股票。由于我几乎是在最高点成交，这个故事令这位顽固的朋友对我的直觉更加深信不疑。

那时，我前往华盛顿，努力说服一些国会议员，让他们明白对华尔街交易者课以重税是不明智的政策，但我并没有十分关注股市的动向。卖出所有持仓的决定来得很突然，之后，我的朋友把这段经历编成了故事。

我承认，有时候我确实会感受到一股难以抑制的冲动，并因此执行某些交易操作。这与我正在做多还是做空无关。我一定要轧平头寸。在完成操作之前我简直坐立不安。我认为这是因为我看到了许多警告信号。也许没有一个信号足以为我的选择提供清晰而绝对的理由。一名交易老手曾说过，詹姆斯·R.基恩等人拥有一种强烈的"股市直觉"，也许他所说的就是这么一回事。我承认，通常，我察觉到的警告信号不仅内容可靠，而且时机准确。但这一回，我并没有灵光一闪的感觉。那只黑猫与这件事无关。我的朋友告诉每个人那天早晨我的脾气很坏，我想那也许正是因为我很失望。我知道我没能说服国会议员，关于向华尔街征税的问题，委员会和我的看法不同。我并不是想免除股票交易的税款，只是以经验丰富的股票交易者的身份提出了我认为既公平又合理的税率。我不希望山姆大叔杀死股市这只肥鹅，如果受到公平的对待，这只肥鹅可以下出许多金蛋。也许，我的失败不仅令我恼怒，也令我对不公平的税率制度下的股市未来感到悲观和失望。不过，我会告诉你们究竟发生了什么事。

在牛市刚开始时，我同时看好钢铁贸易和铜材市场，也看好这两个领域的股票。于是，我开始积累这两类股票的头寸。起初，我买进了5000股犹他铜业公司的股票。我看到它那不尽如人意的表现后，便没有继续追加。也就是说，它的表现令我觉得买进这只股票并不是明智的选择。我想当时的股价是114美元。我还以同样的价格买进了美国钢铁，第一天便买进了2万股，因为它的表现符合我的预期。我遵循着之前描述过的交易体系进行操作。

后来，美国钢铁的表现依然如我所料，因此，我继续买进这只股票，最终一共持有7.2万股。但我所持有的犹他铜业股票只有一开始买进的5000股。我没有继续追加，它的表现并不鼓励我这么做。

每个人都知道接下来发生了什么，我们经历了一场大牛市。我知道大盘在走高。一般市场条件呈现利多趋势。股价大幅攀升，我的账面利润也有了显著的增长，即使如此，纸带上的价格仍在叫嚣着"还不够！还不够！"当我抵达华盛顿时，纸带上的数字仍在不断飙升。

当然，虽然我仍然看好多头势力，但并不准备在牛市后期补仓。与此同时，市场的发展完全符合我的预期，我没有必要整天坐在报价板前盯盘，也没必要每隔一小时便寻找平仓离场的信号。除非发生意料之外的灾难，在离场的警钟响起之前，市场一定会出现一些徘徊的迹象，或者会暗示我投机形势即将发生逆转。这就是我为什么还有余力去游说那些国会议员。

与此同时，股价持续上涨，这意味着牛市的尾声即将到来。

我并不清楚牛市终结的具体日期，这是超出我能力范围的事情。不过，想必你们都知道，我在留意着离场信号。无论情况如何，我总是在留意离场信号，这已经成了我的交易习惯。

尽管我并不能确定，但仍感到十分怀疑。在我平仓离场的前一天，高企的股价让我想到我所拥有的巨额账面利润和大批多头头寸，之后，我还想到我为了说服立法者们公平、理智地对待华尔街交易者而付出的无谓的努力。也许，正是在这种情况下，我开始产生了看空的念头。整个晚上，这些思绪一直在我的潜意识里发酵。第二天早晨，想到股市的情况，我开始好奇今天的股价将如何变化。走进交易厅之后，我看到价格继续上涨的股票并不多，我的盈利仍然很可观，但股市中出现了一股强大的吸货力量。在这样的市场中，我可以成功卖出任意份额的股票。当然，如果交易者的仓位已满，必须留心寻找将账面利润兑换成现金的机会。在这个兑现过程当中，应当尽量避免利润流失。我从经验中得知，一个人永远能找到机会兑现账面利润，这种机会通常会出现在交易的最后阶段。这与解读纸带的能力无关，也并非灵光一闪。

我在那天早晨发现市场可以吸纳自己持有的全部份额，既然如此，我当然毫不费力地卖掉了所有股票。当你在抛售股票时，无论卖出50股还是5万股，并没有更理智或更勇敢的做法。然而，你可以在最沉闷的市场卖出50股而不至于引起价格下跌，但卖出5万股同一种股票则是另一回事了。我持有7.2万股美国钢铁，这看起来也许不算多，然而卖出如此庞大的股票难免会使我的账面利润蒙受损失，这样的损失就像银行账户缩水一样令人无比心疼。

我的账面利润总额达到了150万美元，我看准时机兑现了这笔利润。但这并不足以证明在这个时候落袋为安是正确的选择。市场为我提供了证明，这确实令我感到满意。事情是这样的：我成功卖出了7.2万股美国钢铁，我的平均成交价只比当日的最高价低1个点，同时，那也是这轮涨势的最高价。这证明了我的判断是精确到分钟的。然而，我在当日的同一时刻卖出5000股犹他铜业后，这只股票的价格下跌了5个点。请别忘了，我在同一时间买进了这两只股票，并通过理智的布局，将美国钢铁股份从2000股积累到7.2万股；同样理智的是，我没有继续买进犹他铜业的股票。我之所以没有在更早的时机卖出犹他铜业，是因为看好铜材贸易，并且股市正值牛市，即使这笔交易不会为我带来巨额利润，我也不认为自己会因此承受太大的损失。至于灵感，我并没有任何特别的感觉。

股票交易者的训练和医科教育有些类似。一名医生必须花费数年时间学习解剖学、生理学、药物学和十几种相关学科。在完成理论学习之后，这名医生将毕生致力于医学实践。他将对各种病理现象进行观察和分类，学习如何诊断病情。诊断的准确与否取决于他的观察是否准确无误，如果他的诊断是正确的，那么他应该对病情有着很好的掌握。当然，我们永远不该忘记人类难免会犯错，一些意料之外的情况是无法避免的，这些因素将影响他的判断，令他无法做出百分之百准确的诊断。随着经验的增长，他不仅学会了如何做正确的事，还学会了迅速做出正确的判断。许多人甚至以为这已经变成了他的本能。其实那并不是本能反应，而是他在许多年里观察过很多类似的病例，因此才能参考经验立即做出判断。当然，他给出诊断后，只能依据经验中学到的治疗方法进行处理。你可以像传授卡片索引上的条目那样传授知识，但无法用相同的方式传授经验。如果交易者的反应不够迅速，即使他知道该怎么做，依然有可能承受损失。

观察能力、经验、记忆能力和数学能力，这些都是成功的交易者所必备的。成功的交易者不仅要观察准确，还要永远记住所观察到的现象。他必须在超乎理性和不可预料的事物上下赌注，无论多么相信人类是非理性的生物，无论多么相信不合理的事情总是经常发生。他必须永远对概率下赌注，也就是说，他要努力预测概率。在多年的实践中，交易者持续不断地钻研和记忆，终于具备了瞬间反应的能力，无论是预料之外的事件还是预期内的情况，他都能立刻采取行动。

即使一个人拥有强大的数学才能和罕见的观察力,如果缺乏经验和记忆力,依然会在投机交易中失败。正如医生必须随时跟进医学的发展,聪明的交易者也决不能停止对一般市场条件的研究,必须随时了解可能影响各种市场进程的事件,而这些事件往往发生在世界各地。经过几年的交易实践后,交易者会逐渐养成搜集信息的习惯。这几乎成了他的本能。他养成了一种可贵的职业素养,使他有时能在交易中取得胜利。职业交易者与业余交易者和偶然为之的交易者之间的这种区别,无论如何强调都不为过。譬如,我发现记忆力和数学能力为我提供了很大的帮助。华尔街的财富建立在数学的基础之上。我的意思是,华尔街的交易者们通过与事实和数据打交道来获取利润。

交易者对行情的掌握必须精确到每一分钟,必须从纯粹的职业角度来理解发生在所有市场上的一切动向。我之所以这样说,只是为了再次强调神秘的直觉和预感对成功并没有太大的帮助。当然,有经验的交易者经常能够做出极其迅速的反应,甚至没有时间事先找出所有理由。无论如何,这些说不出的理由都是很好的、充分的理由,因为它们来自交易者在多年的工作和思考中从职业观察角度搜集到的事实,对交易者而言,目光所及之处皆为有用的信息。下面我解释一下什么是职业态度。

我一直关注着期货市场,这是我多年养成的习惯。你们知道,政府报告显示,今年冬天的小麦收成与去年持平,今年春天的小麦收成高于1921年的水平。小麦产量有了很大的提升,今年的收成时间可能会比往年提前。当看到报告当中的数据时,我想到的是粮食产量的预期数字,还立刻联想到煤矿工人和铁路职员罢工。我之所以忍不住联想到这些问题,是因为我一直在思考所有对市场产生影响的潜在发展前景。我立即意识到罢工已经影响到各地的货物运输能力,持续罢工必将对小麦价格产生不利的影响。我的思路是这样的:由于罢工运动瘫痪了交通设施,冬小麦运输到市场的时间一定会大大推迟,等到货运能力恢复时，春小麦也将上市。这意味着铁路恢复批量运输小麦的能力后，两种小麦——延迟的冬小麦和早批春小麦——会同时进行运输，大批小麦将同时涌入市场。既然事实如此，像我一样看清现状的交易者显然在短时间内不会做多小麦。除非小麦价格下跌到适合投资的水平，否则他们不会愿意买进小麦期货。当市场上缺乏买进力量时，期货价格注定会下跌。既然有了这些想法，我必须验证我的判断是否准确。老派特·霍恩曾说过，"只有下注才会知道输赢"。既然我看空小麦期货，就应该做空，不需要浪费时间。

从我的经验来看，市场的表现是交易者最好的向导。这就像是医生为患者测量体温和脉搏，或者观察患者眼球的颜色和舌苔的状况。

通常说来，交易者应该可以在 $\frac{1}{4}$ 美分的波动范围内买进或卖出100万蒲式耳小麦。那一天，我为了测试市场时机而卖出了25万蒲式耳小麦，在这之后，价格下跌了 $\frac{1}{4}$ 美分。随后，由于这样的反弹不足以明确传达我想获得的信号，我又卖出了25万蒲式耳，并注意到市场正在一点儿一点儿地吸纳这笔订单，也就是说，买方大多是1万或1.5万蒲式耳的小额订单，而不是像平时那样在两三次交易后便被全部吸收。除了顺势买进的表现之外，在我卖出后，小麦期货的价格下跌了的 $2\frac{3}{4}$ 美分。现在，我不需要浪费时间进行解释了。市场吸收我的卖单的方式，以及小麦期货价格的下跌与我卖出的份额不成比例的事实告诉我，小麦期货市场上不存在买进势力。既然如此，我还能怎么做呢？当然是继续卖出更多小麦期货。根据经验采取行动偶尔也会出错，但是，无视经验擅自行动一定会错得离谱。于是，我卖出了200万蒲式耳，小麦期货价格进一步下跌。几天后，小麦期货市场的表现令我不得不继续卖出200万蒲式耳，期货价格仍在持续下跌。又过了几天，小麦价格开始暴跌，每蒲式耳下跌6美分。下跌的趋势并没有就此停止。除了几次短暂的反弹之外，小麦期货的价格一直在下跌。

这一回，我没有获得直觉的提示，也没有人向我透露内部情报。为我带来利润的是我对期货市场的职业习惯和心理态度，这种态度来自多年的从业经历。我之所以研究市场，是因为交易是我的工作。只要我通过解读纸带确定了自己的判断是正确的，那么我的义务就是增加头寸。这就是成功交易的奥秘。

我发现，在投机交易的领域里，经验很容易转化为稳定的红利，这一发现正是最好的内部消息。有时候，某只股票的表现会给你带来迫切需要的机会。你要仔细观察它。经验会告诉你如何利用各种高概率事件来获得利益。比如，我们知道所有股票不会都表现出同样的变化趋势，但同一个行业的所有股票在牛市中都会上涨，在熊市中都会下跌。这在投机交易中是老生常谈的规律。在所有不言而喻的情报里，这一条是最常见的，证券经纪公司对此也很清楚，并会把这条情报传授给任何尚未知晓的顾客。我的意思是，他们总是建议顾客购买一个板块里比较滞后的股票。这样一来，如果美国钢铁股价上涨，那么我们可以合理地假设，熔炉炼铁公司、共和钢铁公司和伯利恒钢铁公司的股票也会涨价，只是时间早晚的问题。贸易条件和商业前景对同一个板块的股票应该发挥相同的作用，板块内的所有股票都应享受到行业繁荣带来的红利。根据这个被无数次经验证实的理论，股市里的每只股票都会有出头之日。股民们之所以购买某只钢铁股票，是因为其他钢铁股票已经上涨了，而这只股票还没有反应。

即使在牛市的行情里，如果一只股票的表现不符合它在牛市的常规表现，我依然不会买进这只股票。有时候，我在牛市正旺时买进一只股票，然后发现同一板块其他股票的表现并不符合牛市的特点，便会卖掉那只股票。我为什么这么做？因为从我的经验来看，与显而易见的群体趋势背道而驰是不明智的举动。我不能只局限于确定无疑的交易。我必须预测成功的概率，并由此进行判断。一位经验丰富的经纪商曾对我说："当沿着铁轨往前走时，如果看见一辆火车以每小时60英里①的速度向我驶来,我还会继续往前走吗?朋友,我会躲到一边去。我根本不会为了这种显而易见的选择而夸耀自己明智和谨慎。"

去年,整体市场涨势正旺的时候,我注意到,尽管某个特定板块正跟随着整体市场一同上涨,该板块内的一只股票却表现出不同的发展趋势。我持有大量布莱克伍德汽车公司的多头头寸。每个人都知道这家公司的业绩很好。它的股价每天会上涨1~3个点,越来越多的股民受到这只股票的吸引而入市。这只股票自然也将公众的注意力集中于同类股票上,各种汽车股票开始上涨。然而,有一只股票的价格却固执地停留在低位,那就是切斯特汽车的股票。由于它的变动滞后于其他汽车股票,不久后人们便纷纷开始讨论这只股票。切斯特汽车股票的廉价和停滞与布莱克伍德等汽车股票的强劲和活跃形成鲜明的对比,在自以为是的情报贩子的建议下,股民们不出意料地开始买进切斯特汽车公司的股票,以为它一定会像其他汽车股那样呈现上涨趋势。

股民们有节制地买进并没能使这只股票上涨,反而使它下跌。如今,鉴于同领域的布莱克伍德汽车股票是一只引领涨势的龙头股,并且我们不断听说对各种类型的汽车的需求正在增加、汽车产量突破纪录等利好消息,在这样的牛市里推高它的股价是轻而易举的事情。

显而易见的是,切斯特汽车的内部集团没有采取一般内部集团在牛市中一贯的策略。这一回,他们的失职可能有两个原因。一个原因是内部集团希望在股价上涨之前积攒更多股票,因此他们没有采取抬高股价的行动。但是,只要对切斯特汽车股票的交易体量和交易性质进行分析,不难发现这个理论站不住脚。另一个原因是他们担心推高价格的措施会使自己持有过多股票。

如果本应持有这只股票的人都不想持有它,我为什么还要买进这只股票呢?据我分析,无论其他汽车公司的表现多么兴旺,我依然必须做空切斯特汽

---

① 1英里约为1.6千米。

车。从我的经验来看，应该谨慎购买不符合同类领涨股变化趋势的股票。

我轻而易举地确立了一个事实，切斯特的内部集团不仅没有买进自家的股票，而且还在抛售。还有其他迹象透露出买进切斯特的潜在风险，但我所需要的只是它与众不同的市场表现。这一回，纸带再次为我提供了内幕消息，这就是我做空切斯特的原因。不久后的某一天，这只股票出现暴跌。后来，我们终于从官方渠道得知，内部交易者确实在卖出自家的股票，因为他们很清楚公司的经营状况并不理想。股价下跌的原因总是在暴跌之后才得到披露，但警告信号是在暴跌之前出现的。我并不在意这只股票是否会暴跌，我关注的是警告信号。我不知道切斯特汽车公司出了什么问题，也没有突如其来的直觉，只是知道这只股票一定有问题。

几天前，我们刚经历了圭亚那黄金的暴跌，报纸称之为"耸人听闻的发展趋势"。这只股票在场外的申购价约为50美元，后来它在纽约证券交易所上市。它的发行价在35美元左右，随后开始下跌，最终跌破20美元。

我绝不会用"耸人听闻"来形容这样的跌幅，因为这完全在我的预料之内。只要进行一番打听，便能了解这家公司的历史。无数人对此都很清楚。我所听说的情况是这样的：六个声名显赫的资本家和一家大银行成立了一个辛迪加①。其中，一位成员是贝尔岛勘探公司的负责人，这家公司预付给圭亚那黄金公司超过1000万美元现金，购买了圭亚那黄金公司的债券和100万总股本当中的25万股。这只股票定期分红，并得到了很好的宣传。贝尔岛勘探公司想把这些资本变现，于是他们向银行家咨询了有关这25万股的事宜，银行家们尝试推广这些股票，这其中也包括他们自己持有的股票。他们考虑过把市场推广交给一位专业人士承办，这位专业人士会收取成交价在36点以上的股票销售利润的$\frac{1}{3}$作为报酬。我听说协议已经起草完毕，只待签字，但银行家们在最后关头决定自

---

① 辛迪加：一种较稳定的资本主义垄断组织形式。

已进行股票的推广工作，从而节省一笔费用。于是，他们组成了一个内部集团，要求贝尔岛勘探公司以36点的价位转让25万股。他们最终协商的价格是41点。也就是说，这个内部集团一开始便要付给同行们5个点的利润。我不知道他们是否清楚这件事。

显然，在银行家眼中，运作这只股票根本不是一件难事。我们已经迎来了牛市，圭亚那黄金公司所属的板块是股市中的领涨板块。这家公司的盈利能力很强，并且定期组织分红，再加上公司的投资人都是大人物，股民们普遍将圭亚那黄金视为可靠的投资性股票。我听说他们公开卖出的股票大约有40万股，股价一路上涨到47点。

黄金板块的涨势很强，但圭亚那黄金却开始显露出颓势。它的股价下跌了10个点。如果内部集团正在推广股票，这个跌幅并不严重。但华尔街的交易者们很快听说那家公司的状况并不理想，股票资产的质量无法达到推广集团较高的期望。当然，股价下跌的原因很快变得显而易见。但在原因公开之前，我已经得到了警告，并针对圭亚那黄金的市场采取了一些试探性手段。这只股票的表现和切斯特汽车很像。我做空了圭亚那黄金，它的股价开始下跌。我继续做空这只股票，它的股价也继续下跌。这只股票在重复切斯特汽车的表现，在我的印象中，还有其他几只典型股票也有过这样的反应。纸带清楚地告诉我有什么地方出了问题，因此，内部交易者没有做多这只股票，这些内部交易者很清楚为什么不能在牛市做多自家的股票。另一方面，毫不知情的外部交易者正在买进这只股票，因为它的股价曾达到45点以上，相比之下，低于35点的价格则显得很便宜。这家公司仍在派发红利。这只股票看起来物美价廉。

这时，消息传来了。重要的市场消息通常总会先传到我的耳朵里，然后才被大众知晓。一份报告证实该公司的采矿作业并不顺利，这家公司开采出的石头大部分是贫瘠的废石，而不是丰饶的矿石，但这份报告只不过让我知晓了内部交易者做空的原因。我没有因为这条新闻而选择做空。我在很早之前便根据这只股票的表现而选择了做空。我对它的考虑并不复杂。我是一名交易者，因此一直在寻找信号——内部做多的信号。我看不见任何这样的迹象。我不需要知道内部集团为什么不看好自己的股票，为什么不在股价下跌时买进。他们的市场计划显然不包括进一步推高股价的行动，知道这一点足矣。这个原因令我必须做空这只股票。大众买进了近50万股，这只股票所有权唯一的变化就是从一群无知的局内人手中转移到另一群无知的局外人手中，前者试图通过卖出来止损，后者希望利用买进来赚钱。

大众买进圭亚那黄金公司股票后遭受了损失，我卖出这只股票后获得了利润，但我讲述这个故事不是为了说教，而是为了强调研究群体行为的重要性，以及能力不足的交易者（无论地位高低）如何忽视这件事带给我们的教训。纸带为我们提供的警告并不局限于股市。在商品期货市场的领域，纸带发出的警报声同样响亮。

我在棉花期货市场有过一段有趣的经历。当时我看空股票，并持有适量的空头仓位。与此同时，我也做空了5万包棉花。我的股票交易带来了盈利，于是我没有太在意棉花期货的收益。后来我才发现，做空的5万包棉花令我损失了25万美元。正如我所说的，我的股票交易十分成功，它占据了我所有的注意力，我不想分心。每当想起持有的棉花期货时，我只是对自己说："等到价格反弹时我就会平仓。"有时，价格略有反弹，但我还没来得及决定平仓止损，价格已经重新上涨，甚至涨到比反弹之前更高的位置。于是我再次决定等待时机，然后便把注意力重新转移到股市交易上。最终，我在轧平股票头寸后获得了丰厚的利润，随后，我前往温泉市度假。

直到那时，我才终于有精力处理棉花期货的损失。这笔交易进展得并不顺利。在有些时刻，市场的表现令我感觉自己还有扭转局势的机会。我注意到，无论何时，只要有人重仓卖出，就必然引发大幅下跌。但在这之后，期货的价格几乎立刻开始回升，并创下本轮涨势的新高。

我在温泉市住了几天之后，我的损失已经达到了100万美元，并且棉花期货价格的上涨趋势仍未停止。我回顾了自己采取的所有行动，并反思了尚未采取的行动，我对自己说："我一定是错了！"只要我发现自己错了，就会平仓离场，这两个决定实际上属于同一个过程。于是我轧平头寸，承受了约100万美元的损失。

第二天早上，我一心一意地打高尔夫球，不再为其他事而烦恼。我的棉花交易已经结束了。我做出了错误的判断，并且已经为此付出了代价，付款收据就在我的口袋里。从那一刻起，我便对棉花期货市场失去了兴趣。在返回酒店参加午宴的路上，我顺便去经纪行看了一眼报价板。我看到棉花期货的价格已经跌了50个点，那不算什么。但我还注意到，在压低价格的那股力量消失后，它的价格没有像过去几个星期那样立即发生反弹。这表示最小阻力呈现出上涨的趋势，我对此视而不见，并因此损失了100万美元。

然而，当初令我决定以高昂的代价平仓止损的理由现在看来并不是好的理由，因为现在并没有像过去那样发生迅速而剧烈的上涨。因此，我卖出了1万包棉花期货并等待着市场的反应。很快，期货价格下跌了50点。我又等了一段时间，价格没有反弹。现在，我已经很饿了，于是走进宴会厅，点了一份午餐。在服务员上菜之前，我便突然站起来，冲进了交易大厅，我看到棉花期货的价格没有上涨，于是继续卖出了1万包棉花。我又等了一会儿，高兴地看到价格跌了40多个点。这表示我的操作是正确的，于是我返回宴会厅，吃完了午餐又回到经纪行。那一天，棉花期货的价格一直没有反弹。当天晚上，我便离开了温泉市。

打高尔夫是个不错的休闲活动，但我对棉花期货的做空和平仓都是错误的选择，所以我必须回去工作，回到可以安心做交易的地方。在我一开始卖出1万包棉花期货后，市场的表现令我又卖出了1万包，第二批棉花期货的表现令我确信转机已经到来了，因为市场行为发生了变化。

抵达华盛顿后，我来到我的经纪商所在的营业厅，这里由我的老朋友塔克负责。我在经纪行里待了一会儿，棉花期货的价格进一步下跌。这一次，我对自己判断准确的信心已经超过了上回判断失误时所抱有的信心。于是，我卖出了4万包棉花期货，市场下跌了75点。这表示市场上并不存在支撑期货价格的力量。直到那天晚上收盘时，棉花期货的价格仍在下跌。原有的多头势力显然已经消失了。我不知道价格到达何种水平时，这股力量才会重新出现，但我对自己的判断有信心。第二天早晨，我离开了华盛顿，开车前往纽约。我没必要匆忙赶路。

抵达费城后，我开车前往一家经纪行。在那里，我发现棉花期货市场一片惨淡。价格的急剧下跌已经在经纪行内引发了小范围的恐慌情绪。没等回到纽约，我便给我的经纪商打了一个长途电话，让他为我轧平空头头寸。交易报告显示这笔交易差不多弥补了上一次的亏损，拿到报告之后，我立即开车前往纽约。这一路上，我不需要再停下来查看报价板了。

和我一起去温泉市度假的朋友们直到今天仍在谈论这个故事——我从午宴的餐桌上跳起来，冲进交易所卖掉了1万包棉花期货。但这一次，令我采取行动的同样不是直觉。无论我之前犯了多么严重的错误，在那一刻，我相信做空棉花的时机已经到来了，这股冲动令我采取了行动。这是我的机会。也许我在潜意识中得出了这个结论。我在华盛顿做出的卖出决策是仔细观察的结果。从我多年的交易经验来看，最小阻力的趋势已经从上涨转变为下跌。

我没有因为损失了100万美元便对棉花期货市场怀恨在心，也没有因为自己犯了如此严重的错误便自怨自艾，同样不会因为在费城的平仓操作弥补了之前的损失而感到骄傲。我关注的是交易本身的问题，我认为有理由断言，我之所以能弥补之前的损失，是因为拥有丰富的经验和记忆。

第18章 华尔街没有新鲜事

在华尔街，同样的历史总是不断重演。你还记得我讲过的一个故事吗？我在斯特莱顿垄断玉米市场的情况下轧平了空头头寸。其实，还有一次，我在股市里使用了几乎一模一样的策略。我操作的是热带贸易公司的股票。无论做多还是做空，这只股票都令我获得了利润。它一直是一只活跃股票，也是勇于冒险的交易者们最爱的一只股票。报纸曾多次谴责这只股票的内部集团，他们对股价的波动斤斤计较，却对长远的投资漠不关心。不久之前，我所认识的最有能力的一名券商声称，热带贸易公司的总裁穆利根（Mulligan）和他的同党利用一只股票从市场吸纳了巨额资金，他们的出色表现甚至超越了丹尼尔·德鲁（Daniel Drew）对伊利湖公司股票的操作和 H.O. 哈维梅耶对糖业股票的操作。他们曾多次煽动空头做空这只股票，然后利用商业化的手段从空头手中彻底榨干每一分钱。空头们对此已经习以为常，甚至不再感到憎恨或厌恶。

当然，也有人抨击过热带贸易公司股票的"可耻表现"。但我敢说，这些批评者都是这只股票的受害者。为什么场内交易者们频繁落入内部集团设置的圈套，却依然乐此不疲？其中一个原因是：他们是行动派，而热带贸易公司确实是一只很活跃的股票。它不会长时间保持沉寂。这种表现没有理由，也不需要理由。这只股票不会浪费你的时间。交易者不会在等待价格变化的过程中失去耐心。流通的股票份额永远够多，除非空头势力强大到值得造成短缺的程度。

每分钟，这只股票都有新的变化！

不久前，我像往年一样在佛罗里达州过冬。我在享受钓鱼的乐趣，除了收到报纸的时候之外，我并没有为股市操心。一天早晨，收到每周两次的邮件后，我查看了股市报价，发现热带贸易公司的卖出价格是155美元。在我的印象里，上一次看到这只股票时，它的报价还是140美元左右。我认为我们即将迎来熊市，我一直在等待着做空股票的时机，但没有必要心急。因此，我才远离了自动报价机的嘀嗒声，来到这里钓鱼度假。我知道当时机真正降临时，我会重返市场的。与此同时，无论我做什么或者没做什么，都不会让时机早一点到来。

我从那天早晨收到的报纸上看到，热带贸易公司股票在市场上的表现十分抢眼。这令我对整个市场的看空有了落脚点，因为我认为，内部交易者在整体市场普遍疲软的情况下抬高热带贸易公司的股价，是一种极其愚蠢的做法。有时候，必须暂时停止压榨市场的行为。异常现象对交易者来说很少带有积极意义，在我看来，标高这只股票的价格是严重的疏忽。在股市里，无论是谁犯下如此严重的错误，都必将付出代价。

看完报纸后，我继续钓鱼，但一直在思考热带贸易公司的内部集团究竟打什么算盘。他们注定会失败，他们的做法就像不带降落伞便从20层楼顶跳下去一样，结果一定是摔得粉身碎骨。除此之外，我无法继续考虑其他事情，最终我放弃了钓鱼，给经纪商发了一封电报，让他替我以市价卖出2000股热带贸易公司的股票。安排好这件事后，我才能安心钓鱼。我钓到了不少大鱼。

那天下午，我收到了经纪商发来的加急电报。我的经纪商告诉我，他们以153点的价位卖出了2000股热带贸易公司股票。目前为止，一切进展顺利。我在行情下跌时做空了股票，这是合理的操作。但我没有心情继续钓鱼了。在分析热带贸易公司股票会跟随整体市场下跌还是随着内部操纵而上涨的各种可能性时，我意识到自己离交易现场过于遥远。于是，我放弃了钓鱼，回到了棕榈滩，那里有直通纽约的电报线路。

我一抵达棕榈滩，便发现那些误入歧途的内部交易者仍然执迷不悟。我又向他们卖出了2000股。收到交易报告后，我继续卖出2000股。市场的反应正如我所料。也就是说，我的订单令这只股票下跌了。一切都很顺利，于是我出去休息了一会儿。但我并不满足。我思考得越多，越觉得自己做空的份额还不够。于是，我回到了经纪行，又一次卖出了2000股。

我只有在做空那只股票时才感到开心。我持有1万股空头头寸。之后，我决定返回纽约。现在，我有工作需要做了，还是改天再钓鱼吧！

回到纽约后，我仔细研究了这家公司的营业状况，包括公司的现状和未来的商业前景。我所得知的情报令我更加确信内部交易者的操作是多么鲁莽，无论是一般市场的表现还是公司的盈利状况都证明了他们在这时候选择抬高价格是不自量力的举动。

尽管这只股票的上涨既不合逻辑也不合时宜，仍有一些人因此跟进，这无疑鼓励了内部集团继续执行不明智的策略。因此，我卖出更多股票。内部集团终于停止了推高股价的愚蠢做法。我多次依据我的交易体系对市场行情进行测试，最终，我持有3万股热带贸易公司的空头头寸。那时的股价是133美元。

这只股票的价格从153美元跌到133美元后，引起大众对空头的关注，一些股民在价格反弹时买进了这只股票，他们像往常那样狡辩道：这只股票在153美元的价位上被视为好的选择，如今它的股价下跌了20个点，当然就是更好的选择了。同一只股票，同样的股息率，同一批管理者，相同的业务。一切都没有改变，这是多么划算的选择啊！

公众的购买减少了可流通的份额，内部集团知道许多场内交易者在做空，他们认为轧空的时机已经到了。不出所料，股价被抬到了150美元。我料想有许多交易者选择了平仓，但我依然按兵不动。为什么不呢？内部集团也许知道有一批3万股的空头头寸还没有平仓，但我不需要为此担忧。我在153美元的价位上开始做空。促使我一路做空到133美元的理由不仅依然存在，而且变得比以往更加强烈。内部集团或许想逼我平仓,但他们没能开出令我心动的条件。基本市场条件对我有利。鼓足勇气和保持耐心对我来说不是一件难事。投机交易者必须相信自己,并对自己的判断保持信心。已故的迪克森·G.沃茨曾担任纽约棉花期货交易所理事长,也是《投机艺术》一书的作者,他说过,投机交易者的勇气不过是自信到将决策付诸行动。对我而言,我从不害怕犯错,除非市场证明我是错的,否则我从不认为自己错了。我只有在利用自身经验赚钱时才会感到安心,市场在某段时间内的变化不一定能证明我是错的。决定我在股市的立场是否正确的是市场行情的变化趋势。我只能依赖知识来获取成功。如果我失败了,原因一定是自身出现谬误。

尽管内部集团将这只股票的价格从133美元抬高到150美元,我也没有理由感到害怕,更不必为此平仓。目前,这只股票又开始下跌,正如我所预料的那样。内部集团还没来得及为它提供支持,它的价格已经跌破了140点。在他们买进的同时,市场上恰好充斥着看好这只股票的传言。我们听说这家公司的盈利状况十分理想,公司的巨额收入导致了定期股息率提高。我还听说空头总量十分庞大,空头们都将遭遇一场最严厉的打击,尤其是某个持仓过重的大空头。他们将股价又抬高了10个点,这段时间,股市流传的谣言简直数不胜数。

我并不觉得内部集团的操作有多么危险,然而,当股价涨到149美元时,我决定不能再让华尔街的交易者们把四处流传的多头谣言当真了。当然,无论我和其他局外人说什么,都不会打消那些担惊受怕的空头的顾虑,也无法说服经纪行的交易者们别再轻易相信小道消息。纸带所反映出的行情就是最有效而又体面的反击。人们宁愿相信纸带,而不愿相信他人的誓言,更别提一个做空了3万股的大空头的誓言。因此,我采取了对付斯特莱顿操控玉米市场的同一种策略。那一回,我通过卖出燕麦期货来诱使交易者看空玉米期货市场。这一回,我的经验和记忆再次派上了用场。

当内部集团通过抬高热带贸易公司的股价来恐吓空头时,我并没有利用卖出股票的方式来遏制股价上涨。我已经持有3万股空头，占据了流通股票中很大的份额，我认为持有这个比例的空头头寸是明智的做法。第二轮上涨的行情仿佛是一封亲切的邀请函，但我并不准备钻进过于明显的圈套里。当热带贸易公司的股价涨到149点时，我抛出了1万股赤道商业公司的股票。这家公司是热带贸易公司的大股东。

赤道商业公司的股票不像热带贸易公司的股票一样活跃，在我卖出1万股后，它的股价如我预料那般大跌，当然，我的目的达到了。听从小道消息而做多了热带贸易公司股票的职业交易者和一般股民们看到在热带贸易公司股价上涨的同时，赤道商业公司却因遭遇重仓卖空而股价大跌。他们当然会以为热带贸易公司的强势表现只是烟幕弹，那是人为操控的上涨，目的显然是为了给赤道商业公司的内部清算提供便利。这家公司正是热带贸易公司最大的股东。执行这种操纵手段的人一定来自赤道商业公司的内部集团，因为没有哪个外部人士敢在热带贸易公司的股票涨势如此强劲时卖出如此多的份额。所以，内部集团卖出热带贸易公司的股票，从而止住了这只股票的上涨，他们自然不想接手那些亟待出售的股票。从内部集团不再支撑热带贸易公司股价的那一刻起，它的价格便会下跌。大型证券经纪公司和交易者们如今也开始抛售赤道商业公司的股票，我轧平了空头头寸，借机小赚了一笔。我之所以做空这只股票，不是为了获得直接的利益，而是为了止住热带贸易公司的上涨趋势。

热带贸易公司的内部集团和勤奋的公关人员多次涌进华尔街，想尽办法进行多头游说，试图重新抬高股价。每当他们这么做时，我便会做空一部分赤道商业公司的股票，然后在这只股票随着热带贸易公司的反弹而下跌时进行平仓。这样一来，内部集团的操纵便不起作用了。热带贸易公司的股价最终跌至125点，空头头寸变得太大，以至于内部集团还可以将价格推高20～25点。这一回，他们的操作是针对过度扩张的空头而进行的合理举措，尽管我预见到这次涨势，却没有平仓，因为我还不想损失头寸。在赤道商业公司的股价跟随热带贸易公司一同上涨之前，我已经卖出了大量股票，并得到了与平时差不多的结果。在最近一次上涨后，利多的谣言传得沸沸扬扬。如今，这个谎言终于被戳破了。

到了这一步，整体市场已经变得十分颓丧。我说过，我之所以在佛罗里达州度假时突然决定做空热带贸易公司，是因为相信熊市已经到来。我还做空了不少其他股票，但热带贸易公司是我的最爱。最终，内部集团无力反抗强大的整体市场条件，热带贸易公司如同坐上平底雪橇般急剧下跌。这只股票在多年以来第一次跌破120点，然后跌破110点，甚至在它跌破票面价值后，我依然没有平仓。直到有一天，整个市场极度虚弱，热带贸易公司跌破了90美元，这时我才轧平头寸。这一回的原因与之前相同。我抓住了机会——市场容量很大，行情十分疲软，空头多于多头。即使冒着被视为自我吹嘘的风险，我也应该告诉你们，我持有的3万股热带贸易公司空头股票的成交价几乎是这一轮行情中的最低价。但我并没有执着于抄底。我的目标只是在将账面利润转化为现金的过程中尽量减少利润损失。

我之所以能在这轮交易里一直沉住气，是因为知道我的立场是可靠的。我没有与市场潮流背道而驰，也没有违反基本市场条件，我的做法恰恰是顺应市场趋势的，因此我十分确信那些骄傲的内部人士一定会失败。他们的做法是其他人早已经尝试过的，这种做法总是以失败而告终。尽管我和其他人一样清楚市场行情必将频繁上涨，但我并没有因此而感到害怕。我知道，只要沉住气，不要在更高的价位建立新的空头头寸，便能获得更多的盈利。通过坚持我认为正确的立场，我赚到了100余万美元。我该感谢的不是直觉，不是解读纸带的能力，也不是固执和勇气。我凭借坚信自身判断赢得了这份红利，而不是仰赖聪明和自负。知识就是力量，拥有力量便不惧谎言，即使谎言被打印在纸带上，也很快就会被戳穿。

一年后，热带贸易公司的股价再一次涨到了150点，并在这个价位徘徊了一两个星期。整体市场即将迎来大幅反弹，因为行情持续上涨了很长时间，牛市已经走到了尽头。我很清楚这一点，因为我已经测试过市场的反应。如今，热带贸易公司股票所属板块的盈利状况普遍较差，即使其他板块还能继续上涨，我也看不出有什么手段可以进一步推高这些股票的价格，何况大盘的状态也很沉闷。于是，我开始做空热带贸易公司的股票。我计划一共做空1万股。股价随着我的卖出操作而下跌。我看不到任何支撑股价的力量。随后，突然之间，多头力量的性质发生了变化。

我知道这股力量是在什么时候出现的，这样说并不是为了故弄玄虚。我突然意识到一个问题，这只股票的内部集团一向不认为他们有义务推高股价，既然如此，为什么他们要在市场普遍下跌的时机选择做多这只股票？其中必有原因。他们不是一群无知的蠢货，不是慈善家，也不是为了出售更多证券而致力于抬高股价的银行家。在我和其他交易者做空之后，股价依然在上涨。我在153点的价位轧平了1万股头寸，然后在156点做多，因为这时我从纸带上看出最小阻力呈现上涨趋势。虽然我看空整个股市，但我面对的不是抽象的投机理论，而是一只特定股票的交易条件。股价很快突破了200美元，并在那一年引起轰动。报纸声称我损失了八九百万美元，许多人以讹传讹，人们的反应令我"受宠若惊"。实际上，我根本没有做空，而是一直在做多热带贸易公司的股票。我甚至坚持得太久，以致一部分账面利润因此蒙受损失。你想知道我为什么这么做吗？因为我认为热带贸易公司的内部集团会采取行动，如果是我，也一定会这样做。但我不该考虑别人的做法，因为我的本职工作是投机交易，我应当专注于眼前的事实，而不是揣摩其他人的想法。

第19章 市场操纵

我不知道是谁最早将"市场操纵"一词与正常的股票交易联系在一起,所谓的"操纵"不过是证券交易所批量出售证券的一般商业行为。将股价压低后,以低估的价格买进想要积累的头寸,这种行为也被称为"操纵"。但这不同于人们的理解。操纵股票不一定涉及违法行为,但其中难免会包含一些人认为不太光彩的操作。怎样做才能在牛市买进大批股票的同时不抬高价格?这是一个问题。该如何解决它呢?这个问题取决于很多因素,我无法给出普遍适用的解决方案,除非你给出的方案就是巧妙地操纵市场。由于这个问题的解决离不开具体的条件,我无法给出更清楚的答案。

我对交易的每个阶段都十分感兴趣,当然,我不仅吸取自身的教训,也在学习他人的经验。不过,如今,想从闭市后的交易所里流传的奇闻逸事中学会如何操纵市场是十分困难的事情。过去适用的大部分诡计、策略和手段如今早已失效,有一些是不合法规的,有一些则根本无法实施。证券交易所的法规和条件已经发生了变化,一些故事也变得物是人非。即使是那些有着详尽细节的经典故事,也没有什么聆听的价值了,包括丹尼尔·德鲁、雅各布·利特尔(Jacob Little)或杰伊·古尔德(Jay Gould)在半个世纪前的传奇职业生涯。如今的操盘手不再需要考虑做什么和怎么做的问题,就像西点军校的学生不需要为了学习弹道学知识而研究古人的射箭术。

另一方面，研究与人有关的因素仍会使交易者受益，人们喜欢相信自己愿意相信的事情，总是纵容自己，甚至鼓励自己在贪欲的驱使下采取行动，或者因普通人难免的粗心大意而付出代价。恐惧与希望的影响仍未消失，因此，对投机者心理的研究与过去同样重要。武器已经发生了改变，但策略依然是策略，纽约证券交易所就是投机者的战场。我认为托马斯·F.伍德洛克（Thomas F. Woodlock）的话为此做了最完美的总结："成功的股市投机原则建立在一个假设的基础上，即人们未来仍会犯他们过去犯过的错误。"

在经济繁荣时期，参与股市交易的民众数量达到巅峰，在这种情况下，阴谋诡计失去了用武之地，因此，在繁荣时期讨论操纵市场或投机交易的技巧只是在浪费时间而已，这就像试图寻找落在街对面屋顶上的雨滴有什么区别一样。失败者总想着不劳而获，人性的贪婪和市场的繁荣都会刺激人类的赌博天性，这种天性在繁荣时期总是蠢蠢欲动。想要不劳而获的人永远都会付出代价，他们的经历证明了天下没有免费的午餐。起初，当我听到过去那些交易手段时，我曾以为19世纪60年代和70年代的人比20世纪初的人更容易上当受骗。可是当我翻开报纸，我总能看到新的诈骗事件，如最新的"庞氏骗局"、某个投机商号被查封、某人被骗走上百万美元……

在我最初来到纽约时，到处都在议论关于冲洗买卖和对敲指令的丑闻，这些都是证券交易所明令禁止的行为。有些情况下，一些冲洗买卖的手段过于粗糙，甚至骗不了任何人。只要有人想要操纵某只股票，经纪商们都会毫不犹豫地表示"冲洗买卖十分活跃"，正如我所说的，在投机商号里，不止一次发生过所谓的"赶市"，即通过让某只股票迅速下跌两三个点而在纸带上制造出下跌趋势的痕迹，从而从小额交易者身上榨取利益。至于对敲指令，人们在使用这种手段时总是伴随着些许担忧，因为不同的经纪商很难相互协调和同步操作，这些手段都是违反证券交易所规则的行为。几年前，一个著名的操盘手取消了对敲指令中的卖出部分，但保留了买进部分。结果，一个不知情的经纪商在几分钟之内把价格抬高了25个点,却发现他的买进操作刚结束,股价便迅速跌回之前的水平。对敲指令的本意是创造市场活跃的假象,如此不可靠的手段只能造成糟糕的生意。所以,如果你还想让你的经纪商保留纽约证券交易所的会员资格,你甚至不能对他们抱有任何信心。并且,高额的税率令所有操作的成本都比过去高了许多,包括虚假交易。

词典中对操纵股市的定义包括垄断市场。如今,垄断可能是由操纵导致的,也可能是由多头竞争导致的。例如,1901年5月9日,北太平洋铁路公司股票的垄断事件显然不是刻意操纵的结果。施图茨(Stutz)垄断事件令相关人员都付出了沉重的代价,包括金钱和名誉的双重损失。但这并不是蓄意策划的垄断事件。

实际上,策划大型垄断事件的当事人很少能从中获益。"海军准将"范德比尔特对哈勒姆铁路公司股票的两次垄断都产生了丰厚的利润,但是,这位老伙计所赚到的上百万美元利润主要来自大量的空头、狡诈的立法者和企图欺骗他的议员们。另外,杰伊·古尔德对西北铁路公司股票的垄断却给他造成了亏损。S.V.怀特执事对拉克万纳铁路公司股票的垄断为他带来了100万美元的利润,但吉姆·基恩对汉尼拔-圣乔铁路公司股票的垄断却令他损失了100万美元。一场垄断交易是否能获得利益当然取决于被垄断的股票售价是否高于成本,为此,空头收益必须达到一定的规模。

我经常好奇,为什么半个世纪前的大作手们如此热衷于垄断交易?他们都是能力强悍、经验丰富的交易者,一直保持着警觉,不会像孩子一样盲目地相信其他交易者有仁慈之心。但他们上当受骗的次数依然多得惊人。一位聪明的老经纪商告诉我,所有19世纪60年代和70年代的大作手们都有一个共同的野心,那就是发起一场垄断。在许多情况下,这是虚荣心在作祟;在另一些情况下,是复仇的欲望在怂恿他们这样做。无论如何,成功垄断了某只股票的指控实际上是对此人的头脑、胆识和财力的认可。垄断者有资格感到骄傲。他们可以心安理得地接受同行们的喝彩。垄断者之所以为此殚精竭虑，绝不仅是为了获得金钱上的利益。这些冷血的操盘手也有着复杂的虚荣心。

在那个时代，狗咬狗是家常便饭。我大概已经讲过我曾不止一次成功逃脱了被轧空的命运，这并不是因为我天生具有神秘的股市直觉，而是因为我通常可以判断出买方的表现在什么时候不再适合让我继续做空。我利用试探性的操作进行判断，过去的交易者们一定也采用过这个方法。老丹尼尔·德鲁经常轧空那些年轻的交易者，他曾迫使他们以高价买回过再卖给他的伊利湖公司股票。后来他自己也在操作伊利湖公司股票时遭遇了"海军准将"范德比尔特轧空，当老德鲁恳求对方手下留情时，"海军准将"冷冷地说出了一句不朽的名言：

"如果你卖出了不属于自己的股票，那么你只有两个选择：要么自食其果，要么锒铛入狱。"

在华尔街，已经很少有人记得这样一位操盘手，他是一位超越时代的英豪。他不朽的声名主要归功于"掺水股票"这个词。

在1863年的春天，艾迪生·G.杰罗姆（Addison G. Jerome）是公众监督委员会公认的领袖。我听说他给出的股市内幕消息被视为同银行存款一样可靠。所有人都夸他是一个伟大的交易者，他拥有数百万的身价。他出手阔绰到了奢侈的地步，他在华尔街拥有大批追随者，直到人称"沉默者威廉"的亨利·基普（Henry Keep）对他进行逼空，使他在原南方铁路公司股票上损失了几百万美元。顺便一提，基普和罗斯威尔·P.弗洛尔（Roswell P. Flower）州长有姻亲关系。

在过去的大部分轧空案例里，操纵手段的关键在于不能让对方知道你要垄断的这只股票正是他在积极考虑做空的股票。所以，轧空的目标主要是职业交易者，因为一般股民不太喜欢做空股票。令这些聪明的职业交易者做空这几只股票的原因与当今的职业交易者被轧空的原因几乎一致。"海军准将"范德比尔特因为政客背信弃义而轧空了哈勒姆铁路公司股票,此外,我从搜集到的其他报道中得知,职业交易者卖出股票往往是因为股价高估,而他们认为股价高估的理由是这些股票过去从未有过如此高的标价,既然在高估的价位不适合买进,那么在这个股价上就正适合做空。这套逻辑听起来和现在的理论差不多,不是吗?这些职业交易者考虑的是股价,而"海军准将"考虑的是价值!因此,许多年后,老前辈们告诉我,过去人们经常用"他做空了哈勒姆!"这句话来形容赤贫的状态。

许多年前,我碰巧见到了杰伊·古尔德的一名经纪商,并和他进行了一番对话。他信誓旦旦地说,老丹尼尔·德鲁曾心有余悸地评价古尔德:"他拥有死神之手!"古尔德先生不仅是一位举世罕见的奇才,而且远比古往今来的所有操盘手都更加优秀。只有金融领域的天才才能达到他的成就,这是毋庸置疑的。即使过了这么多年,我依然能看出他对新的市场环境有着极强的适应能力,这对交易者而言是很宝贵的素质。他可以在进攻和防守之间自由转换,因为比起股票投机交易,他更在乎的是资产的运作。比起逆转市场风向,他的操纵更多是为了长期投资。他很早便明白真正的财富来自铁路的所有权,而不是来自在证券交易所进行的股票买卖。

当然,他善于利用股市,但我怀疑这是因为股票交易是一种最简单、最迅速的致富手段,他需要的是几百万美元的资本,正如老科里斯·P.亨廷顿(Collis P. Huntington)总是手头拮据,因为银行愿意出借的资本永远比他的需求少二三十万美元。只有远见而没有资本的人只能束手无策,拥有资本才会带来成功,财富意味着实力,实力带来财富,财富带来更多成就,如此循环往复,无穷无尽。

当然,在那个年代,操纵股市的行为并不局限于大人物们。曾在小范围内操纵过市场的人也有几十个之多。我还记得一位上了年纪的经纪商给我讲过一个关于19世纪60年代早期股市风俗和交易道德的故事。他说:

"我对华尔街最早的印象来自我第一次参观金融区的记忆。我的父亲要去那里做生意，出于某些原因，他决定带我一起去。我们沿着百老汇一路前行，我记得我们转了一个弯后进入了华尔街。我们在华尔街漫步，走到纳索街（如今，这里的街角矗立着银行家信托公司的大楼）时，我看见有一群人正跟在两个人的身后。第一个人正在往东走，努力表现出漫不经心的样子。他身后跟着另一个人，这人面红耳赤，一只手拼命挥舞着自己的帽子，另一只手握成拳头在空中不断晃动。他声嘶力竭地吼道：'夏洛克[①]！夏洛克！你收了多少利息钱？夏洛克！夏洛克！'我看到许多人把头探出窗外看热闹。那时的华尔街还没有充斥着摩天高楼，但我敢肯定那些从二三层楼的窗户里伸长脖子看热闹的人差点儿就要摔下来了。我的父亲问他们出了什么事情，有人回答了几句，但我没有听清。由于害怕被人群冲散，我紧紧地抓住了父亲的手，无暇顾及其他人。人越来越多，聚集在街上的人群总是这样，我有些不舒服。狂热的人群不断从纳所街、宽街和华尔街的东西两侧奔涌而来。在我们终于摆脱人潮之后，父亲向我解释那个叫嚷着'夏洛克'的人是谁。我忘记了他的名字，但他是全城势力最大的操盘手，在华尔街赚到的和损失的资产仅次于雅各布·利特尔。我之所以能记得雅各布·利特尔的名字，是因为我觉得这个名字很奇怪。被称为'夏洛克'的另一名男子是臭名昭著的守财奴。我也记不清他的名字了。但我记得他又高又瘦，面色苍白。在那个年代，内部集团经常通过借款来减少证券交易所的可流通资金，从而使这笔被锁定的资金无法出借给他人。他们在借款后会得到保付支票。实际上，他们并不会动用这笔钱。这当然属于营私舞弊的手段。我想，这也是一种操纵市场的方式。"

我同意这位老伙计的话。这是一种如今已经绝迹的操纵手段。

我未曾与这些在华尔街久负盛名的大作手有过直接的交流。我指的不是金

[①] 夏洛克：莎士比亚喜剧《威尼斯商人》中放高利贷的商人，后多用来指代冷酷无情的高利贷者。

融领袖们，而是那些操盘手。他们所处的时代离我很遥远，不过，在我第一次来到纽约时，最伟大的操盘手詹姆斯·R.基恩正处于事业的全盛时期。但在那时，我只是一个毛头小子，只关心如何在一家信誉良好的经纪行里重现我在家乡的投机商号所取得的成功。并且，当基恩正忙于操作美国钢铁股票（这是他在作手生涯里的杰作）时，我还没有任何操纵市场的经验，并不真正理解操纵市场的含义和价值，其实，当时的我并没有必要去了解这些知识。即使我曾经考虑过这件事，也只把它当成一种巧妙包装的诈骗形式，我以为这与投机商号里的无耻之人企图对我施展的骗术没有什么不同。从那时起我便听说过许多关于操纵市场的议论，其中大部分都是人们的推测和怀疑，与其说是理智分析，不如说是主观猜想。

在基恩的熟人当中，不止一个人曾告诉我他是华尔街有史以来最勇敢和最能干的操盘手。华尔街曾出现过不少伟大的交易者，所以这是相当高的评价。那些交易者的名字大多已经被遗忘了，即使如此，他们在各自的时代里也曾经历过短暂的辉煌！他们从默默无闻到一举成名，凭借的是自动收报机打出的纸带，但这些小小的纸带能力有限，无法让他们在金融界长期保持翘楚地位，更无法让他们被载入史册。无论如何，基恩都是那个时代最伟大的操盘手，他的时代不仅长久，也充满了令人激动的传说。

他曾在哈维梅耶兄弟手下工作，他们要求他为糖业股票开拓一个市场，他把自己对股市的了解、作为操盘手的经验和他所拥有的才能发挥出最大的价值。那时他正陷入破产，否则可以继续用自己的本金进行交易，他是一个无所畏惧的勇士！他的糖业交易取得了成功，他把糖业股票变成了股市上炙手可热的股票。在那之后，他接到了很多内部集团的邀请。我听说他在进行内线操盘时从不接受佣金，而是要求像集团的其他成员一样获得股票分成。当然，对这只股票的市场运作也由他全权负责。双方经常互相指责对方背信弃义。他与惠特尼-瑞恩（Whitney-Ryan）集团的不和也源自这些指责。操盘手很容易被合伙人误解。他们对他的需求看得并不像他自己那么清楚。我本人对此也深有体会。

令人遗憾的是，基恩没有留下关于他在1901年春天对美国钢铁的成功操纵的准确记录，这是他最伟大的一次壮举。据我所知，基恩从未与J.P.摩根当面讨论过这件事。摩根的公司通过塔尔博特·J.泰勒（Talbot J. Taylor）公司来处理此事，基恩的总部就设在泰勒公司。塔尔博特·泰勒是基恩的女婿。我确信基恩给他的报酬里包含了他从这份工作中获得的乐趣。大家都知道，他在那年春天炒热了市场，后来从中赚到了几百万美元。他曾告诉我的一位朋友，他几个星期之内在公开市场为股票承销团卖出了75万股股票。要知道，他卖出的股票是初次发行的股票，这些股票还没有接受市场的检验，这家公司的资本总额超过了美国当时的国债总额；并且，D.G.里德、W.B.利兹（W. B. Leeds）、摩尔兄弟、亨利·菲普斯、H.C.弗里克和其他钢铁巨头也在同一时期向公众卖出了数十万股，他们针对的市场正是基恩当初炒热的市场。考虑到这两点因素，基恩算是取得了不俗的成绩。

当然，基本市场条件对基恩有利。我指的不仅是实际的商业形势，还有乐观的市场情绪，以及他所得到的源源不断的资金支持，这一切都增加了他成功的可能性。我们面对的不仅是一片大好的牛市，而且是整体繁荣的经济，当时那种乐观拼搏的精神状态也许再也无法重现了。基恩在1901年把钢铁普通股推高到55点，到了1903年，它的售价只有10点，在1904年只有$8\frac{7}{8}$点，那些无法被市场完全消化的证券引发了一场恐慌。

我们无法分析基恩操纵市场的过程。我们见不到他的账簿，他也没有留下详细的记录。如果我们能研究他对联合铜业公司股票的操纵方法，一定会很有意思。H.H.罗杰斯和威廉·洛克菲勒都曾尝试向市场抛售过剩的股票，但他们都失败了。最后，他们请求基恩为他们代销股票，基恩同意了。别忘了，H.H.罗杰斯是当时华尔街最有能力的商人之一，威廉·洛克菲勒是标准石油集团最勇敢的投机商。可以说，他们拥有无限的资源、巨大的声望和丰富的股市交易经验，但他们不得不向基恩求助。我之所以提到这件事，是为了向你们证明有些任务只有专家才能完成。联合铜业公司股票是一只受到普遍追捧的股票，它由美国实力最雄厚的资本家控股，却依然很难出售，除非牺牲大量的财富并承担名誉上的污点。罗杰斯和洛克菲勒都是聪明人，所以他们知道只有基恩才能帮助自己。

基恩立即开始工作。他在牛市中以接近票面价值的价格卖出了22万股联合铜业公司的股票。在他出清了内部集团的持仓后，公众仍在继续买进，股价又上涨了10点。内部集团看到公众对这只股票如此热情，于是转而看好他们之前卖出的股票。据说，罗杰斯竟然建议基恩做多联合铜业。罗杰斯不太可能想把自己的股票转给基恩。像他这样精明的人不可能看不出基恩可不是一只温顺的羊羔。基恩的操作方式一如既往，也就是说，他在暴涨之后的反弹期内卖出了大量股票。当然，这个策略是以他的需求为导向的，也会随着每日的价格波动而发生变化。股市就像战场，必须铭记战略和战术的差别。

基恩的一名亲信是我认识的最好的飞线钓手，他在几天前告诉我基恩在运作联合铜业公司股票期间，有一天突然发现为了抬高股价而持有的股票已经所剩无几，第二天他买回了几千股，第三天又会卖出一部分股票，从而保持平衡。随后，他不再进行任何操作，以便观察市场的反应，同时让市场适应这些变化。他真正开始销售这些股票时，采用的正是我所说的方法——在价格下跌的过程中卖出股票。股民们永远在期待着股价暴涨，此外，空头们也要在此时平仓。

这段时间与基恩最亲密的朋友曾告诉我，基恩卖出罗杰斯和洛克菲勒的持仓后获得了2000万～2500万美元的利润，之后，罗杰斯给他开了一张20万美元的支票。这令人联想到一个故事：一位百万富翁的妻子在大都会歌剧院丢失了一条价值10万美元的珍珠项链，歌剧院的清洁女工捡到项链后还给了她，这位贵妇人却只给女工50美分作为酬谢。基恩把这张支票退还给他，并附赠了一张字条，他礼貌地表示自己不是股票经纪商，并且他很高兴能为二人效劳。二人收下了支票，回信说希望能再度与他合作。不久后，H.H. 罗杰斯给了基恩一个善意的提示，让他在130点左右买进联合铜业公司的股票。

詹姆斯·R. 基恩果然是一名天才作手！他的私人秘书告诉我，当市场走向符合基恩的预期时，他会变得很暴躁。那些认识他的人都说他的暴躁情绪会通过辛辣的讽刺表达出来，那些话语令听者难以忘怀。但遭受损失时，他的脾气却很好，他就像一位彬彬有礼的绅士，待人友善，妙语连珠，幽默风趣。

他拥有任何一名成功投机者所具有的最佳品质。他从不与纸带叫板，这是毫无疑问的。他无所畏惧，但又从不莽撞。他可以在转瞬之间改变立场，只要他发现自己错了。

从他的时代以来，证券交易所发生了许多变化，那些古老的规则得到了更加严格的执行，立法者以许多新的名义对股票交易和交易所得利润征税，诸如此类的变化层出不穷，股市交易仿佛与过去不一样了。基恩所擅长使用的一些技巧已经不再适用。并且，我们可以肯定的是，华尔街的职业道德也达到了新的高度。尽管如此，公平地说，在金融史的任何阶段，基恩都会是一个伟大的市场操纵者，因为他是一个了不起的操盘手，对投机交易无所不知。他之所以能成就一番伟业，是因为当时的条件允许他这么做。他在1876年第一次从加州来到纽约，仅用两年时间便赚到了900万美元。如果他生活在1922年，那么会获得像在1901年或1876年一样的成就。总有一些人的步伐迈得比其他人更大。无论大众如何变化，这些人都注定会成为领袖。

事实上，变化绝不像我们想象中那么剧烈。变化所带来的回报也并没有过去那么大，因为工作没有开拓性，我们自然得不到开创阶段的报酬。从某些方面来说，操纵市场变得比以往更简单了，但从另一些角度来看，与基恩的时代相比，我们的时代面临着更大的困难。

广告宣传无疑是一门艺术，市场操纵则是以纸带为媒介的广告艺术。纸带应当向听众讲述操纵者想要表达的故事。故事越真实，它的可信度就会越高；可信度越高的故事，宣称效果就会越好。例如，现在的操纵者不仅需要让一只股票看起来很强势，也要真正让它变得强势。因此，市场操纵必须建立在可靠的交易原则之上。基恩从一开始便是一个完美的交易者，正因如此，他才成了不同凡响的市场操纵者。

第20章 股票分销的奥秘

"操纵"一词听起来有些肮脏，我们需要为它起一个代称。市场操纵的目标是大量售出某只股票，当然，只要这个过程没有受到歪曲，我倒不认为这一过程本身有什么神秘或卑鄙之处。市场操纵者一定会在投机者当中寻找买家，这是毫无疑问的。他要找的是想收获巨额资产回报的人，这样的人愿意承受比普通交易更大的风险。如果一个人已经知道这个道理，却还是将自己的失误怪罪在别人身上，我很难对这样的人产生同情。对这样的人来说，他赚到钱时，便会以为自己聪明绝顶；但他遭受损失时，就认为对方一定是骗子，是操纵市场的卑劣之徒！这些人在遭受损失时说出的"操纵"一词指的是作弊，但事实并非如此。

通常，操纵股市的目标是开拓市场，也就是随时能够在某个价位处理掉大批股票。当市场条件发生变化时，内部集团可能会发现，除非牺牲很大一部分利益，否则他们无法卖出大量股票。这时，他们也许会决定雇用一位专业人士，相信依靠专业人士的能力和经验，他们可以有序地撤出市场，从而避免惊人的溃败。

你们会发现，我所说的"操纵"不是指为了以尽可能低廉的价格大量买进某只股票而采取的手段，例如为了控制行情而买进的行为，因为这种操作如今很少发生。

当杰伊·古尔德为了保证自己对西联汇款公司的控制而决定买进这家公司的巨额股票时，离开证券交易所多年的华盛顿·E.康纳（Washington E. Connor）突然出现在西联汇款公司的交易点。他开始出价买进西联汇款公司的股票。所有交易商毫无例外都在嘲笑他愚蠢，他太小看他们了，于是他们高兴地满足了他的愿望，卖给他巨额股票。他表现得仿佛是古尔德先生想要买进西联汇款公司的股票，他以为这样便能抬高股价，但这个招数已经过时了。这算是操纵市场吗？我想，我只能这么回答："不是，却又是！"

我说过，在大部分情况下，操纵的目的是以尽可能高的价格将股票卖给公众。这个问题不仅与股票的销售有关，也涉及股票的分配。无论从哪个角度来看，一只股票被许多人持有总胜过只被一个人持有，因为这样更利于为这只股票开拓市场。因此，市场的操作者不仅要考虑如何抬高股票的售价，还必须注意这只股票的分配结构。

如果你不能引导公众接手你持有的股票，那么将价格抬得很高便失去了意义。缺乏经验的操纵者把价格推至顶点，却没有能力出清股票，每当老前辈们看到这种情况时，他们便会露出深不可测的表情，然后告诫他：你可以把马牵到河边，却不能强迫它喝水。说得好！实际上，我们最好记住市场操作的法则，这是基恩和他的前辈们也熟知的法则：先尽全力把股票的价格推至顶点，然后在价格回落的过程中将股票卖给公众。

让我从头开始解释吧。假设有一个股票承销团、一个资金池或者某个交易者想要以尽可能高的价格卖出持有的大批股票。这只股票是在纽约证券交易所上市的股票，那么，卖出这只股票的最佳场所应该是公开市场，最合适的买家自然是普通股民。股票销售的谈判由一个人负责。他本人、他的同僚或前任同僚曾经尝试过在证券交易所出售这只股票，却以失败告终。即使他暂时还不够熟悉股市交易，这种情况也将很快得到改善，他将意识到自己并不具备这份工作所必需的经验和才能。他要么认识一些成功解决过类似事件的交易者，要么听说过这些人的名字，他决定利用这些人的专业能力为自己解决问题。于是，他找到了一位专业人士，就像他在生病时会去看医生、在解决工程问题时会去找工程师一样。

假如他听说过我的名字，知道我是个深谙股市规则的人，那么，我想他会努力搜集与我有关的一切情报。然后，他会安排与我会面，并在适当的时候造访我的办公室。

当然，我很可能知道有关这只股票的事情，也了解它所代表的公司的价值。这是我的职责所在。这就是我赖以生存的基础。来访的客人告诉我他和他的同僚们的意图，并请求我来完成这项工作。

接下来，轮到我发言了。为了清楚地理解我需要承担的责任，我向对方询问了所有相关情报。我估算了这只股票的价值并评估了对它进行市场推广的可能性，再加上我对当前市场情况的理解，可以由此判断出成功完成这项任务的可能性。

如果我搜集到的信息令我对这项任务抱有乐观的看法，便会接受这个提议，并当场向对方提出我的条件。如果对方接受了我的要求（包括报酬和其他条件），我便会立即开始工作。

我通常会要求获得大额股票的买入期权，坚持要求获得逐级递增的期权，因为这对所有相关人士都是最公平的选择。买入期权的执行价格从略低于现行市场价格的位置起步。例如，假如我获得10万股买入期权，该股票现行市场价格为40点，我会在35点时得到几千股，在37点、40点、45点、50点得到一部分，一直到75点或80点为止。

如果在我的专业操作下，这只股票的价格上涨，并且在价格到达最高点时，市场对这只股票的需求很旺盛，我可以借此机会卖出大量股票，那么，我当然会认购这些股票。我在赚钱，我的客户也在赚钱。这是理所应当的事情。如果他们为我的能力支付报酬，他们理所应当获得相应的价值。当然，有时候资金池也会遭遇亏损，但这种情况很罕见，因为我只有在明确地看到获得盈利的可行性时才会接手这份工作。今年，我在做一两笔交易时不太走运，没能获得盈利。那是有原因的，但与这件事无关，也许以后我可以详细讲述事情的经过。

推高一只股票的第一步是进行宣传，让大家都知道这只股票的价格将被推高。这听起来很愚蠢，不是吗？请再考虑一下。其实这并不像听起来那么愚蠢，是吧？实际上，最有效的宣传方式就是让这只股票变得活跃和强势。在你竭尽全力进行推广之后，这个世界上最好的宣传媒介正是自动报价机所打出的纸带。我不需要为客户打印任何文献资料，不需要告知新闻媒体这只股票的价值，也不需要让金融报纸点评这家公司的商业前景，更不需要去寻找支持者。要想获得上述梦寐以求的结果，我只需要把这只股票变得活跃。当一只股票被炒热后，人们便立即想要了解它。这当然意味着媒体曝光，我不需要提供任何帮助，一切都将随之而来。

场内交易者需要的只是活跃股票而已。他们可以在任何价位买进或卖出任何一只股票，只要这只股票可以在自由市场流通。一旦发现活跃股票，他们便会进行上千股的交易，交易体量十分可观。这是必然的结果，因为他们是市场操纵者的第一批买家。他们会跟随股价的上升而一路买进，在你布局的各个阶段，他们都发挥着很大的协助作用。我知道詹姆斯·R.基恩过去一直在雇用一些最活跃的场内交易者，他这样做不仅为了掩盖市场操纵的真正源头，也因为他知道这些场内交易者是当时最好的业务推广者和情报散播者。他经常口头授予他们一些高于市场价格的买入期权，这样一来，他们也许会做一些炒热市场的努力，然后将期权兑现。他让他们用自己的努力去赚得利润。为了获得职业交易者的支持，我只需要把这只股票炒热，这些场内交易者便没有更多的要求了。当然，我需要记住，这些证券交易所的场内专家之所以买股票，是为了在卖出股票时获得利润。他们并不指望每次都能获得巨额盈利，但他们一定会要求迅速获利。

我让这只股票变得活跃的目的是吸引投机者的注意力，理由我已经说过了。无论我是买进还是卖出，这些交易者都会追随我。假如一个人像我这样坚持持有足够多的买入期权，卖方的压力就不会很大。因此，买方战胜了卖方。比起追随市场操纵者，一般股民往往更愿意追随场内交易者。他们作为买方参与交易。我自然乐于满足他们的需求，总的来说，我可以如愿以偿地卖出股票。如果市场需求达到我的预期，市场便有能力吸收比我在市场操纵早期阶段所积攒的股票更多的份额。在这种情况下，我就会做空这只股票，这是一种技术上的策略。换言之，我卖出的股票比自己持有的份额更多。这种做法很安全，因为我在比照买入期权的份额进行卖出。当然，大众对这只股票的需求开始减少后，这只股票的价格便不会继续上涨。那时，我便会等待。

假如这只股票已经不再继续上涨，我们迎来一个平淡的交易日。整个大盘也许会发展出反弹的趋势，或者某些独具慧眼的交易者看出我不再继续买进这只股票，于是他开始卖出，他的同伴们也纷纷效仿。无论出于何种原因，我的股票开始下跌了。那么，我会开始买进它。如果一只股票的赞助者依然对它情有独钟，我便会为它提供应有的支持。此外，我可以在不囤积更多股票的情况下为它提供支持，也就是说，这么做不会增加我日后需要卖出的份额。请注意，我的做法不会减少自己的资本。我所做的其实是用更高的价格轧平空头头寸，一般股民或职业交易者们（也许是二者同时）为我制造了价格上的便利。让职业交易者和一般股民了解到这一点是很有必要的，并且在股价下跌时，这只股票依然存在市场需求。这种做法通常可以阻止鲁莽的职业交易者做空，也可以防止受惊的持股人平仓，当一只股票的行情一路走低时，便会出现上述情况；反过来说，如果一只股票得不到资金支持，它便会越发疲软。我将这种买进平仓的操作称为"维稳流程"。

随着市场的不断拓宽，我自然会在股价上涨的过程中卖出股票，但卖出的份额不至于止住上涨趋势。这与我稳定行情的计划完全吻合。很明显，随着股价的上涨，我以合理、有序的方式卖出的股票越多，就越能鼓励保守的投机者，他们的人数比鲁莽的场内交易者更多；此外，在行情不可避免地呈现疲态时，我能够为这只股票提供更大的支持。只要永远坚守做空的立场，我便永远可以在不危及自身利益的前提下支撑这只股票。一般说来，我会在可以获得盈利的价位开始卖出。但我也经常在无法获利的情况下卖出，这单纯只是为了创造或增强我所谓的"无风险买方势力"。我的工作不仅仅是推高股价，也不仅限于为客户卖出大批股票，我的目标还包括为自己赚钱。所以，我不会要求任何客户为我的市场运作提供资金支援。我的收入取决于我的工作完成度。

当然，上述操作并不是一成不变的。我并没有建立一个僵化的体系，即使有这样的体系，我也不会照本宣科地执行。我会根据具体情况调整自己的条件。

如果你希望分销某只股票，应当先尽可能地炒热行情，然后再卖出这只股票。我之所以要重复这一点，既因为这是股市交易的一条基本原则，也因为大众显然相信所有股票都是在最高点时卖出的。有时候，一只股票会像注满水一样停止上涨。这就是卖出的时机。股价的下跌自然会超过你所期望的程度，但通常你可以让它再涨回来。只要我所操纵的股票可以随着我的买进而上涨，我就知道局势还在掌控之中。如果有需要的话，我可以满怀信心地自掏腰包买进这只股票，并且丝毫不担心会因此承受损失，对于任何具有相同表现的股票，我都会这样做。这是符合最小阻力发展趋势的做法。你还记得我的这条交易理论吧？当股价的波动符合最小阻力的趋势时，我便会跟进，这不是因为我选择在那个特定的时机操纵这只股票，而是因为股票交易一直是我的本职工作。

如果我的买进操作未能推高这只股票的价格，我便会停止买进，然后在价格下跌的过程中卖出它；即使我不需要操纵这只股票的行情，依然会选择这样操作。想必你们知道，股票分销的工作主要是在价格下跌的过程中完成的。一个人在下行的行情中能够卖出的股票份额简直令人惊叹。

我再次强调，我在操纵行情的过程中从未忘记自己是一名股票交易者。毕竟作为一名操纵者，我面临的问题与作为交易者时所面临的问题是相同的。当操纵者无法令一只股票呈现出他想要的表现时，操纵行情的任务便失败了。当你想要操纵的股票表现得不对劲时，你就应该终止交易。不要与纸带争辩。不要试图把失去的利润弥补回来。在损失还不严重时及时脱身是明智的选择。

第21章 大作手的无奈

我很清楚,这些泛泛而谈很难给人留下深刻的印象,这是在所难免的。如果我用具体的事例进行说明,也许可以取得更好的效果。我要给你们讲一个关于我如何把一只股票的价格推高30点的故事,我只用了7000股便实现了这个目标,并且打造了一个几乎可以吸纳所有股票的市场。

我所操纵的是帝国钢铁的行情。这只股票的发行商是一些信誉良好的人,投资者普遍看好这只股票的价值。股金总额的30%由华尔街的几家经纪行承销,面向大众发售,然而,股票上市后的交易情况不太活跃。不时会有人打听这只股票的情况,初始承销团的某个成员会说这家公司的收入超过了预期,商业前景一片大好。情况确实如此,到目前为止,一切都很好,但公司前景并不像他们所形容的那么令人激动。这只股票缺乏对投机者的吸引力,从投资者的角度来看,这只股票还没有表现出价格的稳定性与分红的持久性。这是一只从未有过出色表现的股票。它的走势一直不温不火,无论内部人士提供了多么卓越而真实的财报,这只股票从未出现过相应的上涨趋势。另外,它的股价也没有下跌。

帝国钢铁公司的股票一直得不到重视,人们对它漠不关心,相关的内幕消息也无人问津。它心安理得地维持着不涨不跌的现状,它之所以不会下跌,是因为没有人愿意做空一只流通性不好的股票,在这种情况下,卖方完全受制于重仓持股的内部集团。同理，这只股票也缺乏刺激买进的诱因。因此，对投资者而言，帝国钢铁依然只有投机交易的价值。在投机者看来，这只股票毫无希望，它会让人违背自身意志而成为一个投资者，因为从做多它的那一刻起，它就一直保持沉寂。投机者不得不在一两年里一直背负着这个累赘，最终他的损失将超过买进这只股票所花费的成本。当真正的好机会出现在他面前时，他一定会发现自己受到了拖累。

有一天，帝国钢铁公司最重要的一位财团成员代表他所属的组织与我见面。他们想为这只股票打造市场，这个组织持有70%尚未流通的股票。他们希望我能以较高的价格卖出他们的持股，还想让我为他们争取到比在公开市场直接进行交易更好的价格。他们想知道我的条件。

我告诉他，过几天我会给他答复。随后，我研究了这只股票。我请专家调查了该公司各部门的业绩，包括工业部、商业部和财务部。专家们为我提供了不偏不倚的报告。我想了解的不是这家公司的优缺点，只想了解事实本身。

报告显示，这只股票是很有价值的资产。公司的前景表明以现行市价买进这只股票是合理的投资，只要投资者愿意耐心等待资产升值。在这种情况下，这只股票未来最有可能的走势是上涨，如果不考虑未来可能发生的意外事件。因此，我没有拒绝承接这份工作的任何理由，我可以心安理得并充满自信地为帝国钢铁炒热市场。

我将我的决定告知那个人，他来到我的办公室商谈具体合作事宜。我向他讲述了我的条件。我不需要现金酬劳，但要求获得10万股帝国钢铁公司股票的买入期权。期权的价格范围在70美元至100美元之间，这听起来是一笔不小的数目。但他们需要考虑到现状，内部集团仅凭自己的力量绝对无法以70美元的价格卖出10万股股票，他们甚至连卖出5万股都做不到。这只股票根本没有市场。高额盈利和美好前景的一切宣传都没能引来大批买家。除此之外，除非我的客户先赚到几百万美元，否则我也得不到任何报酬。我提出的条件并不是高得离谱的销售佣金，而是只有成功完成任务才能拥有的合理酬劳。

我知道这只股票拥有真正的价值，整体市场正值牛市，所有潜力股都极有可能上涨，因此，我认为自己可以出色地完成任务。客户从我的观点中获得了鼓励，当场同意了我的条件，我们双方对这场交易都感到满意。

我继续采取各种措施保护自己。财团持有或控制着约70%的股票份额，我让他们把这些股票存入一份信托协议里。我不想成为大股东们倾泻股票的垃圾场。大部分股票已经被安全地绑住了，但我还需要考虑如何处理剩余的30%零散股票，这是我必须承担的风险。经验丰富的投机者从不指望参与零风险的投机交易。实际上，所有零散股票的持有人同时卖出股票的可能性，就像一家人寿保险公司的所有投保人在同一天的同一时刻亡故的可能性一样低。股票市场有着一份不成文的风险统计表，就像人寿保险的死亡统计表一样。

我已经对这类股市交易中可以规避的风险做好了防范，是时候展开市场操纵行动了。我的目标是让我所拥有的买入期权增值。为了实现这个目标，我必须推高这只股票的价格，并建立一个活跃的市场，从而卖出10万股股票，这也是我持有的买入期权的份额。

我需要做的第一件事是弄清楚在这只股票涨价后，会有多少股票涌入市场。我的经纪商们轻松地为我完成了这个任务，他们毫不费力地查明了有多少股票正按市价或略高于市价的价格出售。我不知道技术人员是否将收到的指令告知他们。这只股票名义上的价格是70美元，但在这个价位上，我连1000股也卖不掉。在这个价位，包括略低几个点的价位，我甚至看不到中等程度的买进需求。我必须根据经纪商们提供的信息做决策。这些情报足以向我证明可出售的股票很多，对这些股票的需求却少得可怜。

在这些价位上建好仓位后，我默默地吃进了在70点以上卖出的所有股票。你应该明白，这是由经纪商们在我的授意下完成的。这些股票大多来自散户，因为我的客户在锁定自己的持股前已经取消了所有的卖单。

我不需要买进太多股票。并且，我知道恰到好处的涨势可以带动其他股民购买，当然，这也会引出更多卖单。

我没有把做多帝国钢铁的内幕消息泄露给任何人，不需要这么做。我的工作是通过最好的宣传手段直接影响公众的情绪。我不是指任何时候都不需要进行鼓励做多的宣传造势。宣传一只新股票的价值就像宣传羊毛制品、鞋子和汽车的价值一样合理并可取。大众应当自己获取准确而可靠的信息。我的意思是，通过纸带完全可以达到目的。正如我所说的，信誉良好的报纸永远会尝试对市场波动提供解释。这就是新闻。读者们需要知道的不仅是股市发生了什么变化，还有为什么会发生这样的变化。因此，操作者甚至不需要勾一勾手指，财经专栏作者便会提供他们能获取的所有情报和传言，并对收入报告、业务状况和商业前景进行分析。简言之，报纸会提供能够解释行情上涨的所有信息。每当有记者或熟人问起我对某只股票的看法时，只要我对这只股票有所了解，便会毫不犹豫地表达自己的观点。我从不主动提供建议和内幕消息，但即使对操作过程严格保密，我也不会因此获得任何好处。与此同时，我意识到最好的情报来源正是纸带，它是最有说服力的股票推销员。

我完全吸纳了70美元及略高价位的股票后，释放了市场所承受的压力，帝国钢铁的交易方向自然因此变得明朗。最小阻力显然呈现出上涨的趋势。目光敏锐的场内交易者一察觉到这个事实，便会立即做出一个合乎逻辑的假设：这只股票即将上涨。尽管他们还不清楚上涨的幅度有多高，但已知的情报足以让他们开始买进这只股票。他们对帝国钢铁的需求完全来自这只股票明显的涨势，纸带所提供的做多建议永远不会出错！我立即填补了市场的缺口，向这些交易者卖出了我在一开始从筋疲力尽的持股人那里买来的股票。当然，卖出的过程要审慎地进行，我没有贪心，卖出的份额刚好能够满足他们的需求。我没有强迫市场接收这批股票，也不希望帝国钢铁的股价上涨得太快。如果在这个阶段就卖出10万股的一半，后续工作将很难开展下去。我的任务是打造一个可以容纳我的全部股票的活跃市场。

尽管我只卖出了满足买方需求的份额，由于迄今为止我一直在稳步买进这只股票，在我所提供的买方势力暂时从市场上消失后，没过多久，交易者便不再继续买进这只股票，于是，它的股价不再继续上涨。多头们一发现这个情况便感到失望，还有一些交易者在股价停止上涨的瞬间失去了买进的动力，于是他们纷纷卖出持股。这种情况在我的意料之内，在股价下跌的过程中，我以低了几个点的价位买回了之前卖给场内交易者们的股票。我知道这样的买进操作一定会反过来止住下跌的趋势，当股价不再下跌后，卖单也没有再出现。

接下来，我重新开始了新一轮的交易。我在价格上涨的过程中买进了其他人卖出的所有股票，份额并不是很多。这只股票的价格开始了第二轮上涨，这一次，它的起涨点高于70美元。别忘了，在之前的下跌行情中，许多持股人恨不得卖出手中的股票，但他们又舍不得在比最高点低三四个点的价位卖出。这些投机者总是发誓一定会在价格暴涨后出清手中的所有股票。他们在价格上涨的过程中发出卖出指令，然后又随着价格趋势的逆转而改变了主意。当然，总有一些小心谨慎的短线交易者可以从中获利，他们一向认为落袋为安总是没错的。

在那之后，我要做的只是重复这一流程——交替进行买进和卖出操作，并一路把股价推高。

有时候，当你买光了所有待售的股票后，股票价格会急剧飙升，你所操纵的股票会出现看涨的行情。这是绝佳的宣传，因为它制造了话题，并同时吸引了职业交易者和喜欢活跃股票的大众投机者的注意力。我认为，这类交易者所占的比例很大。我对帝国钢铁也采取了这个策略，无论看涨行情所引发的需求有多少，我都会提供相应的股票。我的卖出操作总是将上涨的程度和速度保持在一定范围之内。通过在股价下跌的过程中买进并在股价上涨的过程中卖出，我不仅抬高了这只股票的价格，还激发了帝国钢铁的市场潜力。

在我开始运作这只股票后，这只股票从未出现无法自由买卖的情况。我的意思是，在不至于引起价格剧烈波动的前提下买进或卖出合理的份额。交易者们不再担心如果做多将会无法脱手，也不再害怕如果做空会被狠狠碾压。一个信念在职业交易者和一般股民之间逐渐扩散开来，他们相信帝国钢铁的市场活力将持续存在下去，这在很大程度上增强了市场信心；当然，这只股票的活跃也打消了其他反对的声音。在买进和卖出了数千股之后，我终于成功地以票面价值卖出了这只股票。每个人都想在每股100美元的价位买进帝国钢铁。为什么不呢？如今，所有人都知道这是一只绩优股，它的价格直到现在一直被低估，证据就是它在上涨。一只可以从70点开始一路上涨30个点的股票，当然也可以从面值继续上涨30个点。许多人都抱有这种看法。

在将股价推高30个点的过程中，我的手中只积攒了7000股。这个仓位的均价差不多是85美元。这意味着我赚到了15点利润，不过，我的全部账面利润比这更高。由于我建立了一个足以吸收这部分持仓的市场，我赚到的利润有十足的保障。通过准确的操纵，这只股票可以卖出更高的价格，我持有的期权价格从70~100点逐级递增。

考虑到当时的情况，我没有按照原计划将账面利润兑换为实在的现金。我认为自己对这只股票的操纵十分完美，严格地执行了合理的策略，理应取得成功。这家公司的资产很有价值，这只股票的价格上涨后也不算高。初始财团的一位成员来自一家资源雄厚的大银行，这家银行希望可以确保对公司资产的控制权。银行比散户更加看重像帝国钢铁公司这样蓬勃发展的企业的控制权。无论如何，这家公司愿意出价购买我持有的全部股票期权。这将为我带来一笔巨大的财富，我立即接受了这个提议。只要有机会一次性卖出股票并获得丰厚的利润，我总是乐意接受的。我对这笔交易的结果十分满意。

在我转让10万股帝国钢铁公司的股票期权之前，我得知这些银行家曾雇用更多的专家对该公司的资产进行了更详细的审核。他们得到的报告足以让他们下定决心向我提出这项交易。我保留了几千股作为个人投资。我相信这只股票的价值。

我对帝国钢铁进行的所有操作都是符合规定的明智之举。只要股价随着我的买进而上涨，我就清楚一切正常。这只股票从未像某些股票那样陷入停滞。如果你发现这只股票对你的买进操作没有做出相应的反应，这就是最好的卖出信号。你知道只要一只股票拥有一点价值，并且整体市场环境对你有利，那么即使股价下跌，甚至暴跌20点，你也能够使它重新回升。但帝国钢铁公司的股票从未发生这种情况。

在操纵这只股票期间，我一直铭记着基本的交易原则。也许你在好奇我为什么要反复强调这一点，或者我为什么总是提起我从不与纸带争辩，也从不因市场的表现而乱发脾气。你大概会这么想吧？那些精明的商人不仅在自己的事业中赚到了数百万美元，还在华尔街的股市交易里取得了成功，他们应该心平气和、智慧过人。如果你这样想，你会大吃一惊的，有些最为成功的交易者经常像坏脾气的女人那样满腹牢骚，只因为市场的表现不符合他们的预期。他们似乎将其视为对自己的冒犯，在他们失去耐心之后，自然也会损失财富。

许多人谣传约翰·普伦蒂斯（John Prentiss）与我不合。在这些谣言的影响下，人们暗自期待发生一场戏剧性的事件，如我们在一场交易中狭路相逢，或者相互出卖，害对方损失上百万美元，诸如此类。但这些事件并没有发生。

普伦蒂斯和我是有着多年交情的老朋友。他曾不止一次为我提供内幕消息，我利用这些消息赚到了许多钱，同样我也向他提供过建议，不知道他有没有听从我的建议。如果他听了，就可以避免一些损失。

他在组织和推广石油产品公司股票的过程中发挥着重要的作用。在这只股票成功上市后，市场环境开始变得严峻，这只新股票的表现未能达到普伦蒂斯和同僚们的期望。在市场环境好转后，普伦蒂斯成立了一个资金池，开始操纵这只股票。

我无法向你说明他所采用的任何技巧。他没有把操作过程告诉我，我也没有向他打听过相关情况。但很明显，尽管他拥有多年金融从业经验，并且他毫无疑问是个聪明人，他的操作却没有产生很好的效果，很快，资金池的成员便发现这只股票很难脱手。他一定已经竭尽全力，因为除非资金池的管理者认为自己无法胜任这份工作，否则他绝不会将自己的位置拱手让给一个外人，没有人愿意承认自己技不如人。于是，他找到了我，在一番寒暄后，他表示希望由我为石油产品公司的股票打造市场并卖出资金池持有的10万多股份额。这只股票的售价在102～103美元。

我对此事抱有疑虑，于是礼貌地拒绝了他的提议。但他坚持希望我能够接受这份工作。他以私人关系拜托我，最终，我同意了。我根本不喜欢接受自己没有把握的工作。我说会尽我所能，但还是告诉他我没什么自信，我向他列举了自己必须克服的各种不利因素。普伦蒂斯只是回答他并不要求我保证能为资金池赚到数百万美元的利润。他相信只要我坚持下来，一定能得到令所有人满意的结果。

于是，我做出了违背理智的决定，让自己卷入了不该参与的事情里。我发现，正如我所担心的那样，事态很严峻，这在很大程度上要归咎于普伦蒂斯代表资金池操纵这只股票时所犯的错误。但我最大的敌人是时间。我相信牛市不久就要结束了，所以，令普伦蒂斯大受鼓舞的大盘涨势其实只是一场短暂的狂欢。我担心自己还没来得及推高石油产品公司的股票，市场行情就会转入熊市。但我已经向普伦蒂斯做出承诺，尽我所能，尝试力挽狂澜。

我开始抬高股价，并取得了一点儿成绩。我将价格抬高到107点左右，这算是不错的结果，我甚至可以卖掉一些股票。虽然不算多，但我很高兴没有令资金池增持。很多不属于资金池的持股人也在等待机会，他们想在价格略微上涨时抛售手中的股票，我给他们带来了机会。如果市场环境对我再有利一点儿，我还能做得更好。很可惜普伦蒂斯没有更早找到我。如今，我感觉自己能做的只有尽可能减少资金池的损失。

我向普伦蒂斯转达了我的观点,他提出反对。于是,我向他解释我为什么要接受这份工作。我说:"普伦蒂斯,我能清楚地感受到市场的脉搏,并没有人在跟进你的股票。你应该不难看出来,公众对我的操纵有什么反应。听着,石油产品公司的股票曾被塑造为对公众很有吸引力的热门股票,你也一直在尽全力支撑它,即使如此,你发现公众依然对它反应平淡,几乎可以确定有什么地方出了问题,但你以为出问题的不是这只股票,而是市场。强行操纵市场绝对是没用的。如果你硬要这么做,注定会失败。资金池的管理者应当在有人跟进时买进自家的股票。如果他是市场上唯一的买家,那么买进这只股票就是愚蠢的行为。我每次买进5000股时,公众应该也愿意甚至有能力买进5000股。我当然不能买进所有的股票,如果这样做,只是成功获得一堆我根本不想要的多头股票。我应该做的事情只有一件,那就是做空股票。做空股票的唯一方式就是卖出。"

"你的意思是卖掉手中的所有股票?"普伦蒂斯问。

"对!"我能看出他想提出异议,"如果我开始卖出资金池的股票,你需要做好心理准备,股价会跌破面值,并且……"

"不!绝对不行!"他吼道,仿佛我在邀请他加入自杀俱乐部。

"普伦蒂斯,"我对他说,"股票操纵的根本原则是为了卖出股票而抬高股价,但你不能在价格逐渐上涨的过程中卖出大量股票。你不能这么做。只有在价格开始从顶点逐渐下跌时,你才能卖出大批股票。我不能把这只股票的价格推高到125点或130点。我也想这么做,但我做不到。所以你必须在这个价位就开始卖出。在我看来,所有股票都处于下跌的状态,石油产品公司的股票不会成为唯一的例外。与其让它在下个月因为其他交易者的操作而大跌,不如现在就让它因为资金池的卖出而下跌,反正它迟早都会下跌的。"

我觉得自己没有说出任何恐怖的话,但这番话令他发出了在地球另一端也能听见的哀号声。他根本不想听到这些话。他认为绝不能这么做，这么做会给这只股票留下不好的记录，况且这只股票还是银行的抵押物，会给银行带来不便，等等。

我再次向他解释，根据我的判断，石油产品公司的股价下跌15点至20点已经是无法挽回的必然结果，因为整个市场都在向熊市发展，别指望这只股票会成为唯一的例外。但我的话再一次被他当成耳边风。他坚持要求我支撑这只股票的价格。

我面对的是个精明的商人，他是当时最成功的股票承销商之一，他在华尔街的交易中赚到了上百万资产，他对投机交易的理解远胜过一般人，但他竟然坚持要求我在熊市初期支撑一只股票。当然，这是他的股票，但依然是一笔糟糕的买卖，甚至糟糕到违背原则的程度，我再次与他争辩。但这么做没有任何结果，他依然坚持让我发起买单支撑股价。

当然，随着大盘的逐渐疲软，股市真正进入衰退期，石油产品公司的股票与其他股票表现一样。在普伦蒂斯的要求下，我没有卖出股票，而是为内线资金池买进了更多份额。

我这么做的理由只有一个：普伦蒂斯不相信熊市马上就会到来。我本人确信牛市已经结束了。我已经通过对石油产品和其他股票的测试验证了这个假设。我在熊市正式登场之前早已开始做空股票。当然，我没有卖出石油产品公司的股票，但做空了其他股票。

不出我所料，石油产品公司的股票被套牢了，其中不仅有资金池的初始持股，还有他们为了抬高股价而进行无谓的努力时所买进的股票。最终，他们只能清盘。假如普伦蒂斯听从我的建议，让我及时卖出必要的份额，就不会以如此低的价位清盘，不可能有其他结果。但普伦蒂斯仍然以为自己是正确的，至少他口头上不肯承认错误。我可以理解他，他认为我之所以建议他卖出股票，是因为我还做空了其他股票，但当时整体市场还在上涨。这当然意味着无论在任何价位卖出资金池的持仓，石油产品公司的股票都会大跌，从而为我做空的其他股票创造有利环境。

这完全是胡说八道。我不是因为做空了股票才看好空头。我选择看空是由我对市场环境的理解所决定的，我只有在看空后才会开始卖出股票。如果方向判断失误，便很难赚到钱，在股市尤其如此。我对资金池的股票的卖出计划是建立在20年交易经验的基础上，从经验来看，这是唯一可行的方案，也是合理的方案。以普伦蒂斯的交易经验来看，他本应当和我一样认清事实。在那时候，其他任何操作都已经来不及了。

我想，普伦蒂斯大概和成千上万的外行人一样陷入了一种错觉，他以为操纵市场的人是无所不能的。实际上，操纵者能做的事情是有限的。基恩最大的成就是在1901年春天对美国钢铁的普通股和优先股进行的操纵。他之所以获得成功，不是因为他的聪明和手腕，也不是因为他获得了美国最富有的财团的支持。这些只是为他带来成功的部分原因，他成功的主要原因是整体市场环境和大众思维方式的配合。

违背了经验和常识的交易往往不会取得很好的结果。但华尔街的失败者们并不全都是外行人。我已经向你们讲述了普伦蒂斯与我的恩怨。他之所以对我心怀不满，恰恰是因为我没有按照自己的想法进行操纵，而是听从了他的要求。

为了大量卖出某种股票而进行的市场操纵并不是一件神秘的事情，只要它没有被有心之人歪曲，股市操纵中并不含有阴谋和欺诈。合理的操纵必须以可靠的交易原则为基础。人们总是过于强调过去的做法，如虚假交易。但我可以向你们保证，纯粹的欺诈只占很少的一部分。场内的市场操纵和场外的股票、债券交易的区别在于客户群体不同，而不在于操作性质不同。摩根集团向公众发行债券时，面对的客户主要是投资者。市场操纵者向大众卖出大批股票时，面对的客户主要是投机者。投资者追求的是资金安全，他们希望投资的本金可以带来永久的利息回报。投机者追求的是可以很快到手的利润。

市场操纵者需要在投机者当中开拓初级市场，因为投机者们愿意承担比普通交易更大的风险，只要他们有较大的机会获得更高的回报。我本人从不相信盲目的赌博会带来好的结果。我有时会义无反顾地投入巨额资本，有时只做100股的小额交易。无论如何，我的行动必须有相应的理由。

我清楚地记得我开始参与市场操纵的经过，也就是为他人代销股票。那是一段令我愉快的回忆，因为它如此美妙地展现了华尔街对股市操作的职业态度。那件事发生在我"重返华尔街"之后，我在1915年的伯利恒钢铁公司股票交易之后改善了财务状况。

我的交易状态十分稳定，我的运气也很不错。我从不追求媒体曝光度，但也不会刻意隐藏自己的锋芒。同时，你们也知道华尔街的职业交易者们对任何活跃交易者的成功和失败都会夸大其词；当然，记者们听到这些故事后便会写出不属实的报道。根据流言蜚语，我已经破产过许多次了，同样的一群谣言散布者又声称我其实是百万富翁。对于这些报道，我唯一的反应只是好奇它们的来源。谣言总是散播得很快！总有一些经纪商朋友对我讲述一些同样的故事，这些故事的细节每次都会略有不同，谣言在不断重复的过程中变得更加详尽。

我讲这些是为了告诉你们我最初是如何接手为他人操纵股票市场的工作的。报纸上描述了我怎样重新赚回损失的上百万资产，这些故事让我名声大噪。我的冒险和我的胜利被华尔街的新闻媒体做了夸张的渲染。过去，一个交易者只要操作20万股头寸就能支配股市，这样的时代已经结束了。但你们也知道，大众总是希望为过去的领袖们找到接班人。作为一名技艺精湛的股票操盘手，基恩先生凭自己的力量成为百万富翁，因为名声在外，股票承销商和银行纷纷向他求助，委托他代售大宗证券。简言之，华尔街的人们之所以需要他提供股票操纵服务，是因为他们听说了他过去那些成功的事迹。

然而，基恩已经上了天堂。他曾说过，除非他的爱马赛森比（Sysonby）在天堂等他，否则他一刻也不会在那里停留。另外，还有两三个人曾在股市的历史中享有几个月的风光，后来便长期沉寂而逐渐淡出。我指的就是那些在1901年来到华尔街的西部豪赌客，他们在钢铁股票上赚到几百万美元后便留在了华尔街。他们不是基恩那样的大作手，更像是超乎寻常的股票承销商。他们很有能力，也十分富有，在自己或朋友持有的证券领域取得了极大的成功。他们不是像基恩和弗洛尔州长那样伟大的股市操纵者。即便如此，华尔街依然流传着关于他们的许多故事，他们在职业交易者和活跃经纪行之中肯定拥有许多追随者。在他们停止频繁地做交易后，人们在华尔街便看不到操纵者的身影了，至少报纸上不再出现关于他们的消息。

也许你还记得纽约证券交易所在1915年恢复营业后那场盛大的牛市。市场不断拓宽，协约国向美国购买了数十亿美元的战备物资，我们进入了经济繁荣期。对于市场操作者来说，任何人只要动一动手指，便能创造出无限的市场。许多人通过将合同变现而成了百万富翁，即使只有合同的承诺也能赚大钱。通过好心的银行家的帮助，或者让自己的公司在场外交易市场上市，他们成了成功的股票推销商。只要经过适当的宣传，公众愿意购买任何股票。

在经济繁荣期逐渐消退后，一部分股票推销商发现自己欠缺专业的股票推销技巧。股民们被各种股票套牢，其中一部分股票还是在更高的价位上买进的，想要转手这些经不起市场考验的股票并非一件容易的事情。繁荣期结束后，大众相信所有股票都不会继续上涨。这不是因为股民们变得更有辨识能力，而是因为盲目买进的时期已经结束了。发生改变的是人们的心理状态。股价无须下跌，人们已经变得悲观了。只要股市的平淡期持续一段时间，便足以使大众变得悲观。

每当经济繁荣期到来时，为了迎合全民炒股的热情，总会出现很多新成立的公司，还有一些来迟的股票推介。股票推销商之所以会犯这种错误，是因为他们和普通人一样不愿意面对繁荣期的结束。此外，只要潜在的利润足够大，就值得为此冒险。人们的视野被希望所蒙蔽时，便看不到物极必反的结果。普通人看见平时每股售价12美元或14美元却无人问津的股票突然涨到30美元，当然以为这就是最高点了。但它继续涨到50美元，这绝对是最高点了。随后，这只股票又涨到了60美元、70美元、75美元。这时人们确信这只几周前还不到15美元的股票不会继续上涨了。然而，它竟涨到了80美元、85美元。普通人一向只看到价钱，却看不到价值，他们的行动只受恐惧的支配，而不考虑市场条件的影响。他们会选择最简单的做法，不再认为这只股票的涨势一定会有结束的那一天。因此，那些外行人虽然知道不应该在股价最高点买进，却不知道如何落袋为安。在经济繁荣期，公众总是先获得一笔巨大的账面利润，然后这些利润便会永远停留在纸上。

第22章 狗咬狗

有一天，吉姆·巴恩斯（Jim Barnes）来看望我。他不仅是我最重要的经纪商之一，也是我的一位密友。他希望我能帮他一个忙。他过去从未用这种语气求过我，我当然想要帮他，于是问他需要我做些什么。他告诉我，他的公司对一只股票很感兴趣，实际上，他们是那只股票的主要承销商，并且拥有很大的销售比例。因为情况有变，他们必须售出相当多的份额。吉姆希望我能为他开拓市场。他所说的就是联合炉具公司的股票。

出于各种原因，我并不想和这只股票扯上任何关系。但我欠巴恩斯许多人情，他从私人关系的角度拜托我，单凭这一点我便不得不接受。他是个很好的人，也是我的朋友，他猜他的公司对这只股票介入得很深，所以，最终我答应尽力而为。

我一直认为，战争导致的经济繁荣与其他原因导致的繁荣期相比，最突出的不同点是年轻的银行家作为一股新的势力在股市发挥影响。

当时，我们正处于空前的繁荣时期，所有人都对这场繁荣的起因心知肚明。与此同时，全国最大的银行和信托公司也在不遗余力地帮助各种证券推销商和军火商成为一夜暴富的百万富翁。某人只要声称他有一位朋友的朋友是协约国军委会成员，便能获得充足的资金来履行他那尚未签订的合同，当时的情况就是这么夸张。我曾听说过许多不可思议的故事，普通职员摇身一变成为公司总裁，并利用从信托公司借来的资金做着上百万美元的生意，他们签订的合同在每一次转手的过程中都有利可图。大量黄金从欧洲流入美国，银行不得不为如何留下这些钱绞尽脑汁。

这种做生意的方式也许会令老前辈们感到担忧，但老前辈们本来就势单力薄。头发灰白的老银行家在和平年代当然再适合不过，但在动荡的年代里，年轻人才是主力军。银行自然获得了丰厚的盈利。

吉姆·巴恩斯和他的合伙人们与马歇尔国民银行的年轻总裁交往甚密，他们欣赏这位总裁的自信，于是决定合并三家著名的炉具公司，并面向公众发行合并后的新公司的股票。几个月以来，股民们一直在盲目地买进任何股票。

他们面临着一个问题：由于市场前景太好，这三家炉具公司的普通股有史以来第一次全部处于盈利状态，三家公司的大股东们都不想失去对公司的控制。他们的股票在场外市场十分抢手，他们已经卖出了令自己满意的份额，只想安心持有剩下的股票。这三家公司各自的市值太小，不足以引发巨大的市场波动，因此，吉姆·巴恩斯的公司想要介入这一过程。这家公司指出，公司规模必须大到一定程度才能在纽约证券交易所上市，在纽交所上市的新股票会比旧股票拥有更高的价值。这是华尔街的老把戏了，对股票进行一番包装便能使它增值。如果一只股票很难按票面价值出售，那么可以将每股拆分为4股，这样一来，新的股票便能以30美元或35美元的面值进行销售，这个价位对于旧股票而言相当于120美元或140美元，这是旧股票永远无法企及的价位。

这样看来，巴恩斯和他的合伙人们成功地说服了一些朋友参与合并项目，这些朋友是格雷炉具公司的大股东。巴恩斯承诺他们，每股格雷炉具可换取4股联合炉具公司的股票。中部炉具和西部炉具紧随其后，以每股旧股换取1股新股的方式参与合并。他们的旧股票在场外市场的报价在25美元至30美元之间，格雷炉具的名气更响亮，并且有能力支付股息，它的价位在125美元左右。

一些股东坚持要求现金支付，改善业务和推广股票也需要更多的营运资本，他们必须筹集到数百万资金。于是，巴恩斯面见了银行总裁，总裁亲切地为他的财团提供了350万美元贷款。抵押物便是新成立公司的10万股股票。我听说，巴恩斯的财团向银行总裁保证，新股票的价格不会低于50美元。这会是一笔十分划算的交易，因为这只股票拥有很大的价值。

这些股票推销商犯的第一个错误是没有把握住时机。当时的市场已经达到了新发行股票的饱和点，他们应该看清这一点。即使如此，如果他们没有试图获得其他推销商在繁荣期的顶点所收获的巨额利润，仍然有机会获得相当高的盈利。

请你们先不要匆忙下结论，请不要以为吉姆·巴恩斯及其同僚们都是蠢人，或者是没有经验的毛头小子。他们是精明的商人。他们都对华尔街的法则很熟悉，其中一些人还是颇有成就的股票交易者。但他们所犯的错误不只是高估了大众的购买能力。毕竟，大众对股票的购买力只有通过实际的测试才能知晓。他们还犯了一个更严重的错误，那就是指望牛市会一直持续下去。我想，他们之所以会犯这种错误，大概是因为这些人都取得了巨大的成功，并且成功来得太快，以至于他们丝毫不怀疑自己能在牛市结束之前完成这笔交易。他们都很有名气，他们在职业交易者和经纪行中都拥有一大批追随者。

这场交易得到了极好的宣传。报纸当然不会吝惜版面。原本的三家公司是美国炉具行业的翘楚，它们的产品享誉世界。这三家公司的合并是充满爱国精神的壮举，日报不断报道合并后的新公司将征服世界市场。亚洲、非洲和南美洲的市场几乎已是囊中之物。

这家公司的董事们的名字都是财经新闻的读者们耳熟能详的。宣传工作取得了巨大的成功，来源不明的内幕消息对股价走势的描述如此明确并令人信服，以至于大众对这只新股票产生了巨大的需求。结果，在申购期结束后，他们发现这只发行价为每股50美元的股票的申购量超额高达25%。

想一想！在几个星期的辛苦工作后，股票推销商将价格推高到75美元以上，从而确保均价为50美元，他们最大的期望就是按照这个发行价成功售出新股票。这个价位意味着参与重组的三家公司原股票价格需要上涨100%。这就是风险所在，他们没有正确对待这个风险。这件事说明每个行业都有自己的专业需求。专业技能比一般智慧更有价值。股票推销商得知超额申购的消息后喜出望外，并由此推断公众愿意出高价购买这只股票，并且无论他们发行多少份额，都会被抢购一空。他们竟然愚蠢到决定减少配售份额的程度。既然这些股票推销商已经打定主意要大捞一笔，他们至少应该表现得聪明一些。

他们应该做的当然是足额配售股票。这样一来，发行量只比大众的申购量少25%，他们便可以在必要的时候支撑股价，同时无须支付成本。他们可以毫不费力地占据有利的战略位置。我在操纵一只股票时，总会抢先占据这一位置。他们本能地阻止股价下滑，从而激发大众对于新股票价格稳定性的信心，以及对这只股票背后的证券包销集团的信心。他们应当记住，把这只股票卖给股民之后，他们的工作尚未结束。这只是市场推广工作的一部分而已。

他们自以为做得很成功，但不久之后，他们两次严重失误的后果逐渐显露出来。由于整体市场出现了反弹的趋势，公众不再继续买进这只新股票。内部集团临阵退缩，没有继续支撑联合炉业公司的股价。在价格反弹之后，如果连内部人员都不再买进自家的股票，那么还有谁会买这只股票呢？人们普遍认为内部集团的退缩是很明显的利空信号。

我们没有必要深入探讨具体的统计数字。联合炉业公司的股价随着整体市场的波动而上下浮动，却从未超过发行初期的报价，即略高于50美元的价位。最终，巴恩斯和他的朋友们为了让股价保持在40美元以上，不得不亲自买进这只股票。他们没能在这只股票刚上市时采取行动支撑股价，这是一件令人遗憾的事情。然而，没有全额配售公众所需的份额是更加严重的错误。

无论如何，这只股票已经在纽约证券交易所上市了，它的价格不出所料地一路下跌，一直跌至名义上的37美元。它之所以能维持在这个价位，是因为吉姆·巴恩斯和同僚们不得不维持股价，毕竟银行以10万股为抵押为他们提供了350万美元贷款。一旦银行要求清偿贷款，没人知道这只股票的价格会跌到什么程度。这只股票在50美元的价位上曾被抢购一空，如今在37美元的价位上却无人问津，即使股价跌至27美元，想必情况也不会发生改变。

随着时间的推移，银行过度放贷的问题引发了人们的思考。年轻银行家的时代结束了。银行业看起来即将倒退回保守主义的时代。昨天的朋友成了今天的债主，他们毫不留情地要求你还债，仿佛你们从没有在一起打过高尔夫球。

贷方没有必要威胁借方，借方也没必要恳求贷方通融还款时间。这种情况对双方来说都很不自在。银行对我的朋友吉姆·巴恩斯依然保持着友善的态度。但实际上，情况已经严重到"看在老天的分上，再不还款，我们就都玩完了"的地步。

这件事的性质及其可能引发的严重后果足以令吉姆·巴恩斯找到我，并请我替他以足够还清350万银行贷款的价位卖出10万股股票。吉姆现在已经不指望利用这只股票赚钱了。只要尽量减少财团承受的损失，他就会十分感激。

这个任务看起来很难达成。整体市场既不活跃也不强势，大盘偶尔有所回升，这时所有人都会打起精神，他们迫切盼望牛市再度降临。

我对巴恩斯做出的答复是，我会调查相关情况，然后告诉他我接受这份工作的条件。我对此事进行了一番调查，不过没有分析这家公司去年的年报，我的研究仅限于它在股市上的表现。我不准备以公司的盈利状况或发展前景作为诱饵吸引投资，而是准备通过在公开市场出售的方式卖出这一批股票。我所考虑的只有会为我带来帮助或造成妨害的因素。

我首先注意到有太多股票被掌握在少数人手中，这是一种令人不安的危险状态。克里夫顿·P.凯恩（Clifton P. Kane）公司、银行家和经纪商、纽约证券交易所成员，这些人持有的份额高达7万股。他们是巴恩斯的至交，对这次合并也发挥了影响，而且他们拥有运作炉业公司股票的多年经验。他们的客户也在他们的影响下参与其中。前参议员塞缪尔·戈登（Samuel Gordon）与他的侄子们合伙成立了戈登兄弟公司，他也持有7万股；大名鼎鼎的约书亚·沃尔夫（Joshua Wolff）持有6万股。这几位华尔街的老手持有合计20万股联合炉业公司的股票，他们不需要任何人的建议便知道应该在什么时机卖出手中的股票。如果我为了吸引大众购买而进行一些推高股价的操作，将这只股票变得强势而又活跃，那么就会看到凯恩、戈登和沃尔夫一起抛售他们的股票，并且他们绝不会手下留情。我并不希望他们手中的20万股突然涌入市场。别忘了，牛市的高峰期早已结束，无论我的操纵手段多么巧妙，都无法激发大众的巨额需求。吉姆·巴恩斯对这份工作并没有不切实际的期待，他只是谦虚地让我自行发挥。他要求我在牛市的尾声卖出一只掺水的股票。当然，报纸上并没有关于牛市即将结束的任何新闻，但我清楚这一事实，吉姆·巴恩斯也清楚，银行当然更清楚了。

即使如此，我已经向吉姆做出了承诺，于是我联系了凯恩、戈登和沃尔夫。他们持有的20万股就像达摩克利斯之剑一般悬在我的头顶。我想把系着剑的马鬃替换成坚固的铁链。在我看来，最简单的方式就是与他们达成某种互惠协议。如果他们在我卖出银行持有的10万股期间按兵不动，我便会积极帮助他们打造市场，这样一来，我们双方的股票都可以卖出好价格。以目前的状况来看，他们只要卖出持仓的$\frac{1}{10}$，就会导致联合炉业公司股价暴跌，他们对此一清二楚，所以绝不敢做这样的尝试。我对他们的要求只有准确地判断卖出时机，与其做个自私的傻瓜，不如做个无私的智者。在华尔街，损人不利己者永远不会有好下场，在任何领域都是这样。我想说服他们，过早地抛售股票是考虑不周的表现，并且会影响所有股票的出售。我的时间很紧迫。

我希望这个提议能够打动他们，因为他们都是久经沙场的老将，并且他们对联合炉业公司股票的实际需求量并不抱有幻想。克里夫顿·P.凯恩是一家生意兴隆的经纪行的总裁，这家经纪行在11座城市设立了分支机构并拥有上百名客户。他的公司在过去曾经管理过多个资金池。

持有7万股的戈登参议员是个极其富有的人。纽约新闻的读者们对他的名字耳熟能详，因为他曾被一名16岁的美甲师起诉毁约。这名美甲师拥有的证据是一件价值5000美元的貂皮大衣和戈登寄来的132封信。他帮助他的侄子们启动了经纪行的生意，他也是这家公司的特殊合伙人。他曾参与过几十个资金池项目。他继承了中部炉业公司的一大笔权益，并拥有10万股联合炉业公司的股票。他持有太多股票，以至于他完全没有理会吉姆·巴恩斯的做多建议，在市场对他不利之前便脱手了3万股。后来，他告诉一位朋友，他本想卖出更多股票，只是其他大股东是他的老朋友，他们求他不要继续卖出，出于对朋友的义气，他才就此收手。除此之外，还有我已经说过的理由：市场需求不足以接手更多的股票。

第三个大股东是约书亚·沃尔夫。他也许是所有交易者当中最为人所熟知的一位。20年来，所有人都知道他是场内有名的豪赌客。在抬高股价或打压股价的领域，很少有人是他的对手，一两万股的交易对他而言就像两三百股的小额交易一样。在我来到纽约之前，已经对他的"豪赌客"称号颇有耳闻。那时他和一群赌徒混在一起，无论在赛马场还是在股市，他们的交易都毫无节制。

人们曾经以为他只是一个赌徒而已，但他拥有真正的实力，他的投机交易天赋得到了高度的开发。与此同时，大家都知道他对高雅追求不感兴趣，这使他成为不少奇闻逸事的主人公。一则广泛流传的故事讲的是约书亚去参加一场时髦人物的晚宴，他周围的几位客人突然开始讨论文学，由于女主人一时疏忽，没能及时岔开话题。坐在约书亚旁边的一个女孩一整晚都没听到他开口讲话，于是她转过身来面对着他，急切地想要听取这位了不起的金融家的意见，"对了，沃尔夫先生，您对巴尔扎克有什么看法呢？"

约书亚礼貌地停止进食，吞下口中的食物后回答道："我从不在没听说过的场外市场做交易!"

这便是联合炉具公司三位最大的持股人。我将他们请来,告诉他们,如果他们组建一个财团并筹集一些资金,然后以略高于市场价格的价位将他们的股票转让给我,我会尽己所能为这只股票打造市场。他们立即问我需要准备多少资金。

我回答:"你们已经持有这只股票很长时间了,你们不知道该拿它怎么办。你们三人一共持有20万股,你们也很清楚,除非为这只股票打造一个市场,否则根本没有任何可能卖出那么多股票。这个市场必须有能力吸纳你们想要抛售的份额,所以,最好准备好足够的现金,用来买进首先不得不买进的一些股票。如果在市场操纵开始之后因为资金不足而被迫终止,就会前功尽弃。我建议你们成立一个财团,筹备600万美元现金。然后,你们将持有的20万股以每股40美元的价位授予这个财团,并将持有的全部股票暂时委托给第三方管理。如果一切顺利,你们便能摆脱掉那个沉重的累赘,而且财团也可以赚到一笔钱。"

正如我所说的,关于我在股市获得的成功,坊间流传着各种谣言。我猜想这些谣言大概发挥了作用,因为一次成功可以带来更多的成功。无论如何,我无须苦口婆心地向他们解释一切。他们很清楚如果不与我合作,他们究竟能走多远。他们认为我的计划有可行性。告辞之前,他们表示会立刻组建财团。

他们毫不费力地便聚集了一群朋友加入财团。我猜他们对财团获利前景的描述比我更加有信心。据我所知,他们确实对此深信不疑,所以他们并没有哄骗朋友入伙。无论如何,这个财团在几天之内便宣告成立。凯恩、戈登和沃尔夫以40美元的价位将20万股授予财团,我确认了这些股票已经由第三方暂时保管,所以在我抬高股价期间,这批股票不会流入市场。我必须保护自己的权益。许多原本大有希望的交易都因为资金池或内部成员无法遵守彼此的承诺而未能达到期待的结果。在华尔街,人们对狗咬狗的情况早已司空见惯。当时,美国钢铁与电缆公司的股票刚一上市,内部成员便互相指责对方背信弃义,并试图抛售自己的股票。约翰·W.盖茨和他的同僚之间以及塞利格曼（Seligmans）和他的银行家合伙人之间都订立了君子协议。我曾听见一名经纪商引用一首据说出自约翰·W.盖茨之手的四行诗：

> 狼蛛跳上蜈蚣的脊背，
> 发出食尸鬼般的笑声：
> "我要毒死这个害人精，
> 不是你死，就是我亡！"

请注意，我绝没有暗示我的华尔街朋友们曾想过在股票交易中背叛我。但从原则上讲，最好对任何可能发生的意外情况做好准备（这是常识）。

沃尔夫、凯恩和戈登通知我他们已经成立了财团，正在筹集600万美元现金，之后我只要等待资金就位即可。我已经催促过他们尽快准备好现金，但他们筹到的钱依然很少。我想，经过四五次分期付款后他们才准备就绪。我不知道原因是什么，但我记得不得不向沃尔夫、凯恩和戈登打电话求救。

那天下午我收到了几张巨额支票，我可以自由支配约400万美元的资金，他们承诺剩下的钱会在一两天内准备好。看起来，这个财团终于准备在牛市结束之前采取行动了。即使在最好的情况下也没有绝对成功的保障，我越早开始工作越好。大众对于不活跃股票的新的市场动态并不太感兴趣。但一个人只要拥有400万美元现金，就有很多方法激起公众对任何股票的兴趣。这笔钱足以吸进所有潜在的卖单。我说过时间紧迫，所以没必要等待剩下的200万美元到账。这只股票越早涨到50美元，对财团就越有利。这是十分明显的道理。

第二天早上开盘后，我惊讶地看到联合炉业公司出现了反常的重仓交易。正如我所说的，这只股票已经连续数月表现得不温不火。它的股价一直停留在37美元左右，吉姆·巴恩斯曾努力防止它继续下跌，因为它作为银行贷款抵押物的价格是35美元。至于联合炉业公司股价上涨的可能性，简直比直布罗陀巨岩漂过海峡的可能性更低。

然而，今天早上，这只股票的需求量陡然增加，股价上涨到了39美元。在开盘后的第一个小时内，这只股票的交易量超过了过去半年的交易总量。这只股票成了当日的一大热门，并带动了大盘整体上涨。后来，我听说多家经纪行的顾客们全都在讨论这只股票。

我不知道这意味着什么，但看到联合炉具公司的股价上涨，我并没有觉得不好受。通常来说，我没必要特意打听任何股票的特殊动向，因为我在场内有业务往来的经纪商朋友们和私下交往的朋友们都会随时向我传递消息。他们以为我想知道这些内幕情报，所以他们一听到任何新闻或八卦便会立即打电话告知我。这一天，我听说的全部消息就是有内部人员在买进联合炉具公司的股票，这是毫无疑问的。其中并没有任何弄虚作假的成分，全是真实的交易。购买股票的人买走了所有出价在37美元至39美元之间的股票，他们不顾别人的恳求，坚决不肯透露买进这只股票的任何原因或内幕消息。这种情况令一些狡猾而又警觉的交易者得出一个结论：这只股票将有大事发生。如果一只股票因为内部集团买进而上涨，但内部人士却不肯鼓励普罗大众追随他们操作，投机者们便会开始好奇官方什么时候发表正式声明。

我什么也没有做。我在观察情况，权衡利弊，并留意着每一笔交易。然而，第二天，买进的订单不仅变得更多，还变得更加虎视眈眈。在交易所的账本上挂了几个月的卖出订单毫不费力地便以略高于37美元的价位全部成交。新的卖出订单没有多到抑制股票涨势的程度。股价自然继续上涨，突破了40美元。现在，这只股票的价格已经涨到了42美元。

股价一涨到42美元，我便意识到现在可以卖出作为银行抵押物的那一批股票了。当然，我知道股价会随着我卖出而有所下跌，但只要我将均价维持在37美元以上，便没有人会责怪我。我知道这只股票的价值，我从这只股票过去几个月的沉寂情况判断出了它的市场价值。于是，我小心翼翼地分批抛出股票，最后成功甩掉了3万股。这只股票的涨势依然没有停止！

那天下午，我得知了这次恰到好处而又神秘莫测的大涨的原因。情况似乎是这样的，场内交易者在前一天晚上收盘之后和第二天早晨开盘之前得到一些内幕消息，他们听说我疯狂地看涨联合炉业，准备一口气把这只股票推高15~20个点，那些不了解我的交易记录的人以为这就是我的交易习惯。散布这则消息的情报贩子正是约书亚·沃尔夫本人。他作为内部人进行买进引发了之前的上涨。他在场内的交易伙伴们当然乐于相信他所提供的消息，因为他知道太多内幕，不可能把同伴引向错误的方向。

实际上，我所担心的大批股票被抛售到市场上的情况并没有发生。考虑到我已经锁定了30万股股票，你便能理解我过去的担心并非空穴来风。现在，抬高股价的工作不像我之前以为的那么困难。毕竟，弗洛尔州长说得对。每当有人指责他在操纵自己公司专攻的几只股票，如芝加哥煤气、联邦钢铁或B.R.T公司，他便会说："我所知道的令股票上涨的唯一办法就是买进它。"这也是场内交易者唯一的办法，并且价格确实出现了反应。

第二天早餐之前，我在晨报上读到了一则消息：拉里·利文斯顿看好联合炉业公司，即将采取积极行动。上千名读者都看到了这则消息，毫无疑问，它已经通过电报被送往纽约内外的上百家交易厅。补充细节有些出入。一份报纸说我成立了一个内部资金池，准备惩罚那些过度扩张的空头。另一份报纸暗示未来会公布派发股利的消息。还有一份报纸提醒大众要留意我过去一贯的做多手法。又有一份报纸指责这家公司为了便于内部集团积累资本而瞒报资产。所有新闻达成了一个共识：真正的涨势尚未开始。

我来到办公室，在开盘之前读完了邮件，我已经知道华尔街充斥着立即买进联合炉业的热门消息。我的电话铃声响个不停。那天早晨，接电话的员工听到的都是同一个问题，它以不同的形式出现了上百次：联合炉业公司的股票真的会上涨吗？我必须承认，约书亚·沃尔夫、凯恩和戈登（可能还包括吉姆·巴恩斯）在散布消息这件事上做得相当不错。

我完全不知道自己竟有如此多的追随者。那天早晨，来自美国各地的订单不断涌来，人们纷纷购买这只三天前还无人问津的股票。别忘了，实际上，公众可以参考的情报只有报纸为我塑造的成功赌徒的形象，这多亏了那些想象力丰富的记者。

我在股票大涨的第三天、第四天和第五天分批卖出了联合炉业的股票，我的首要任务就是为吉姆·巴恩斯卖出作为马歇尔国民银行350万贷款抵押物的10万股股票。如果最成功的股票操纵是以最小的代价达到理想的结果，那么对联合炉业公司的股票操纵无疑是我在华尔街的职业生涯中最成功的一个项目。在整个操纵过程中，我完全不需要买进股票。我不需要为了之后能以更好的价格卖出而提前买进股票。我没有先尽全力把价格抬高，然后才开始卖出股票。我甚至没有在价格下跌的过程中才开始卖出大宗股票，而是在价格上涨时开始卖出。我不费吹灰之力便拥有了别人为我创造的充足的买方势力，尤其在如此紧急的时刻，这就像是上天赐予的礼物。我曾听弗洛尔州长的朋友说过，这位大多头在管理B.R.T.公司的资金池时卖出了5万股并由此获利，但弗洛尔州长的公司赚到了超过25万股交易量的佣金；W.P.汉密尔顿说，詹姆斯·R.基恩在操纵联合铜业公司的股票时，为了派发22万股，必须处理至少70万股的交易量。这意味着一笔巨额佣金！考虑到这一点，再想想我唯一需要支付的佣金就是我为吉姆·巴恩斯卖出10万股时所产生的佣金，我确实为雇主节省了一大笔钱。

我已经为我的朋友吉姆达成了预定的卖出份额，财团承诺筹集的资金尚未全部就位，并且我不想将卖出的股票再买回来，在这种情况下，我大概只能去外地度过一个短暂的假期了。具体情况我已经记不清了。但我清楚地记得我没有继续操纵这只股票，不久后，它的价格便开始下跌。某一天，整个大盘都很疲软，一位失望的多头想尽快脱手联合炉业公司的股票，在他提交卖出指令后，这只股票跌破了买入期权的执行价，即40美元。没有人想买进这只股票。正如我所说的，我并不看好整体市场。曾有人预言，如果我想卖出这10万股，必须在一周之内将股价推高20～30个点，幸好我无须这样做，因此，我更加感激这场奇迹。

失去了支撑股价的力量之后，这只股票的价格呈现了习惯性的下跌趋势，直到有一天，股价暴跌至32美元。也许你还记得，吉姆·巴恩斯及最初的财团为了确保抵押在银行里的10万股不会被抛售到市场上而努力将股价维持在37美元以上，所以现在的股价创下了这只股票有史以来的最低纪录。

那天，我正在办公室里静静地研究市场行情，秘书忽然报告说约书亚·沃尔夫想见我，我让秘书请他进来，于是他冲进了我的办公室。他的体格不算魁梧，但我立刻注意到他看起来满面怒容。

我正站在自动报价机旁，他跑过来对我吼道："嘿！你是怎么回事？"

"请坐，沃尔夫先生。"我礼貌地说着便坐了下来，希望这样可以令他冷静一点儿。

"我不想坐！我想知道你是什么意思！"他高声吼道。

"我不明白你在说什么。"

"你对它做了什么？"

"你指的是什么？"

"那只股票！那只股票！"

"哪只股票？"我问他。

但我的话进一步激怒了他，他喊道："联合炉业！你对它做了什么？"

"什么也没做！真的。出什么事了？"我说。

他瞪了我整整5秒钟，然后突然爆发："你看它的股价！你快看啊！"

他真的很生气。于是我站起来，查看了报价。

我说："现在的价格是 $31\frac{1}{4}$。"

"是啊！$31\frac{1}{4}$，我可是持有不少股票啊。"

"我知道你持有6万股。你已经持有很长时间了，因为在你最初买进格雷炉具时——"

他没有听我说完便打断了我的话："但我买进了更多股票。有一些是在40美元的高位上买进的！现在还没脱手呢！"

他的眼神充满敌意，我只能说："我可没叫你买进这只股票。"

"你说什么？"

"我没让你持有这么多股票。"

"我没说是你让我这么做的。但你本来应该把价格抬高。"

"为什么我要这么做？"我打断了他。他看着我，气得说不出话来。过了一会儿，他才回过神来说："你要把价格抬高。你有足够的钱可以买进这只股票。"

"是的，但我连一股也没有买。"我告诉他。

"你有400多万美元的现金，却连一股也没有买？你真的没有买进吗？"

"真的！"我重复道。

现在，他已经怒不可遏了。过了好一会儿，他才勉强开口说道："你究竟在玩什么把戏？"

他一定正在心里给我安上各种罪名，我从他的眼睛里便能看到一连串指控。我只能对他说："沃尔夫，你其实是想问我，为什么我没有以高于50美元的价格买走你以低于40美元的价位买进的股票，是这样吗？"

"不，不是这样的。你拥有执行价为40美元的买方期权和400万美元的现金，你本可以把股价抬得更高。"

"是啊，但我没有动这笔钱，财团也没有因为我的操作而损失一分钱。"

"利文斯顿，听着——"他开口说道。

但我没有让他继续说下去。

"沃尔夫，你听我说。你知道你与戈登和凯恩共同拥有的20万股已经被锁定了，即使我抬高股价，也不会有大量流动股票涌入市场。我抬高股价有两个理由：首先是为这只股票开拓市场，其次是在40美元的买入期权执行价上赚取利润。你持有的6万股已经被套牢了几个月，但你不满足在40美元的价位上平仓获得盈利，也不满足从财团分到的利润，于是你决定在40美元以下的价位买进大宗股票，等我用财团的钱把股价抬高后再把这批股票卖给我，你以为我一定会按你的想法进行操作。你准备在我之前买进并在我之前卖出，你一定是想把股票卖给我。我猜，你估计我一定会把股价抬高至60美元。你对此深信不疑，你很可能为了转手而特意买进了1万股，并且为了确保在我不肯接手的情况下仍有其他人愿意买你的股票，你把消息透露给美国、加拿大和墨西哥的所有交易者，却没有考虑这么做可能会给我造成的麻烦。你所有的朋友都知道我应该怎么做。在你的朋友们和我争相买进这只股票时，你便可以坐收渔人之利。你把这个消息告诉关系亲密的友人，他们在买进这只股票后又继续把消息转告给自己的朋友，第三层接收者继续把消息转告给第四层、第五层甚至第六层的傻瓜们。这样一来，最终卖出股票时，我会发现自己的操作已经被上千位聪明的投机者看穿了。沃尔夫，你的想法太好了。在我开始考虑买进联合炉业公司的股票之前，它的股价已经上涨了，你想不到得知这个消息后我有多么惊讶。股票包销团在40美元左右的价位上将10万股全部售出，那些买主准备在50美元或60美元的价位上把这批股票卖给我，你也想不到我有多么感激你。我没有利用那400万美元大赚一笔，你一定以为我是个傻瓜吧？这笔钱是用来买进股票炒热市场的，但只有当我认为有必要这么做时我才会动用它，而我认为没有这个必要。"

约书亚在华尔街混迹多年，不至于被愤怒的情绪影响商业判断。我的话令他冷静下来，在我说完后，他用友善的语气说："拉里，老伙计，我们该怎么办呢？"

"你们想怎么做都可以。"

"哎，别这样。如果你是我，你会怎么做？"

"假如我是你，"我严肃地说，"你知道我会做什么吗？"

"做什么？"

"我会卖出所有股票！"我告诉他。

他盯着我看了一会儿，然后一言不发地转身走出了我的办公室。此后，他再也没有来找过我。

不久之后，戈登参议员也来拜访我。他同样怒不可遏，把他们的麻烦怪罪在我身上。之后，凯恩也来了。他们已经忘了在他们成立财团时，这只股票正处于长期滞销的状态。现在他们只记得我在手握上百万美元的时候没有卖出他们的股票，这只股票在44美元的价位上时十分活跃，如今股价跌到30美元，它又变得死气沉沉。在他们看来，我应该在有利可图的时候全部卖出。

当然，他们过了一会儿也冷静下来。财团的资金没有受到丝毫损失，他们的主要问题依然是如何卖出所持有的股票。过了一两天后，他们又来找我，希望我能帮助他们。戈登尤其坚持要我提供帮助，最终，我让他们将资金池的股票价格定为$25\frac{1}{2}$美元，我的服务费是高出这个价位的所有利润的一半。最新的成交价是30美元左右。

现在，我需要帮他们出清股票了。考虑到整体市场条件和联合炉业公司的具体表现，我只有一个办法，那就是直接在价格下跌的过程中卖出股票，而不是提前抬高股价。假如我选择抬高股价，就不得不同时吃进更多股票。如果不这么做，我便可以为这只股票找到买家。当这只股票的售价低于最高点15～20个点时，总有一些人认为它很便宜，况且这只股票的价格在不久前刚到达最高点。这些人认为它迟早还会大涨。在见识了近44美元的成交价之后，售价在30美元以下的联合炉业公司股票看起来当然很划算。

我的计划进行得如往常一样顺利。喜欢廉价股票的交易者们买进了足够多的份额，使我得以顺利出清资金池的持仓。可是，你们以为戈登、沃尔夫和凯恩会对我抱有感激之情吗？他们连一丝感激也没有。他们仍在生我的气，至少他们的友人是这样告诉我的。他们总是向人讲述我如何害惨了他们。我没有像他们所预料的那样抬高股价，为此，他们一直耿耿于怀。

事实上，如果沃尔夫和其他人没有把做多的消息散布出去，我永远不可能卖掉抵押在银行里的10万股。按照一贯的做法，我应当接受任何合理的价格，这也是更符合逻辑的自然做法。我说过，市场已经进入衰退期。在这样的情况下，唯一可以卖出大宗股票的做法就是不要计较价格高低，抓住任何可能的机会平仓获利，这种做法不一定是鲁莽的。我认为不存在其他可能的做法，但他们似乎不相信我。他们仍然怒不可遏，但我并不生气。愤怒解决不了任何问题。我不止一次深刻地体会到，被愤怒冲昏头脑的投机者是无药可救的。这一回，他们的愤怒并没有造成不幸的后果。不过，我想告诉你们另一件奇特的事情。有一天，我的夫人去找一位裁缝做衣服，有人热心地向她推荐过这位裁缝。这位女裁缝的手艺很精湛，并且待人热情，性格也很好。在见面三四次之后，这位裁缝与我的夫人逐渐熟悉，便对她说："我希望利文斯顿先生能快一点儿把联合炉具的价格抬起来。我也买进了一些股票，因为我听说他会抬高这只股票的价格。我们经常听说他做过的所有交易都很成功。"

我想告诉你们，一想到有无辜的人因为这种内幕消息而蒙受金钱上的损失，我便很难过。也许你们可以理解我为什么从不散布这种消息。我认为这位裁缝比沃尔夫更有资格感到委屈。

第23章 警惕匿名消息

股票投机交易永远不会消失。人们不会希望这一行消失。无论如何强调这一行潜在的风险，也无法阻止人们进行投机交易。无论是多么有能力和有经验的人，都会有犯错的时候。精心策划的方案可能因为意料之外甚至无法预料的事件而流产。危险可能来自天灾，来自你自身的贪婪或虚荣心，来自恐惧或无法抑制的欲望。除了要战胜人性的弱点之外，股票投机者还要与某些不符合商业伦理的卑劣手段做斗争。

回顾自己的职业生涯，想到25年前我第一次来到华尔街时目睹的一些常见手段，我不得不承认现在的情况已经大有好转。老式的投机商号已经销声匿迹了，不过，非法的经纪行依然在蓬勃发展，总有一些梦想一夜暴富的人奋不顾身地投入这场游戏。证券交易所取得了不俗的成绩，不仅赶走了那些彻头彻尾的骗子，还坚持要求会员严格遵守交易规则。许多健全的规章制度得到了严格的落实，但依然存在改进的空间。一些不良现象之所以根深蒂固，原因不在于人们道德麻木，而在于华尔街盛行已久的保守主义。

通过股票投机来获利一直都是一件困难的事情，如今，它正变得越来越艰难。不久之前，真正的交易者可以对上市的每一只股票都有足够的了解。1901年，J.P.摩根推动美国钢铁公司上市时，这家公司只是一些成立大多不到两年的小企业的联合体。当时的纽约证券交易所拥有275只挂牌股票，另外还有约

100只股票隶属于"非挂牌部门",其中有许多股票发行量很少,这些股票由于流通量少或属于保息股票而交易不活跃,因此很难吸引投机者的注意,投机者自然也不需要了解这些股票的相关信息。实际上,大部分股票已经很多年没有发生过任何交易。现在,正常上市的股票大约有900只,约有600只股票最近正处于活跃交易的状态。此外,过去那些股票的板块或分类变得更容易追踪了。它们的种类变少,资本总额也更小了,交易者必须关注的相关新闻也不再那么宽泛。如今,交易的种类变得更多,全世界各行各业几乎都有股票上市。交易者必须花费更多的时间和精力去关注相关情报,从这个意义上讲,理智交易的投机者正面临着比过去更大的挑战。

有数千名交易者从事着投机交易,但其中能够获得盈利的人则寥寥无几。由于大众在某种程度上一直处于"入市"的状态,因此,总有很多人亏损。无知、贪婪、恐惧与奢望是投机者的宿敌。全世界所有证券交易所的全部规则加在一起依然无法从人性中根除这些特质。意外事件可以让精心策划的方案毁于一旦,它们也超出了冷血的经济学者和好心的慈善家们的掌控范围。还有另一种导致亏损的来源,那就是与可靠情报截然相反的虚假消息。交易者得到的虚假消息总是经过了层层包装,因此,更加隐蔽而危险。

一般的外行人当然只能依靠口头或书面、直接或间接的内幕情报与小道消息进行交易。这些消息简直防不胜防。譬如,一位终生好友由衷地想帮助你致富,于是他告诉你自己是怎样进行交易的,也就是说,他买进或卖出了哪只股票。他这么做是出自一片好心。如果他的情报错了,你又能怎么办呢?此外,职业情报贩子和骗子就像假金砖和假酒一样令普通人难以防范。

对于在华尔街广泛流传的各种典型谣言,普通投机者既缺乏防备,也无从补救。证券批发商、股票操纵者、资金池和个体交易者采取各种手段以最好的价格出售自己持有的过剩的股票。报纸和收报机所散播的利多消息才是最致命的。

随便翻开任何一天的《财经新闻》，你会惊讶地看到上面印刷着多少半官方口吻的声明。"某位知情人""一位重要董事""一位高级官员""某权威人士"……大概知道自己在说什么。我手中有一份今天的报纸，从报纸上随便选择一条新闻，请听我念："知名银行家表示，市场行情短期内不会衰退。"

真的有一位知名银行家说过这句话吗？如果这是真的，他为什么这样说？为什么他不肯透露姓名？他是否担心，一旦暴露真实身份，人们便会相信他的话？

报纸上的另一则新闻是关于一家公司的消息，这家公司的股票本周表现活跃。这一次，发表声明的是一位"重要董事"。假如这是真的，究竟是公司董事中的哪一位在发表这项声明呢？很明显，只要保持匿名身份，就没有人需要为这项声明可能造成的任何损失负责。

除了对发生在世界各地的投机交易进行细致的研究之外，股票交易者还必须将某些事实与华尔街的投机交易联系起来，进行整体权衡。除了找出赚钱的方法之外，交易者还必须懂得如何避免损失。知道不该做什么与知道应该做什么几乎同样重要。因此，最好记住，几乎所有个股的上涨背后都含有某些刻意操纵的成分，内部集团精心设计这种涨势的目的只有一个，就是以尽可能高的价格卖出股票。然而，经纪行的客户们大多以为只要坚持弄清楚某只股票上涨的原因，自己便不会轻易上当受骗。股票操纵者们当然会给出一个精心设计的上涨"理由"，从而进一步促进股票交易。我坚信如果禁止发布匿名的看涨消息，大众的损失必将大幅减少。我所指的消息是那些蓄意诱使大众买进或持有股票的情报。

由匿名的权威人士、公司董事或内部成员所公布的利多消息绝大多数都是不可靠的，这些消息给大众造成了误导。每年都有很多人将这些声明误认为可靠的半官方情报，并为此损失上百万美元。

例如，一家公司的某项业务经历了一段萧条的时期。公司的股票处于不活跃的状态。股票报价反映了大众对这只股票实际价值的一般看法,大概也是股票真实价值的反映。如果这只股票在某个价位处于低估水平,那么便会有人发现并买进它,它的价格便会随之上涨。如果股价高估,人们也知道应该卖出,价格便会随之下跌。如果这只股票的价格既不上涨也不下跌,那么它便无人问津,也没有人会交易它。

如果公司的业务有所好转,谁会最先得知这一消息,是内部人士还是普罗大众?我敢打赌一定不是大众。那么接下来会发生什么事呢?如果业务改善持续下去,公司的收入将增加,那么这家公司便有能力恢复分红;假如分红没有中断,股东们可以分到更多红利。因此,这只股票的价值将会增加。

假如公司的经营发生了持续的改善,管理层会公布这一好消息吗?公司总裁会告知股东们吗?会有一名博爱的董事站出来实名发表声明,维护那些阅读财经报纸和新闻快讯的读者们的利益吗?会有一位谦虚的内部人士按照一贯的匿名原则发表一份不具名的声明,表示公司前景喜人吗?这一次,上述情况恐怕不会出现。没有任何人会放出任何消息,报纸和收报机也不会打印出任何相关新闻。

有价值的信息受到了严密的保护,在公众一无所知的情况下,变得沉默寡言的"重要知情人士"正忙着进入市场,买走所有他们能弄到手的廉价股票。随着这些消息灵通而又行事低调的内部人士的持续买进,股票价格也在持续上涨。《财经新闻》记者们知道内部人士应该很清楚股价上涨的原因,于是向他们提出问题。内部人士不仅一致保持匿名,还一致宣称对此并不知情。他们不清楚这次上涨背后的原因是什么。有时候,他们甚至声称自己并没有格外关注股市的风云变幻,对股票投机者的行动也不感兴趣。

随着这只股票的持续上涨,知情人士终于买到了足够多的股票,他们为此扬扬得意。华尔街立刻开始流传各种看涨消息。收报机告诉交易者们,"据可靠情报显示",这家公司的业务的确已经有所改善。之前曾表示不清楚上涨原因的匿名董事如今仍然匿名表示股东们完全有理由看好这只股票的前景。

在如潮水般涌来的利多新闻的影响下，大众开始买进这只股票。公众的热情使得这只股票的价格进一步飙升。不久之后，一致保持匿名的董事们的预言实现了，这家公司恢复了分红，或者视情况增加了分红比例。利多的情绪越发高涨。乐观的人变得越来越多，并且更加狂热。一名"首席董事"在应答要求直截了当地说明公司问题时，向公众宣布这家公司的业绩得到了很大的改善。一名"重要相关人士"在记者的软磨硬泡之下，终于承认公司的盈利水平十分惊人。一位与该公司有业务往来的"著名银行家"在答记者问时表示该公司的销售额正以前所未有的速度持续增长。即使不再接受新订单，该公司也将日以继夜地生产几个月才能完成现有的订单。一位"财务委员会成员"用大号字体在报纸上表示，公众对这只股票涨势惊讶才是令他感到惊讶的事情。唯一值得惊讶的就是这只股票的涨势之平缓。只要分析该公司即将发布的年报，任何人都能轻易理解这只股票的净值已经远远高于它的市场价格。但这些健谈的慈善家绝不会暴露自己的名字。

只要公司的盈利水平维持良好的状态，并且内部人士没有察觉到任何发展停滞的信号，他们便会安心持有在低价时买进的股票。既然不存在任何令股价下跌的因素，他们又何必卖出这些股票呢？然而，一旦公司业绩开始下滑，接下来会发生什么事呢？他们会站出来发表声明或警告，或者透露一丝提示吗？恐怕不会。股价开始呈现下降趋势。正如他们在公司业绩好转时毫不声张地买进股票，如今，他们也在静悄悄地卖出。随着内部集团的抛售，股价自然会下跌。随后，公众便会开始听到熟悉的"解释"。一位"首要内部人士"保证一切正常，股价之所以下跌，只是因为空头正试图通过卖出股票来影响整体市场。在这只股票持续下跌一段时间后，某一天它将出现一次暴跌，这时，股民们便会强烈要求得到"理由"或"解释"。除非有人出来说话，否则公众便会担心最坏的情况即将发生。于是，新闻收报机打出这样几行字："我们请该公司一位重要董事解释这只股票的颓势，他认为唯一的结论就是这次股价下跌是由空头打压造成的。潜在的市场环境没有发生变化。公司经营状况空前繁荣，除非发生完全无法预料的状况，否则在下一次股东大会上很可能提高分红比例。市场上的空头势力咄咄逼人，这只股票的颓势显然是受空头打压所致，空头的目的是将摇摆不定的持股人赶出市场。"为了增加消息的可信度，新闻收报机很可能继续声称"据可靠消息"，在股价暴跌这一天，空头抛出的大部分股票已经被内部集团买走，他们会发现自己是在作茧自缚。他们将为自己的行为付出代价。

除了公众因听信利多声明而买进股票所造成的损失之外，还有因没能及时卖出止盈而造成的损失。对那些"重要内部人士"而言，最好的情况就是让公众购买他们想要抛售的股票，其次便是在他们不想继续持有和支撑这只股票时，阻止其他人卖出同一只股票。大众在看了"著名董事"的声明后还能相信什么呢？普通的外行人会有什么想法？他们当然会以为这只股票本应永远不会下跌，它的颓势是由空头势力强行卖出造成的，只要空头势力一停手，内部集团便会通过推高股价来惩罚他们，空头们将被迫在高位平仓止损。大众完全相信这些解释，因为如果股价下跌真是由空头打压造成的，那么确实会导致这样的结果。

尽管内部集团承诺会打击过度扩张的空头势力，这只股票却没有因此上涨。它反而不由自主地持续下跌。内部集团抛向市场的股票太多，令市场难以彻底消化。

由"著名董事"和"重要知情人"卖出的内部股票在职业交易者之间像皮球一样被踢来踢去。这只股票的价格一路下跌，仿佛看不见底线。内部集团知道股票交易条件会对公司未来的盈利产生不利影响，所以在公司业绩再次好转之前，他们不敢支撑这只股票。只有当情况好转后，内部集团才会重新买进并对此保持沉默。

我拥有多年的交易经验，并随时关注着股市的动态。我可以保证，在我观察到的案例中，没有一例股价大幅度跌是由空头突袭造成的。所谓的"空头突袭"，不过是对现实状况进行准确理解后做出的卖出股票的决定而已。但是，也不能说股价下跌是由内部集团抛售股票或不肯买进股票导致的。每个人都在争相抛售，这时候，如果没有人买进，必然会引发严重的后果。

大众应该牢牢记住这一点：导致股价长时间下跌的真正原因绝不是大量沽空。如果一只股票持续下跌，你几乎可以肯定有什么地方出了问题，要么是市场环境变差，要么是公司经营不善。如果这种下跌趋势没有合理的理由，这只股票很快便会进入低估状态，这会吸引买方势力入场，从而遏制下跌的趋势。实际上，只有当股价高估时，空头才能通过卖出股票赚到大钱。我可以用全副身家担保，内部人士绝不会将这一事实公之于众。

纽黑文铁路公司的股票是一个经典案例。如今所有人都知道的事情在当时只有少数人了解。在1902年，这只股票的售价是255美元。纽黑文铁路是新英格兰地区首屈一指的铁路投资项目。那里的人们通过持有纽黑文铁路公司股票的数量来衡量一个人的社会地位和价值。如果有人声称这家公司即将破产，虽然不至于被关进监狱，这个人却会因此被送进疯人院，与其他疯子待在一起。然而，自从摩根先生委派了一名作风激进的新总裁后，这家公司便每况愈下。一开始，新政策的危害还没有完全显露出来。然而，随着联合铁路公司以虚高的价格不断购进各种资产，少数头脑清醒的人开始怀疑梅兰（Mellen）总裁的政策是否合理。纽黑文铁路公司以1000万美元的高价购入了一套价值200万美元的有轨电车系统，于是便有几个莽夫发表大不敬的言论，声称管理层在胡作非为。他们在暗示纽黑文铁路公司无法负担这种程度的挥霍，这就像质疑直布罗陀山不够坚固一样可笑。

最早看出前方藏有"暗礁"的当然还是内部集团。他们意识到了公司的真实状况，于是卖出了一部分持股。由于他们拒绝支撑股价而选择了卖出股票，新英格兰最好的铁路股开始发生动摇。一些人提出疑问，人们照例要求得到解释，于是便有了常见的解释。"重要知情人士"宣称据他们所知，公司一切正常，股价下跌是由空头草率的抛空导致的。于是，新英格兰地区的"投资者们"继续安心持有他们的纽约、纽黑文和哈特福德铁路股。为什么不呢？内部人士不是说了一切正常，全是空头的错吗？这家公司不是还在继续派发红利吗？

与此同时，内部集团承诺的打击空头并没有落实，但这只股票的价格却跌破了纪录。内部人员更加急切地抛售股票，他们的行动难免露出马脚。波士顿的一些热心人要求管理层对这只股票暴跌做出解释，这意味着那些渴望安全投资和稳定分红的新英格兰人将承担惊人的损失，于是他们被斥责为股票掮客和煽动人心的阴谋家。

这只股票从每股255美元跌至每股12美元的过程绝不是由过度沽空导致的。空头的操作没有引起这只股票暴跌，也无法维持下跌的趋势。在股票下跌过程中，内部集团一直在卖出持股，而且他们得到的成交价总是高于公布真相后所能得到的价格。无论股价是250美元、200美元、150美元、100美元、50美元还是25美元，对于这只股票而言，这些价格都过高了，内部集团对此很清楚，但大众并不知情。被蒙蔽的大众试图通过买进和卖出这家公司的股票获利，但其中的内情只有少数人知晓，大众可能对不利的处境产生错误的判断。

这只股票在过去20年来最严重的几次暴跌都不是由大量沽空引起的。然而大众轻易便相信了这种解释，这是他们蒙受数百万美元损失的原因。如果人们认为在空头停止操作后，这只股票的价格依然不会回升，他们便会在发现颓势时平仓止损，错误的期待使这些人没有及时卖出股票。我曾听过基恩过去经常受到指责。在他之前，人们总是怪罪查理·沃瑞肖弗（Charley Woerishoffer）或艾迪生·柯马克。后来，我成了股市里的替罪羊。

我还记得英特威尔石油公司的案例。曾有一个资金池推高了这只股票的价格并找到了一些买家。操盘手们将股价抬高到50美元。随后，资金池卖出持有的股票，导致股价大跌。人们自然要寻求解释。英特威尔的股票为何如此脆弱？有太多人提出这个问题，以至于这个问题的答案成了重要的新闻。一家财经新闻社打电话采访了对英特威尔石油公司的股票涨势最熟悉的几家经纪行，他们应该同样了解这只股票为何下跌。这些经纪商也是多头资金池的成员，新闻社向他们寻求理由，以便印刷在报纸上，并通过无线电台传播到美国各地。他们竟然宣称拉里·利文斯顿在打压市场！这一句还不够。他们还说他们准备"教训"我。当然，英特威尔石油公司的资金池继续卖出股票。这只股票当时的价格只有12美元左右，资金池的卖出操作使得股价跌至10美元以下，而他们的平均成交价依然高于成本。

内部集团在股价下跌时卖出股票是明智的操作。但对于以35美元或40美元的价格买进股票的外界人士而言，则是另外一回事了。外界看到报纸上的新闻后，继续持有手中的股票，并期待着拉里·利文斯顿受到内部资金池的惩罚。

在牛市中，尤其是经济繁荣时期，大众总是先赚到一笔钱，随后因在牛市里流连忘返而遭受损失。"大量沽空"的说法使他们对市场情况产生了错误的判断。大众应当警惕匿名的内部人员做出的解释，那只是他们希望公众相信的一套说辞。

第24章 给股民的忠告

大众总是期待获得指示。因此，内幕消息的传递与获取成了通用的手段。经纪商通过书面和口头形式向客户提供交易建议本来是正当的做法，但经纪商不应当过于强调实际的市场条件，因为股市的进展总是比实际情况提前6～9个月。经纪商不应当根据一家公司当前的盈利状况来建议顾客购买股票，除非他们可以保证这家公司在6～9个月后的商业前景足以维持同样的盈利水平。如果你能合理地判断出在遥远未来市场条件将发生变化，从而扭转当前的涨势，那么认为这只股票正处于低估的论据便消失了。交易者必须向前看，但经纪商关心的是即刻赚取佣金，因此一般的市场报告书总是不可避免地充斥着谬论。经纪商以从大众手中赚取佣金为生，但他们会利用市场报告书和花言巧语哄骗股民购买内部集团和操盘手卖出的那些股票。

经常有内部人士对经纪行的负责人说："我希望你能帮助我创造一个可以吸纳5万股的市场。"

经纪商向他询问细节。假如这只股票的报价是50美元，内部人士告诉他："我会以45美元的执行价给你一份5000股的买入期权，剩下的4.5万股每5000股的执行价提高1个点。我还会以市场价格给你5万股的卖出期权。"

对经纪商来说，只要拥有足够多的追随者（内部人士寻找的正是这样的经纪商），这笔钱很容易赚到手。能够与全美各地的分支机构直通电报的经纪行通常可以在这种交易中找到大批追随者。别忘了，无论如何，只要持有卖出期权，这名经纪商便能在交易中全身而退。如果他能让股民跟进他的操作，那么除了正常的佣金，他还能在出清所有股票后获得一笔巨额利润。

我还记得华尔街一位知名"内部人士"的壮举。

他经常拜访大型证券经纪公司的资深客户经理。有时候，他甚至会去拜访该公司级别较低的合伙人。他常常这样说：

"老朋友，我想报答你一直以来对我的关照。我要为你提供一个赚大钱的机会。我们即将成立一家新公司，用来吸纳原有的一家公司的资产，我们将以高于现有报价的价格接管这家公司的股票。我准备以65美元的价格给你500股班塔姆商场的股票。目前，这只股票的报价是72美元。"

这位内部人士感激不尽，他将这个消息告知了十几家大型证券经纪公司的经理。既然这些内幕情报的受益者都来自华尔街，他们获得已经处于盈利状态的股票时，会怎么做呢？当然是建议身边的每个人都去买进这只股票。那个好心的知情人士对此心知肚明。他们会帮他打造一个市场，这样一来，善良的内部人士就能把他的股票高价卖给可怜的大众了。

还有一些推销股票的方法应该被取缔。证券交易所不应当允许已经上市的股票在场外以分批付款的形式进行销售。任何股票一旦上市并正式报价，便得到了官方许可。此外，自由市场的官方特性和偶尔的价格差异便对公众构成了全部诱因。

另一种常见的销售手段给不假思索的股民造成了上百万美元的损失，由于这是一种完全合法的手段，从没有人因此锒铛入狱。这种手段便是仅为了满足迫切的市场需要而拆分股票，从而增加总股本。在这一过程中，发生改变的只有股票凭证的颜色而已。

原本的一股被拆分为2股、4股甚至10股新股票，这种手段的动机通常是为了让原有的商品变得更容易销售。每盒重1磅、售价为1美元的商品也许无人问津。如果将它拆分为每盒$\frac{1}{4}$磅，并将售价定为25美分，也许销售情况便会有所改善，甚至可以卖到每盒27美分或30美分。

大众为什么不好奇这只股票为何变得方便购买了呢？这又是华尔街慈善家的把戏，但聪明的交易者会警惕这种不怀好意的礼物。这种手段本身足以引起人们的戒备，但股民们对此并不理会，他们每年都会因此损失数百万美元。

法律会惩罚任何编造或散布谣言、蓄意破坏个体或企业的信用或经营的人，也就是说，任何通过影响公众的卖出意愿来打压证券价值的人。起初，这条法律的主要目的也许是惩罚任何在经济萧条时期公开质疑银行偿付能力的人，从而减少大众的恐慌。当然，这条法律还可以保护大众的利益，以免人们以低于实际价值的价格抛售股票。换言之，美国的法律会惩罚散播虚假利空消息的人。

如何保护大众免于以高估的价格买进股票呢？谁来惩罚那些散播虚假利多消息的人？没有人能惩罚他们，并且大众由于听信匿名的内幕消息而买进价格过高的股票，他们损失的财富超过了在所谓"大量沽空"时期因听信利空消息而低价卖出股票所承受的损失。

如果能颁布一部法律，像打击虚假利空消息那样打击虚假利多消息，我相信大众能因此避免数百万美元的损失。

当然，匿名散布利多情报的股票推销商、市场操纵者和其他利益相关方会告诉你，任何依靠谣言和不具名声明进行交易的人即使亏损，也只能怪自己。这种说法犹如认为吸毒上瘾的人只能怪自己太愚蠢，不值得受到保护。

证券交易所应当为股民提供帮助，它应当致力于保护大众免受不正当操纵的侵害。如果一位知情人希望大众接受他所陈述的事实，或者只是接受他的观点，就请他先公布自己的身份。实名发表的利多消息不一定是真实的，但这会使那些"内部人士"和"董事"更加谨言慎行。

大众应该时刻牢记股票交易的基本要素。当一只股票上涨时，我们不需要知道它为什么上涨。必须存在持续的购买力量，才能维持一只股票的涨势。只要一只股票持续上涨，偶尔发生小幅的自然震荡，那么随着上涨趋势买进便是绝对安全的操作。然而，如果在长期稳定上涨之后，一只股票开始逐渐下跌，只是偶尔发生小幅反弹，那么显然最小阻力趋势已经从上涨转变为下跌。既然如此，为什么还需要向别人寻求解释呢？可能有很好的理由可以解释一只股票为何下跌，但只有少数人知道这些理由，这些人要么守口如瓶，要么对公众谎称这只股票正处于低谷状态。股票投机这个游戏的本质正在于此，大众应该意识到，少数知晓真相的人并不会把真相说出来。

许多由"内部人士"或官方发布的所谓声明并没有事实依据。有时候，内部人士甚至并没有被要求发表声明，无论是匿名的还是实名的。那些言论是由利益相关人士编造出来的。在证券市场价格上涨过程中的某个阶段，主要内部人士并不抗拒职业交易者参与这只股票的交易，因为他们可以提供帮助。然而，尽管内部人士可能会向豪赌客透露正确的买进时机，但你可以打赌他绝不会透露卖出的时机。这样一来，职业交易者也面临着和普通股民一样的处境，只是他持有的股票更多，必须找到足够大的市场才能平仓获利。这时"误导性信息"最为泛滥。当然，有一些内部人士在交易的任何阶段都是不值得信任的。一般来说，大企业的领头人会根据内部情报进行交易，但他们不会说谎。他们通常会保持沉默，因为他们明白有时候沉默是最好的选择。

我已经说过很多次，多年的股票交易经验令我坚信，即使交易者可以在某些情况下利用个股获得利润，也没有人能在股市中永远立于不败之地，这个道理无论强调多少次都不为过。无论交易者拥有多么丰富的经验，他总是有可能承受亏损，因为投机交易中不存在百分之百的安全操作。华尔街的职业交易者知道依赖"内幕消息"进行交易比饥荒、瘟疫、粮食歉收、政治动荡等常见灾难更容易导致破产。成功的道路总是充满坎坷，在任何地方都是如此，华尔街自然也不例外。既然如此，为什么还要设置额外的路障呢？

（全书完）